Inhalt

Die einzelnen Kapitel wurden verfasst von:

Sabine Harmuth Avantgarde, Regionalroman, Indigenismus, Mexikanischer Revolutionsroman, Magischer Realismus, Literatur von Frauen, Miguel Angel Asturias, José María Arguedas, Juan Rulfo, Gabriel García Márquez, Mittelamerika, Zwischen Festlandskaribik und Andenregion, Lyrik.

Dieter Ingenschay Modernismo, Diktatorenroman, Großstadtroman, Boom-Literatur, Populärliteratur, Jorge Luis Borges, Alejo Carpentier, Julio Cortázar, Carlos Fuentes, Mario Vargas Llosa, Karibik, Argentinien / Uruguay / Paraguay, Theater, Essay.

Vorwort oder
Über die Folgen der angewandten Mathematik
für die Literaturgeschichte

oh vida por vivir y ya vivida,
tiempo que vuelve en una marejada
y se retira sin volver el rostro,
lo que pasó no fue pero está siendo
y silenciosamente desemboca
en otro instante que se desvanece:

(aus *Piedra de sol* von OCTAVIO PAZ)

Zäsuren sind ebenso notwendig wie verfänglich. Die Präzision, mit der der Wechsel von Jahrhunderten (trotz mathematischer Streitigkeiten) benannt und gefeiert werden kann, muss angesichts literarischer Entwicklungen versagen. Daher haben sich die Autoren dieser Literaturgeschichte des 20. Jhs. oftmals über den Rand hinaus in das 19. Jh. begeben müssen, denn das 20. Jh. fängt in Lateinamerika möglicherweise schon 1892 an; bzw. früher oder, wie nicht selten von lateinamerikanischer Seite betont, erheblich später. Der Modernismo, als erste lateinamerikanische Strömung, die auf Europa wirkt (so sagt es der literaturwissenschaftliche Kanon), schafft nicht wirklich Abhilfe in diesem Dilemma, denn seine Wurzeln liegen im französischen 19. Jh., und seine paradigmatische Wirkung erstreckt sich weit ins 20. Jh. hinein.

Kurzum: literarische Genauigkeit ist eher im geordneten Feld der Chaostheorie als in kalendarischen Berechnungen zu verorten. Ein solchermaßen betrachtetes lateinamerikanisches 20. Jh. – mit sehr diffusen Rändern – lässt sich dann sinnvoller auf dem Weg der Moderne vom Modernismo zur Postmoderne nachvollziehen. Dessen Verlauf erinnert an geomorphologische Prozesse: denn von Brüchen, Verschiebungen und Übergängen ist die Rede. An die Stelle der Nachahmung (vermeintlich) universaler Konzepte in der lateinamerikanischen Literatur tritt der mögliche, aber nicht mehr zwingende Vergleich von Literaturen, von kultureller Praxis.

Vermutlich ist, so gesehen, die zweite Hälfte des 20. Jhs. noch nicht zu Ende. Die traditionellen Erzählweisen und die klassischen Avantgarden werden in der Mitte des (mathematisch) vergangenen Jhs. abgelöst von Literaturen, die hybrid, heterogen, fragmentarisch werden und nicht mehr danach fragen, wer als erster durchs Ziel rast. Die Diversifizierung der Konzepte überwindet endgültig (?) die Grenzen nationaler, identifikatorischer und poetologischer Bestimmtheit.

Zurück zur Mathematik: Die vorliegende Darstellung gibt einen schwerpunktorientierten Überblick über die lateinamerikanische Literatur des 20. Jhs. Nicht mehr, aber auch nicht weniger. Auf knappen 200 Seiten alle Haupttendenzen, die Hauptvertreter, die Entwicklung der narrativen und nichtnarrativen Literaturgattungen in einzelnen regionalen Räumen nachzuzeichnen, ähnelt dem (viele Jahrhunderte alten) Versuch der Quadratur des Kreises.

Ein solches Vorhaben stößt schnell an seine Grenzen und verlangt von den Verfassern manchen Verzicht. Wir mussten absehen davon, unsere jeweiligen Steckenpferde zu intensiv zu reiten, und wir mussten ferner die brasilianische Literatur völlig unberücksichtigt lassen. Den Studierenden, die des Portugiesischen nicht mächtig sind, mag diese Leerstelle vielleicht kaum auffallen, doch möchten wir an dieser Stelle wenigstens daran erinnern, dass der Literaturproduktion des größten Landes auf dem Subkontinent in vielen Bereichen (etwa im Bereich des Regionalromans, des Großstadtromans oder der Populärliteratur) eine Schlüsselposition zukommt, und zu Lektüren auch in diesem Bereich anregen.

Die einzelnen Kapitel sind stets von einem von uns beiden verfasst, die bzw. der jeweils andere hat sodann ihre bzw. seine Korrekturen und Anregungen eingebracht. Wir haben uns um Allgemeinverständlichkeit bemüht und darum, auch die aktuellen Richtungen und Strömungen sowohl der Primärliteratur als auch der Kritik einzubeziehen. Dabei schauen wir auf eine sehr angenehme und fruchtbare Zusammenarbeit zurück. Wenn wir uns dafür gegenseitig herzlichen Dank aussprechen, schließen wir in ihn gleich Janett Reinstädler, Kristina Lange und Jorge Vitón Tamayo ein, die sich mit großem Engagement um die Erstellung und die Überprüfung des Manuskripts und der Bibliographie gekümmert haben.
Wir hoffen, dass dieser Abriss den Studierenden der lateinamerikanistischen, hispanistischen (sowie der romanistischen und komparatistischen) Fachdisziplinen ebenso von Nutzen sein wird wie dem interessierten Laien, der einen Kompass auf dem Weg durch den Dschungel der reichen Literatur Südamerikas sucht. Der Boom der lateinamerikanischen Literatur erreichte Deutschland sehr spät, dafür hat er lange angehalten, und auch nach der Jahrtausendschwelle erfreut sich gerade der südamerikanische Roman ungebrochener Beliebtheit. Wenn wir mit diesem kleinen Buch zu tieferen Lektüren und zu intensiverer Beschäftigung anregen können, hat es sein Ziel erreicht.

Sabine Harmuth und Dieter Ingenschay
im September 2001

Haupttendenzen der hispanoamerikanischen Literatur des 20. Jahrhunderts

1 Modernismo

1 Versuch einer historischen und inhaltlichen Definition

Die Unabhängigkeitsprozesse des 19. Jhs. verändern nicht nur die Landkarte Südamerikas, sondern bewirken auch in einzelnen Ländern (bzw. geopolitischen Räumen) jene typische, viel diskutierte Selbstreflexion und die Suche nach der eigenen Identität. Gegen Ende des Jhs. jedoch tritt eine gegenläufige Bewegung in Erscheinung, die als länderübergreifendes Phänomen sich deutlich von diesem Typ der ‚nationalen' Kulturdiskussionen unterscheidet. Es entsteht eine bewusst und deutlich gesamtlateinamerikanische, dennoch an europäischer Kultur orientierte äußerst vielschichtige und schwer abzugrenzende Richtung, die man unter dem Sammelbegriff des Modernismo zu fassen versucht.

Zwischen europ. Erbe und lateinam. Eigenart

Das Bewusstsein, in einer dezentrierten Welt zu leben, hat Autoren und Denker wie José MARTÍ, Manuel GUTIÉRREZ NÁJERA, Salvador DÍAZ MIRÓN, José Asunción SILVA, Julián DEL CASAL, Rubén DARÍO u. v. a. dazu veranlasst, ihre literarischen Eigenarten und Eigenheiten mit und jenseits der europäischen Vorbilder zu suchen. D. h. sie situieren sich in einem lateinam., dabei vor allem internationalisierten Kontext, und gleichzeitig bedienen sie sich aber auch des Wissens und der ästhetischen Parameter der Europäer. Ihre Absicht ist eine doppelte: Sie wollen das neoklassizistische und romantische Erbe durch die Kreation einer ‚neuen' poetischen Sprache überwinden und zugleich ein Gegengewicht gegen den vorherrschenden Realismus und Naturalismus aufstellen. So entsteht eine vor allem lyrische Literatur, die einerseits bis ins Politische hinein eine eigene, bewusst lateinam. Position artikuliert, die sich andererseits aber als Speerspitze einer internationalen Entwicklung sieht und die jeweils weltweit ‚modernsten' Themen verarbeitet. Der (scheinbare oder tatsächliche) Widerspruch zwischen politischer Aussage und bloßem *l'art pour l'art* wird bei dem Kubaner MARTÍ am deutlichsten, der sowohl als Kämpfer für die kubanische Selbstständigkeit als auch als Vertreter einer reinen Poesie in die Geschichte eingegangen ist. Ähnliches gilt auch für den Peruaner Manuel GONZÁLEZ PRADA, 1848–1918.

Ästhetik und Politik

In ästhetischer Hinsicht steht die Mehrzahl der Modernisten stark unter dem Einfluss der französischen Lyrik des 19. Jhs., in der die Forschergruppe „Poetik und Hermeneutik" einst das „Paradigma

Einflüsse und Auswirkungen

der Moderne" gesehen hat. Manche der lateinam. Modernisten radikalisieren die Konzepte BAUDELAIRES, RIMBAUDs und MALLARMÉS, übersteigern deren Vorstellungen etwa von Metaphorik und Synästhesie (MARTÍ), von Exotismus (SILVA) oder von der kreativen Kraft des Traums oder der Drogen (DEL CASAL). Doch diese neue Sensibilität feiert nicht nur Eskapismus, Frankophilie und eine radikale Ästhetik (DARÍO), sondern versteht sich auch als Ausdruck einer gerade entdeckten revolutionären Dimension des Menschen und der Menschenrechte.

Durch die zahlreichen Kontakte zwischen den lateinam. Modernisten und ihren spanischen Zeitgenossen, die zum Beispiel in den engen Kontakten DARÍOS mit Juan Ramón JIMÉNEZ Niederschlag gefunden haben, wirken die Konzepte der Lateinamerikaner direkt und intensiv auf das Geistesleben des Kontinents. Wenn die gegenwärtige Kulturtheorie eine Aufwertung der in der sog. Dritten Welt erarbeiteten Konzepte propagiert, so ist der Modernismo nicht nur das erste, sondern eines der aussagekräftigen Beispiele für die Leistung und die Originalität südam. Kulturtheorie (vgl. Brunner 1992). Wenn bereits der Modernist GUTIÉRREZ NÁJERA vom „cruzamiento" der Kultureinflüsse spricht, die im Modernismo zusammentreten, so scheinen hier die gegenwärtigen Theorien von *mestizaje* und Interkulturalität vorgezeichnet.

Modernismo als Krisenbewältigung

Versteht man den Modernismo als eine Strategie der Auseinandersetzung mit all den so schwierigen und entscheidenden Entwicklungen des 19. Jhs., wird er zu einer auch für Spanien zentralen Kulturbewegung. Federico de Onís (wie andere Kritiker vor und nach ihm) hat den Modernismo in diesem Sinn als Versuch der Krisenbewältigung interpretiert. Unter dieser Perspektive ist Modernismo für ihn

la forma hispánica de la crisis universal de las letras y del espíritu, que inicia hacia 1885 la disolución del siglo XIX y que se había de manifestar en el arte, la ciencia, la religión, la política y gradualmente en los demás aspectos de la vida entera con todos los caracteres, por lo tanto, de un hondo cambio histórico cuyo proceso continúa hoy. (Federico de Onís 1955:176).

Freilich lässt sich jedwedes Kulturphänomen auf die jeweiligen Krisen der Zeit zurückführen, und deshalb ist dies ein meist wenig sinnvolles Vorgehen. Der amerikanische Modernismo aber ist – schon aufgrund seiner enormen Uneinheitlichkeit – ohne den Rekurs auf solch einen generellen Rahmen schwer zu verstehen.

Gattungsspektrum

Die prototypische Ausdrucksform modernistischen Gestaltungswillens ist die Lyrik, die sich von der formalen Bestimmtheit nie löst und stets der ästhetischen Qualität des Textes und dem Durchspielen des Innovativen Primat einräumt. Mehrere Modernisten haben aber auch Romane geschrieben, die in der Regel im Zeichen der Ästhetik des *fin de siècle* stehen (vgl. Meyer-Minnemann 1979; Schlickers 2000). Ihre Themen decken das Spektrum des Dekadenten ab: Lebensüberdruss, ästhetische Selbstinszenierung, Bewunderung der *femme fatale* oder der *femme fragile* und das Leiden an der Gesellschaft sind dabei typische Sujets. Zu den bekanntesten modernistischen Erzählwerken gehören neben José MARTÍS Novelle *Amistad funesta* (1885) und José Asunción SILVAS *De sobremesa* (1925; früher verfasst) die Romane des Venezolaners Manuel DÍAZ RODRÍGUEZ (*Ídolos rotos*, 1901, und *Sangre patricia*, 1902), die das gesamte Themenspektrum des Dekadenten durchdeklinieren. Intertextuell beziehen sich diese Romane immer wieder auf *fin-de-siècle*-Autoren wie HUYSMANS und D'ANNUNZIO. Auch die in Lateinamerika sehr bedeutende Essayistik und die Journalistik spielen (etwa bei MARTÍ oder GUTIÉRREZ NÁJERA) eine große Rolle.

2 Hauptvertreter

Gelegentlich als Vorläufer gewertet, gilt JOSÉ MARTÍ als Wegbereiter des Modernismo; er verkörpert zugleich am deutlichsten die Spannung zwischen einer modernistischen, besonders einer synästhetischen Dichtungskonzeption und der politischen Pragmatik, die sich in seinen zahlreichen Artikeln, Aufrufen und Manifesten niederschlägt, durch die er vom Exil aus die endgültige Befreiung Kubas betreibt. Auf drei schmalen Lyriksammlungen beruht sein Ruhm als modernistischer Dichter: *Ismaelillo* (1882), *Versos libres* (1913, postum) und *Versos sencillos* (1891). Letztere sind am volkstümlichen Liedgut orientiert und werden eingeleitet durch das (kurioserweise) bekannteste Produkt aus seiner Feder, den Text des inzwischen wenig modernistisch anmutenden Ohrwurms *Guantanamera*:

Yo soy un hombre sincero
de donce crece la palma,
y antes de morirme quiero
echar mis versos del alma.

MARTÍS Landsmann Julián DEL CASAL (1863–1893) wirkt von seinen Lebensumständen (Krankheit), von seiner Lebenskonzeption (morbide Dekadenz) und von den Themen (japanischer Exotismus, Drogen) her wie der Inbegriff einer dekadent-modernistischen Figur. In den 90er Jahren publiziert er die drei Lyrikbände *Hojas al viento* (1890), *Nieve* (1892) und *Bustos y rimas* (1893); in jüngerer Zeit erst wird seine Originalität vollends erkannt.

MARTÍ (1853–1895)

CASAL

GUTIÉRREZ NÁJERA	Der Mexikaner Manuel GUTIÉRREZ NÁJERA (1859–1895) hat neben umfangreichen journalistischen Arbeiten die humorvollen *Cuentos frágiles* (1883) vorgelegt, die möglicherweise Vorbilder für DARÍOS Texte in *Azul* darstellen. Seine frühen Gedichte stehen im Zeichen einer uneingeschränkten Frankophilie, die späteren wenden sich philosophischen Themen zu, seine Romane sind unvollendet geblieben.
DÍAZ MIRÓN	Sein Landsmann Salvador DÍAZ MIRÓN (1853–1927), ein hitziger, temperamentvoller Mensch, hat eine längere Zeit in Gefängnishaft verlebt. Zunächst legt er (dem Vorbild Victor HUGO folgend) soziales Engagement in seine Lyrik. Später wendet er sich stärker ästhetischer Thematik zu, so in *Lascas* (1901).
SILVA	Bereits erwähnt wurde der Kolumbianer José Asunción SILVA (1865–1896), dessen Leben sich wie einer der Romane der Jahrhundertwende liest: der von finisekularer und pathetischer Trauer bestimmte Dichter verliert bei einem Schiffsunglück zwar nicht sein Leben, doch seine Manuskripte; er endet durch Selbstmord. Obwohl er sehr eindeutig die ästhetischen Prämissen der frühen Modernisten teilt, hält er später eine gewisse Distanz zu den von ihm ironisierend so genannten „Rubendariacos"; sein *„Nocturno III"* gehört zu den bekanntesten Gedichten der modernistischen Lyrik.
DARÍO	Gilt MARTÍ als Vorläufer des Modernismo, so kommt dem Nicaraguaner Rubén DARÍO (1867–1916) die Rolle desjenigen zu, der die Bewegung vollendet und auch und gerade unter seinen europäischen Freunden verbreitet. DARÍOS Bohème-Leben scheint selbst, wie das so vieler dieser Autoren, vom Kontext der *fin-de-siècle*-Dekadenz geprägt. Von DARÍO stammt nicht nur der Begriff Modernismo, er erarbeitet auch dessen Theorie als signifikante Mischung von Subjektivismus und Internationalismus, von musikalischer Bestimmtheit und ästhetizistischem Spiel. Mit der Lyrik und den Prosagedichten des Bandes *Azul* (1888) wird er zu einem der Hauptvertreter der Ästhetik des *l'art pour l'art*. Auch in den späteren *Prosas profanas y otros poemas* (1896, erw. 1901) beschäftigt ihn die Suche nach Schönheit und vollendeter Form. Der Höhepunkt des melancholischen Ausdrucks ist in den *Cantos de vida y esperanza* (1905) erreicht; nach Erfahrung des US-Imperialismus in Panama scheint hier (in der Ode „A Roosevelt") kurzfristig auch ein politisches Bewusstsein zu erwachen, das in *El canto errante* (1907) schon nicht mehr spürbar ist. DARÍOS Reisen führen ihn nach Paris, wo er neben anderen französischen Dichtern seiner Zeit Paul VERLAINE kennenlernt; als eine der Vermittlerfiguren hat er großen Einfluss auch auf die europäische Lyrik der folgenden Jahrzehnte genommen.

Die entscheidende Leistung des Modernismo liegt darin, dass erstmals eine autochthon lateinam. Richtung internationale Aufmerksamkeit erhält und – gerade in Spanien – sogar Nachahmer findet. Es besteht aber kein Zusammenhang zwischen ihm und jenem „Projekt der Modernität", das die Frankfurter Schule um Theoder W. Adorno und Max Horkheimer diskutiert hat. Ferner ist ungewiss, wann dieser Modernismo endet. Im engeren Feld der Literaturhistorie geht diese Strömung in die verschiedenen Bewegungen der → Avantgarde über, in deren Zeichen sich die vielfältigsten Gruppen, Schulen, Richtungen in ungezählte „-ismen" ausdifferenzieren. Im lateinam. Kontext erscheint seit den 30er Jahren gelegentlich der Begriff des Postmodernismo zur Bezeichnung der kulturtheoretischen Modelle, die sich an den Modernismo anschließen lassen, doch hat dieser Terminus international in der Folge der franz. und nordam. Theoriebildung (Lyotard, Jameson, Huyssen u. v. m.) einen anderen Sinn erhalten. Für Juan Ramón Jiménez, einen der vielen span. Lyriker, die noch lange unter dem Einfluss der lateinam. Richtung stehen, stellt der Modernismo eine noch bis in die Jahrhundertmitte des 20. Jhs. andauernde ,Abrechnung' mit dem 19. Jh. dar:

Todo lo que hoy está ocurriendo..., los cambios políticos, la bomba atómica, todo eso es modernismo, es decir, está dentro de la revisión modernista del siglo XIX. (Juan Ramón Jiménez 1962:250)

Alonso (1998); Brunner (1992); Jiménez (1962); Jrade (1998); Litvak (1975); Meyer-Minnemann (1979); Onís (1955); Rama (1970); Schlickers (2000); Schulman (1987).

2 Avantgarde

1 Der Ort der Avantgarde innerhalb der Moderne

Apollinaire bezieht den militärischen Begriff der Avantgarde im Jahre 1912 erstmals auf die Kunst. Die metaphorische Übertragung betont die Vortrupp-Position und den kämpferischen Gestus der Avantgarde. Elitebewusstsein, Bruch mit den vorausgehenden Traditionen[1], aktionsgeprägte Kunst, Technik-Euphorie, ästhetische Experimente, die die Grenzen zwischen den Gattungen,

---

1 Die Aporie dieser Metapher für die künstlerischen Avantgarden vermerkt Wehle: „Das Ziel befindet sich zwar ,vorne', der Feind [die Tradition – Anm. S.H.] jedoch ,hinten'." (Wehle 1982:11)

Kunstformen und zum Lebensalltag („pratiquer la poésie") selbst überschreiten, charakterisieren eine in ihrem Selbstverständnis universelle Bewegung.

<table>
<tr><td>

Avantgarde, Modernismo und Moderne

</td><td>

Vor dem Hintergrund eines umfassenden Moderne-Begriffs werten neuere Untersuchungen (Schulman, Picon Garfield, Burgos) den durch die Avantgarden vollzogenen Traditionsbruch geringer als die Gemeinsamkeiten mit dem vorausgegangenen Modernismo (Bustos Fernández 1996). Beide Bewegungen richten sich gegen die Ästhetik des bürgerlichen Realismus. Der Modernismo wird mit seiner ästhetizistischen Suche einer neuen Sprache und der Behauptung der Autonomie der Kunst als vorbereitende ‚Prä-Avantgarde' verstanden. Die Avantgarde radikalisiert den experimentellen Umgang mit der Sprache und propagiert die Überschreitung der Grenzen einer sich selbst genügenden Kunst hin zum Lebensalltag. Die neuen Prinzipien werden in zahlreichen Manifesten verkündet und kennzeichnen die Texte avantgardistischer Gruppen, eliminieren aber nicht modernistische, romantische oder barocke Legate.

</td></tr>
<tr><td>

Wirkung

</td><td>

José Emilio Pacheco (1979) spricht in Lateinamerika von zwei Avantgarden, einer europäisch orientierten und einer „anderen" mit eher nordamerikanischer Prägung. Die wesentlichen Impulse gehen zunächst von Europa aus (APOLLINAIRE, MARINETTI, BRETON). Vor allem das Zentrum der surrealistischen Bewegung, Paris, wird von den Lateinamerikanern (NERUDA, GIRONDO, VALLEJO, HUIDOBRO, → ASTURIAS u. a.) stark frequentiert. Dennoch lassen sich die lateinam. Avantgarde-Bewegungen nicht einfach europäischen oder nordamerikanischen Modellen unterordnen. Andere Erfahrungen und Wahrnehmungsperspektiven (Oktoberrevolution, mexikanische Revolution, erster Weltkrieg, USA-Präsenz, Identitätsdiskussion, usw.) prägen die teils sehr kritische Rezeption des Surrealismus, Futurismus oder Ultraismus und die Antworten aus Lateinamerika. Während sich in Europa die Avantgarde gegen die bürgerliche Gesellschaft richtet, hat sie in Lateinamerika z.T. gegenläufige Aufgaben zu erfüllen (so die teils noch ausstehende Institutionalisierung von Kunst und Literaturbetrieb z. B. in Nicaragua). Neben gegenseitiger Beeinflussung, unmittelbarer Imitation und parallelen Entwicklungen sind unverwechselbare Autoren wie César VALLEJO (→ Lyrik) zu entdecken, der keinem der zahlreichen „-ismen" zugeordnet werden kann und eine sehr kritische Haltung gegenüber dem europäischen, insbesondere französischen *superrealismo* bezieht. Ebenso lehnt der Argentinier Oliverio GIRONDO die Teilnahme an der europäischen Avantgarde ab und engagiert sich vorrangig in Buenos Aires in der Bewegung *Martín Fierro*. (Wentzlaff-Eggebert 1999)

</td></tr>
</table>

2 Avantgardeströmungen in Lateinamerika

Beinahe gleichzeitig und ohne intensive Kontakte untereinander entstehen in fast allen Ländern avantgardistische Initiativen. Publikationen in Zeitschriften, Übersetzungen, Ausstellungen avantgardistischer Kunst und Reisen zwischen den Kontinenten beschleunigen die Wirkung avantgardistischer Signale in und aus Lateinamerika. Die Schnelllebigkeit des modernen Lebens zeigt sich auch in einer ‚gesteigerten Geschwindigkeit' der Rezeption. Nur wenige Wochen nach Erscheinen von MARINETTIS *Manifeste du Futurisme* 1909 in Paris, kommentiert der modernistische Lyriker Rubén DARÍO (→ Modernismo) in einem Artikel in *La nación* (Buenos Aires) das Futurismus-Konzept des Italieners. → BORGES übersetzt Teile des *Ulysses* von James JOYCE, Texte von ORTEGA Y GASSET, MALLARMÉ, APOLLINAIRE, Ezra POUND, GARCÍA LORCA werden in ebenso zahlreichen wie meist kurzlebigen Zeitschriften abgedruckt und diskutiert, Illustrationen von PICASSO, MATISSE, DALÍ, Diego RIVERA u. v. a. verbreitet. 1922 findet in Sao Paulo anlässlich der *Semana de Arte Moderno* eine erste Gesamtschau der Avantgarde auf dem amerikanischen Kontinent statt. Parallele frühe Entwicklungen gibt es u. a. in Mexiko (erste von den *estridentistas* organisierte Ausstellung 1924), in Chile und im karibischen Raum. Zeitlich ist die Produktion der lateinam. Avantgardebewegungen zwischen 1916 und 1935 anzusiedeln. Ab 1919 ist die Universitätsreformbewegung (insbesondere Argentinien, Peru, Chile, Uruguay) mit ihren gesellschaftsumfassenden Forderungen nach Veränderungen nicht von der Avantgarde getrennt zu betrachten. Ein Höhepunkt an Proklamationen, Manifesten, Ausstellungen und Gründungen einzelner Bewegungen liegt um 1922. (Verani 1986:11) Während Mexiko, Argentinien, Peru und einzelne Länder des karibischen Raums eine ausgeprägte Rezeption der internationalen und eine Entwicklung der eigenen Avantgarde verzeichnen, sind in Ländern wie Guatemala, Panama und Bolivien nur vereinzelte Aktivitäten oder Autoren auszumachen. Kuba und Venezuela treten relativ spät, gegen Mitte bzw. Ende der zwanziger Jahre in die Avantgarde ein. Neben den größeren Bewegungen (*Ultraísmo, Estridentismo, Creacionismo*) gibt es eine Vielzahl von z.T. nur von einzelnen Autoren verkündeten „-ismen": *Noísmo, Atalayismo, Diepalismo, Euforismo, Postumismo, Integralismo, Auguralismo, Runrunismo, Sencillismo* u. a.

Kultureller Austausch

Der Höhepunkt der argentinischen Avantgarde liegt zwischen 1921 und 1927. → Jorge Luis BORGES vermittelt nach seiner Rückkehr aus Europa 1921 (Schweiz/Spanien) den spanischen *Ultraísmo* in Argentinien, der mit Macedonio FERNÁNDEZ und Ricardo GÜIRALDES' *El cencerro de cristal* (1915) auch über einhei-

Ultraísmo

mische Vorläufer verfügt. 1921 finden sich Gebäude in Buenos Aires mit der ultraistischen Wandzeitung *Prisma* plakatiert. Die Zeitschriften *Proa* (1922/23, 1924/26) und *Martín Fierro* (1924–1927) tragen zur Konsolidierung der Bewegung und zur Verbreitung ultraistischer Texte bei. Die Bewegung verfügt über keine theoretischen Prinzipien im strengen Sinne, vielmehr zeigt sie sich allem Neuen gegenüber aufgeschlossen und akzeptiert gleichermaßen futuristische, dadaistische, kreationistische oder expressionistische Anregungen. Im Mittelpunkt ultraistischer Literatur steht die Suche nach der *metáfora insólita e ingeniosa*, Lyrik wird zur gewollten Reihung des Unzusammenhängenden. Der Verzicht auf Metrik, auf erzählende Elemente und auf logische Verknüpfungen findet sich indessen auch in den anderen avantgardistischen Strömungen. → BORGES wird sich bereits wenige Jahre später vom Ultraismus wieder abwenden. Oliverio GIRONDO, der Verfasser des *Manifiesto de Martín Fierro* (1924) bekräftigt den gleichermaßen kosmopolitischen und nationalen Tenor der neuen Kunst in Argentinien.

„MARTÍN FIERRO" siente la necesidad imprescindible de definirse y de llamar a cuantos sean capaces de percibir que nos hallamos en presencia de una NUEVA sensibilidad y de una NUEVA comprensión, que, al ponernos de acuerdo con nosotros mismos, nos descubre panoramas insospechados y nuevas medios y formas de expresión. (Verani 1986: 297)

Creacio-nismo

Einer der wichtigsten Vorläufer, Vermittler und Theoretiker der lateinam. Avantgarde ist ohne Zweifel der Chilene Vicente HUIDOBRO. 1916 spricht er im Ateneo Hispano von Buenos Aires erstmalig über die kreationistische Theorie, die er in *El espejo de agua* (1916)[2] künstlerisch realisiert. Jedes Kunstwerk konstituiert eine eigene Welt, die als Schöpfung („el poeta es un pequeño Dios"[3]) von allen Bezügen und Abhängigkeiten frei ist. Anderen „-ismen" vergleichbar werden logische Beziehungen geleugnet und die Fragmentarisierung der Sprache wie die Konfrontation von Bildern ohne Zusammenhang in kühner Metaphorik hervorgehoben, auch die in kubistischer und futuristischer Sprache anzutreffende Simultaneität von Raum und Zeit spielt eine Rolle. Hauptwerk des Chilenen, der auch in französischer Sprache geschrieben hat, ist *Altazor* (1931). Sein Landsmann Pablo NERUDA betont im Gegensatz dazu die Vereinnahmung der Komplexität des Lebens für die Poesie, sein Credo ist das einer „poesía sin

---

2 Am Publikationsdatum entzündet sich der Streit um die „Erfindung" des *Creacionismo* zwischen dem Franzosen REVERDY und HUIDOBRO.
3 Vicente Huidobro (1916): „Arte Poética." In: *Espejo de agua*. Buenos Aires: Biblioteca Orión.

pureza ... penetrada por el sudor y el humo, oliente a orina y aazucena, salpicada por las diversas profesiones que se ejercen dentro y fuera de la ley".

Estridentismo

Parallel zum argentinischen *Ultraísmo* kennzeichnet auch den mexikanischen *Estridentismo* die Provokation. Mit dem ersten Manifest, *Comprimido estridentista* (1921), und in zahlreichen regelmäßig erscheinenden Zeitschriften werden nicht nur die radikale Umstülpung ästhetischer Prinzipien propagiert, sondern auch gesellschaftliche Ikonen (Religion, Nationalgeschichte) angegriffen. Wortführer ist Manuel MAPLES ARCE in der Lyrik (*Andamios interiores* 1922, *Urbe* 1924). Die *estridentistas* verherrlichen Technik, Geschwindigkeit und das pulsierende Leben in der Großstadt. Unterschiede zu ultraistischen oder kreationistischen Texten sind eher gradueller als grundsätzlicher Natur. Die Suche nach einer die bürgerlichen Konventionen und Gesetze der Logik sprengenden Bildersprache, der radikale Umgang mit der Metapher und kühne Bildkompositionen sind allen gemeinsam. Die später in Mexiko sich formierende Gruppe der *Contemporáneos* (José GOROSTIZA, Xavier VILLAURRUTIA u. a., gleichnamige Zeitschrift von 1928–31) übt eine nachhaltigere Wirkung auf die Entwicklung der mexikanischen Literatur aus und wird auch über die Landesgrenzen hinaus wahrgenommen. Allen neuen Entwicklungen aufgeschlossen, verzichten die *Contemporáneos* zumeist auf den aggressiv-herausfordernden experimentellen Schwung des *Estridentismo*.

Avantgarde und Indigenismus

Die Avantgarde korreliert mit anderen, sozial engagierten Strömungen wie dem → Indigenismus bzw. dem → Regionalroman. Ricardo GÜIRALDES gehört als Lyriker der Avantgarde an, während er als Romanschriftsteller unter der Rubrik des Regionalismus zu finden ist. Noch interessanter sind die Synthesen, die avantgardistische Schreibweisen und soziales Engagement bei Autoren wie César VALLEJO, Carlos OQUENDO DE AMAT und Alejandro PERALTA in Peru bilden. Auch in der kubanischen Avantgarde dominieren soziale Aspekte. Vor allem die Wirklichkeit magischer Weltvorstellungen in lateinam. Kulturen wiegen für viele Autoren (→ CARPENTIER, → ASTURIAS) schwerer als künstliche Installationen, Rauschzustände und Traumtranskriptionen z. B. der Surrealisten. Die ernsthafte Auseinandersetzung mit den poetologischen Konsequenzen vor allem surrealistischer Postulate führen zum Konzept des *real maravilloso* (→ CARPENTIER) und zur Literatur des → magischen Realismus.

3 Hybridität der Gattungen

Experimentelle Lyrik

Die Befreiung des Verses betrifft die sprachlogischen und narrativen wie rhythmischen und schriftbildnerischen visuellen Elemente. Imagination, technikbegeisterte Visionen, Lautmalerei (Onomatopoesie) und typographische Versuche, Bewegung und Geschwindigkeit durch neue Anordnungen auf der Seite zu erfassen, sind in vielen Strömungen anzutreffen. Verfügen Bildgedichte und Sprachspiele auch schon über eine lange literarische Tradition, so erlangen sie doch mit der metaliterarischen Reflexion über die Schrift, mit den technischen Möglichkeiten und im Kontext intermedialer Kunstäußerungen eine andere Qualität. Neben einer Vielzahl von epigonalen Versuchen und Imitationen ragen die Texte von HUIDOBRO (*Horizon carré*, *Altazor*), VALLEJO (*Trilce*), OQUENDO DE AMAT (das Leporello-Faltbuch *Cinco metros de poemas*), TABLADA (*Li-Po y otros Poemas*) u. a. heraus. Akustische und abstrakte Techniken werden von Mariano BRULL (*Poemas en menguante*, 1928) entwickelt. Die von ihm geprägte *jitanjáfora* besitzt lautmalerischen Wert, aber nur noch rudimentäre oder keine Wortbedeutung mehr (vgl. Christian Morgenstern und die Dadaisten). Rhythmus und Sprachmagie finden sich vorrangig in der afroantillanischen Poesie bei BARRADAS, *Júbilo y fuga* (1931), Nicolás GUILLÉN (→ Lyrik), oder auch im dominikanischen *Diepalismo* (*Danza negra*, 1926) von Luis PALÉS MATOS.

Avantgardistische Narrativik

Roman und Erzählung brechen mit dem narrativen Handlungsablauf und herkömmlichen Kategorien von Raum und Zeit. Fragmentarisierung, Abfolgen von Bewusstseinszuständen, Momentausschnitte des faszinierenden Großstadtlebens skizziert Arqueles VELA in den Erzählungen aus *El café de nadie* (1926). Die Grenzen zu anderen Gattungen werden nicht nur durchlässig, sondern direkt Thema zunehmend hybrider Texte (Salvador NOVO, *Ensayos*, 1925, *Return ticket*, 1928). Imaginäre Reisen in fantastische Welten (Julio GARMENDIA, *La tienda de los muñecos*, 1927), Schriftkritik und literaturkritische Diskurse (Pablo PALACIO, *Débora*, 1927) und generell die metaphorische Auflösung einer homogenen erzählbaren Wirklichkeit (Maria Luisa BOMBAL, *La última niebla*, 1934, Martín ADÁN, *La casa de cartón*, 1928) zeigen klar die Tendenz zu neuen Erzählformen (offener Roman, Metaroman). Neue psychologische Erkenntnisse und allgemein die Erschütterung der Position des Subjekts drücken sich auch in ironisch-spielerischen und parodistischen Erzählperspektiven aus. Vom Leser wird eine ungleich größere intellektuelle Aktivität bei der Konstitution von Sinn gefordert.[4] Autoren wie Felisberto

---

4 Der Begriff des *lector-cómplice* wird von → Julio CORTÁZAR in *Rayuela* (1964) geprägt; ein aktiver, den Sinn selbst erst konstruierender Leser ist bereits ein Postulat der Avantgarde.

HERNÁNDEZ und Macedonio FERNÁNDEZ setzen den avantgardistischen Diskurs bis weit über das Ende der sogenannten ‚historischen' Avantgarde hinaus fort.

Bustos Fernández (1996); Janik (1982); Klengel (1994); Mesa Gancedo (1999); Osorio (1981); Pöppel (1999); Schwartz (1991); Verani (1986); Wehle (1982); Wentzlaff-Eggebert (1999).

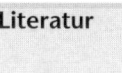

Literatur

3 Regionalroman

1 Ursprung und Eigenschaften der *novela regional*

Die Unabhängigkeitsbewegungen im 19. Jh., die ‚zweite Entdeckung' Amerikas durch Humboldt, die Herausbildung politischer, sozialer und kultureller Strukturen schärfen den Blick der Intellektuellen für den eigenen Kontinent. So verweist der Begriff des Regionalromans auf einen realistischen Diskurs in der literarischen Aneignung lateinam. Wirklichkeit. Die Identifikation mit nationalen und kontinentalen Interessen bereitet die geistigästhetische Emanzipation von Europa vor. Dies zeigt sich insbesondere in der Diskussion der Identitätsproblematik (→ Essay), die auch in der *novela regional* geführt wird. In Abhängigkeit von der jeweiligen *Region* entstehen unterschiedliche Subgattungen (→ Indigenismus in den Andenländern und in Mittelamerika, chilenischer und bolivianischer Bergarbeiterroman, → mexikanischer Revolutionsroman u. a.).

Begriff

Das durch den argentinischen Literaten und Politiker Domingo Faustino SARMIENTO im 19. Jh. geprägte Begriffspaar von „Zivilisation und Barbarei" gehört zu den zentralen Konzepten im Regionalroman. Dennoch lassen sich die literarisierten Konflikte keinesfalls auf die genannte Antithese reduzieren. Das Spektrum an regional-nationalen Konfliktschemata und -lösungsmodellen ist vielfältig. Folgende Grundelemente finden sich in den meisten Texten der Gattung: 1) Das Votum für die Anerkennung regionaler Kulturen bzw. Typen als Teil der nationalen Identität. 2) Die Beschreibung einer der menschlichen Zivilisation oftmals ‚feindlich gesinnten' Natur zwischen Faszination und Erschrecken. 3) Die soziale Anklage von Unterdrückung und Ausbeutung der Menschen (und der Natur). 4) Die Lösung des literarischen Konflikts durch Zukunftsmodelle, die sich an traditionellen Fortschrittskonzepten orientieren. 5) Die Einbindung der Regionalsprachen und -dialekte in den literarischen Diskurs.

Zivilisation und Barbarei

Natur als literarischer Protagonist	Die Präsenz von Natur als Protagonist bzw. als kulturell angeeigneter Naturraum (der Nation) hängt von den Wirklichkeitserfahrungen und den Intentionen der Autoren ab. Regionale Geografie als Landschaft, als Szenerie der Handlung oder als *Entdeckung des Eigenen* (durch die Figuren bzw. Erzählinstanz) spielt eine große Rolle in Romanen, die im ländlichen Milieu angesiedelt sind bzw. den kulturellen Kontrast von Stadt und Land zum Thema haben. Die Beschreibung der Natur der jeweiligen Region gerät zumeist zum identifikatorischen oder tragischen Moment in der Entwicklung der Figuren und im Handlungsverlauf (vgl. die weiter unten beschriebenen ‚drei Klassiker'). Ansätze solcher Darstellung finden sich bereits im europäisch geprägten romantischen Roman des 19. Jhs. (J. ISAACS, *María*, 1867). Ebenso kann die Natur selbst als personifizierter Protagonist im Roman erscheinen (vgl. RIVERAS *La Vorágine*, 1924); als *dramatis personae* verfügt sie meist über mythisch-magische Qualitäten, die dem späteren Roman des → magischen Realismus vorausgreifen.
Klassiker des Regionalromans	In den 20er Jahren folgen in Lateinamerika drei Romane im Abstand von jeweils wenigen Jahren aufeinander, deren Gemeinsamkeiten und Differenzen immer wieder Vergleiche herausgefordert haben und die im Folgenden kurz dargestellt werden. Sie repräsentieren innerhalb des Kanons der lateinam. Literatur der ersten Jh.-hälfte den realist. Diskurs. Die Darstellung von *selva*, *llano* und *pampa* bzw. die Literarisierung ihrer Wirkung auf die jeweiligen Protagonisten nehmen in den Texten einen vorrangigen Platz ein. Gleichzeitig gehören die Romane verschiedenen Subgattungen an: *La Vorágine* kann als Abenteuer- bzw. Reiseroman, *Don Segundo Sombra* als Bildungsroman und *Doña Barbara* als Thesenroman gelesen werden.

2 Die alles verschlingende Natur: José Eustasio RIVERAS *La Vorágine* (1924)

Leben und Werk	Als Mitglied einer Grenzkommission lernt der Kolumbianer José Eustasio RIVERA (1888–1928) zu Beginn der 20er Jahre die Region des nördlichen Amazonasbeckens im Grenzgebiet zwischen Kolumbien und Venezuela kennen. Die Extremerfahrungen einer zugleich unzugänglichen wie ästhetisch faszinierenden Natur einerseits und andererseits der sozialen Katastrophen (sklavenähnliche Ausbeutung der Kautschuksammler) die sich in dieser Region ereignen, fordern RIVERAS politisches und literarisches Engagement heraus.
Handlung	Langeweile und bürgerlicher (spätmodernistischer) Lebensüberdruss sowie die vergebliche Suche des „amor ideal" verleiten den

Protagonisten und Dichter Arturo Cova, mit seiner Geliebten den Hochzeitsplänen der Familie und der städtischen Gesellschaft zu entfliehen. Die abenteuerliche Reise durch die noch euphorisch wahrgenommene Landschaft der *llanos* entpuppt sich bei Eintritt in den Dschungel als traumatischer Trip bis an die Grenzen menschlicher Belastbarkeit. Die Entführung der längst nicht mehr begehrten Alicia durch Banditen entfacht nicht die Liebe, wohl aber Rachsucht und einen machistischen Anspruch auf Rückholung des ursprünglichen ‚Besitzes'. Cova folgt den Entführern und gerät immer tiefer in den Strudel aus Gewalt, Verelendung, moralischer, psychischer und physischer Depravation. Clemente Silvas Lebensgeschichte, Protagonist einer relevanten Nebenhandlung, thematisiert die Ausbeutung der Kautschuksammler im Urwald und den Widerstand gegen den Verlust der Menschlichkeit. Ihm gelingt es auch, die Manuskripte des schreibenden Cova, die das soziale Drama der Ausbeutung schildern und den individuellen Untergang von Cova dokumentieren, dem Sog der *selva* zu entreißen. Im fiktionalen Selbstbezug konstituieren diese – wieder der bürgerl. Gesellschaft zugänglich gemachten – Schriftzeugnisse den Romantext, der mit dem tragischen Ende Covas, der wiedergefundenen Alicia und ihres gemeinsamen, neugeborenen Kindes schließt: „Los devoró la selva."

Die symbolische (zivilisationskritische) Aufladung des Romans, die Wechsel in Perspektive und Zeitgestaltung, die personifizierte gewalttätige und rachsüchtige *Protagonistin* Natur sowie die polyphonen Stimmen bilden eine ambigue Struktur, die alle Ebenen des Romans in die Symbolik des titelgebenden Strudels einbezieht. Der Roman findet einen schnell größer werdenden Leserkreis, Neuauflagen folgen der ersten Publikation in kurzen Abständen. Zwei Jahre nach Erscheinen des Romans polemisiert RIVERA in der Zeitung *El Tiempo* mit seinem Landsmann Luis TRIGUEROS, der dem Autor stilloses Spanisch und strukturelle Mängel in *La Vorágine* vorwirft.[5] Die fragmentarische Struktur und die in „Strudeltechnik" miteinander verknüpften Handlungsstränge und Figurenschicksale haben dem Roman sowohl Kritik[6] als auch positive Bewertung eingebracht.

Wertung

---

5 Vgl. J.E. RIVERAS „Respuesta a Luis Trigueros." In: Hilda Soledad Pachon-Farías [Hrsg.] (1991): *José Eustasio Rivera. Intelectual. Textos y documentos 1912–1928.* Bogotá: Universidad Surcolombina, 91–97.

6 Vgl. hierzu bei Wentzlaff-Eggebert (1992: 125ff.) referierte kritische Urteile über den Roman.

3 Höhepunkt und Abschluss der Gaucho-Literatur: *Don Segundo Sombra* (1926) von Ricardo GÜIRALDES

Leben und Werk

Der Argentinier Ricardo GÜIRALDES (1861–1927) entstammt wohlhabenden Verhältnissen, er unternimmt zahlreiche Reisen nach Europa, hält sich viele Jahre in Paris auf, wo er 1927 stirbt. Viel Zeit verbringt er aber auch auf der *Estancia* der Eltern in San Antonio de Areco, im Landesinneren Argentiniens. Während er sich mit seiner Lyrik innerhalb der → Avantgarde einschreibt (*El cencerro de cristal*, 1915), literarisiert er in *Don Segundo Sombra* den Regionalcharakter des *gaucho*, dessen Schweigsamkeit, Melancholie, Furchtlosigkeit und Freiheitsliebe von den Weiten der *pampa*-Landschaft bestimmt scheinen. In seinem Anspruch, einen wesentlichen Aspekt nationaler Identität zu repräsentieren, wird der Roman oft mit dem Nationalepos *Martín Fierro* (1872/79) von José HERNÁNDEZ verglichen.

Handlung

Der zu Romanbeginn bei seinen Tanten aufwachsende Protagonist Fabio Cáceres verlässt den provinziellen Kleinstadtmief und schließt sich Don Segundo Sombra[7], einem *gaucho* an, der für den Halbwüchsigen zur (idealisierten) Vaterfigur wird. Die literarisierten ‚Lehrjahre‘ umfassen alle berufsbedingten Aktivitäten sowie die Freizeitvergnügen (Hahnenkampf, Rodeos, Kontaktaufnahme zum anderen Geschlecht) der Viehzüchter und -treiber in der argentinischen *pampa*. Außerdem wird auch die Regionalsprache quasi inventarisiert.[8] Fabio Cáceres verinnerlicht die *gaucho*-Mentalität, kehrt jedoch, dank eines Erbes, am Ende aus dem nomadisierenden Dasein wieder in sesshafte Verhältnisse zurück. Sein Lehrmeister aber, der eigentliche Protagonist des Romans, Don Segundo Sombra, verliert sich wie ein Schatten schemenhaft am Horizont.

Wertung

GÜIRALDES wird für diesen Roman sehr gelobt, gerät aber auch in die Kritik[9], weil er einen soziokulturellen Entwurf der *pampa* modelliert, der zum Zeitpunkt der Publikation des Romans längst nicht mehr der argentinischen Realität entspricht. Tatsächlich ist der *gaucho* in der argentinischen Wirklichkeit wie in der Literatur eher ein ‚Relikt‘ des 19 Jhs. Güiraldes kommt nun allerdings das Verdienst zu, sozusagen am Ende der *gaucho*-Ära, eine vollstän-

---

7 Historisches Vorbild dieser Figur ist der argentinische *gaucho* Segundo RAMÍREZ aus San Antonio de Areco.
8 Dem Roman ist eine Wortliste angefügt, die dem mit der *gaucho*-Realität wenig vertrauten Leser Begriffe erklärt bzw. in die argentinische Hochsprache übersetzt.
9 Vgl. hierzu die Kommentare von G. Siebenmann zur Rezeption des Romans (Siebenmann 1992:142–144).

 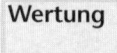

dige ‚Biographie' dieser Regionalkultur geliefert zu haben. Inwieweit hier gleichzeitig ein utopisches Zukunftsmodell heraus gelesen werden kann, bleibt letztlich interpretierenden Lektüren vorbehalten.

4 Die erfolgreiche Synthese von Zivilisation und Barbarei: Doña Barbara (1929) von Rómulo GALLEGOS

Rómulo GALLEGOS (1884–1969) verbindet in seinem Leben politische und literarische Ambitionen. Er studiert Jura und Pädagogik. Während der GÓMEZ-Diktatur lebt er im Exil in den USA und in Spanien. Nach verschiedenen politischen Ämtern in den 30er Jahren wird er zum Staatspräsidenten gewählt, aber nach wenigen Monaten Amtszeit 1948 durch einen Putsch wieder entmachtet. Die folgenden Jahre lebt er in Mexiko und in den USA. 1958 kehrt GALLEGOS nach Venezuela zurück. Sein Roman Doña Bárbara liegt zeitlich zwischen La trepadora (1925) und Canaíma (1935); in allen drei Texten bemüht sich der Autor, den für ihn zentralen Konflikt zwischen zivilisatorischem Anspruch und barbarischer Realität der Nation vermittels einer verbindenden, zukunftsorientierten Lösung zu überwinden.

Leben und Werk

Eigentlich sucht Santos Luzardo die Hacienda „Altamira" nur auf um sie zu verkaufen. Dort angekommen, überlegt er es sich anders, verzichtet auf die geplante Reise nach Europa und nimmt von seinem Anwesen aus den Kampf auf gegen die Besitzerin der Hacienda „El miedo", Doña Bárbara. Ihr Name ist Programm[10]: Sie ist die böse, Männer hassende, die Region beherrschende Antagonistin Luzardos, die weder Recht, Gesetz noch Eigentum respektiert. Die „devoradora de hombres" hat den sozialen wie physischen Niedergang des alkoholkranken Lorenzo Barquero zu verantworten. Deren gemeinsame Tochter, Marisela, vegetiert in halbwildem Zustand vor sich hin, bis Santos Luzardo sie in beispielhafter Weise erzieht und unterrichtet, d. h. zivilisiert. Doña Bárbara, die sich auch in Santos Luzardo verliebt hat, erkennt die Fruchtlosigkeit ihres Tuns und verschwindet am Ende des Romans wieder im Dschungel.

Handlung

---

10 Auffällig in diesem Roman sind die Vielzahl sprechender Namen: Positiv besetzt sind Santos Luzardo, Hacienda „Altamira", Marisela (mar y cielo), als negativ konnotiert erscheinen Doña Bárbara, Hacienda „El miedo", der gringo Mr. Danger.

Wertung	Der Roman zeitigt seit seiner Publikation großen Erfolg. SARMIENTOS Paradigma von *barbarie* (regionaler Rückständigkeit) und *civilización* (nationaler Modernisierung) steht in unmittelbarem Bezug zum Roman. Trotz seiner Thesenhaftigkeit geht *Doña Bárbara* aber weit über das ursprüngliche Modell hinaus, stiftet vielleicht sogar einen Gegenentwurf. Marisela verkörpert als *civilización lograda* nicht die Vernichtung, sondern die mögliche Aufhebung des Barbarischen in der letztendlich harmonisch verlaufenden Synthese, in der, wie es im Roman am Ende heißt, „las cosas vuelven al lugar de donde salieron". Die Modifikation von SARMIENTOS These wird somit literarisch eingefordert.[11]
Weitere Werke	In El Salvador schreibt M. A. ESPINO, beinflusst von RIVERAS *La Vorágine*, einen Roman über die Ausbeutung der Holzarbeiter in Belize: *Hombres contra la muerte* (1947). Die Figur der Magda in *La gringa* (1935) von C. WYLD OSPINA (Guatemala) wird mit GALLEGOS' Doña Bárbara verglichen. A. ARGUEDAS' (Bolivien) regionaler Ansatz erfolgt im Kontext indigenist. Literatur (u. a. *Raza de bronce*, 1919), ebenso *Entre la piedra y la cruz* (1948) von M. MONTEFORTE TOLEDO in Guatemala. Dort thematisiert Flavio HERRERA das Scheitern des (zivilisierten) Protagonisten in barbarischem Milieu: u. a. *El tigre* (1934). Weitere Romane von ACEVEDO DÍAZ, J. de VIANA und Carlos REYLES in Uruguay, Mariano LATORRE in Chile (*Chile, país de rincones*, 1947).
Literatur	Alonso (1989); Ludmer (1988); Ordóñez (1987); Pardo (1986); Peña (1989); Pérez (1971); Rogmann (1992); Siebenmann (1992); Wentzlaff-Eggebert (1992).

4 Indigenismus

1 Indianismus und Indigenismus

Entwicklung	Seit der Entdeckung Amerikas im Jahre 1492 sowie der nachfolgenden Eroberung und Kolonisierung des amerikanischen Kontinents versteht man unter Indigenismus im weitesten Sinne die unmittelbar politische bzw. vermittelt literarisch-künstlerische Parteinahme für die Ureinwohner. Die Anklage ihrer physischen Vernichtung und kulturellen wie wirtschaftlichen Unterwerfung erfolgte zumeist von einer Position paternalistischer Fürsprache seitens der Nicht-Indios. Nach den frühen Texten aus der Koloni-

---

11 Vgl. hierzu insbesondere Nelson Osorio T. (1983): „Doña Bárbara y el fantasma de Sarmiento", *Escritura* VIII, 19–35.

alzeit (z. B. Bartolomé DE LAS CASAS, Waman PUMA DE AYALA[12] u. a.) gerät das Bild der indigenen Bevölkerung zum Konstrukt exotischer Sehnsüchte in Europa. So sind die ersten Zeugnisse indianistischer Literatur der lateinam. Romantik mehr von Werken europäischer Vertreter, wie z. B. von François de CHATEAUBRIANDS *Atala* (1801), geprägt als von eigener Wirklichkeitserfahrung. Die Herausbildung nationalen Identitätsbewusstseins und das damit verbundene Bedürfnis, die Realität des eigenen Kontinents kennen zu lernen, wecken nicht zuletzt auch das Interesse an der sozialen Wirklichkeit der Indios. Der literarische Indigenismus im engeren Sinne entsteht Ende des 19. Jhs. mit Texten, die der jeweiligen Nation die Marginalisierung der Indios einerseits und ihre notwendige Integration in die Gesellschaft andererseits deutlich machen.

Die Gebiete der früheren indianischen Hochkulturen in Mittel- und Südamerika zeichnen sich auch heute durch eine starke indigene Bevölkerungsstruktur aus. Intakte Stammesgruppen finden sich bereits Ende des 19. Jhs. allerdings nur noch als Enklaven am Rand von Siedlungsgrenzen (Mexiko) bzw. in geografisch schwer zugänglichen Gebieten (Andenregion, Amazonasgebiet). Paraguay mit einer fast durchweg indianischen bzw. ‚indianisierten' Bevölkerung stehen Länder wie Chile und Argentinien gegenüber, in denen die indigene Bevölkerung quasi ausgerottet wurde. Unabhängig von der jeweils differenzierten Entwicklung entsteht indigenistische Literatur an den Rand- bzw. in Kontaktzonen mit nichtindianischer Bevölkerung bzw. im Umfeld eines konfliktiven Kulturkontakts und problematischen *mestizaje*.

Regionale Ausprägungen

Landbesitz, Landverlust und Bemühungen um Agrarreformen bzw. deren häufiges Scheitern stehen thematisch im Mittelpunkt. Die Vertreibung indianischer *comunidades* von ihren Ländereien (*despojo*) beschreibt Jorge ICAZA (1906–1978, Ecuador) in dem indigenistischen ‚Klassiker' *Huasipungo* (1934). Die von Kapitalinteressen bestimmte Landenteignung wird exemplarisch am tragischen Schicksal einer indianischen Familie vorgeführt. Noch Ende der 50er und Anfang der 60er Jahre publiziert der Bolivianer Jesús LARA (1898–1980) eine Trilogie (*Yawarninchij, Sinchikay, Llalliypacha*) zum Problem von Landbesitz und Landverteilung im

Themen

---

12 Las Casas gilt mit seiner Schrift *Brevísima relación de la destrucción de las Indias* (1542), in der er die Gewaltverbrechen gegenüber der indigenen Bevölkerung in Amerika anklagt, als Begründer der spanienfeindlichen *leyenda negra*, die in Europa lange Zeit das Spanienbild geprägt hat. Felipe Waman PUMA DE AYALA (um 1600) ist ein indianischstämmiger Vertreter des frühen Protestes, seine Texte sind daher auch insbesondere als kulturelles Zeugnis der Betroffenen interessant (*Nueva crónica y buen gobierno*, 1615).

Kontext der bolivianischen Revolution von 1952. Als Folge der Vertreibung wird auch die Zuwanderungsbewegung verarmter Hochlandindios in die Städte (Jorge ICAZA, *En las calles*, 1935) literarisiert. Regional-spezifische Themen bilden u. a. die Zwangsrekrutierung von Indios für den Chaco-Krieg zwischen Bolivien und Paraguay (u. a. Oscar CERRUTO, *Aluvión de fuego*, 1935) und die Folgen der mexikanischen Revolution für die indigene Bevölkerung (z. B. *El resplandor*, 1937, von Mauricio MAGDALENO).

Geistige Vorbereitung

Mexiko kann in der geistigen Reflexion des Indioproblems am Ende des 19. Jhs. als Vorreiter angesehen werden. Fragen der sozialen Position der *indígenas* wie ihrer kulturellen Identität (die Bezeichnung „Indio" wird als diskriminierend empfunden) werden im Zusammenhang mit nationalen Modernisierungsbemühungen gestellt. Neben dem offiziellen politischen Indigenismus wird auch von Intellektuellen wie José VASCONCELOS die indigene Bevölkerung zur Mexikos Identität stiftenden *raza cósmica* stilisiert. In Peru sind es Manuel GONZÁLEZ PRADA mit den polemischen Essays *Nuestros indios* (1904) und José Carlos MARIÁTEGUI mit den marxistisch orientierten *Siete ensayos de interpretación de la realidad peruana* (1928), die das Indioproblem ins Bewusstsein der Gesellschaft rufen. Die Universitätsreformbewegung greift das Thema der Indios auf, und es bilden sich überregionale Organisationsstrukturen (indigenistische Kongresse), die in wachsendem Maße auch auf die Initiative der indigenen Bevölkerung selbst zurückgehen. Demgegenüber findet sich eine konservative indigenistische Tendenz, die den Indio als Hemmnis der Nation literarisch „kriminalisiert". Enrique LÓPEZ ALBÚJAR beschreibt in *La psicología del indio* (1926) aus der Erfahrung als Provinzrichter Indios vorrangig als Delinquenten.

2 Der heterogene Charakter der indigenistischen Literatur

Zeitraum

Als berühmtester literarischer Vorläufer der Strömung gilt *Aves sin nido* (1889) der peruanischen Autorin Clorinda MATTO DE TURNER. Der Roman überwindet das romantisch verklärende Indiobild und weist mit der paternalistischen Erzählperspektive und der charakteristischen Figurenkonstellation der *trilogía aterradora* von geistlicher, politischer und militärischer Macht (*cura, cacique, subprefecto*), vor der es den Indio zu schützen gilt, bereits das Grundmodell indigenistischer Literatur auf. Die meisten Romane entstehen in den 20er und 30er Jahren. 1919 publiziert der Bolivianer Alcides ARGUEDAS den Roman *Raza de Bronce*, der den lokalen Grundkonflikt zwischen Großgrundbesitzer (*hacendado*) und Indiogemeinde (*comunidad indígena*) thematisiert. Ciro ALEGRÍAS breit angelegtes Panorama einer Landenteignung in Peru und der Folgen für die Indios in *El mundo es ancho ajeno* erscheint 1941. Die indigenistische Literatur entwickelt sich in diesem Zeitraum weg vom teils noch romantisch geprägten nationalen Pathos hin zur schonungslosen Anklage der sozialen Wirklichkeit der Indios. Mit *Huasipungo* (ICAZA) und *Yawar Fiesta* (1941) von → José María ARGUEDAS entstehen Romane, die neben der soziokulturellen Problematik vor allem ein neues ästhetisches Paradigma sprachlicher Aneignung indigener Welt begründen. Gerade ARGUEDAS versucht die Quechua-Sprache mit ihren kognitiven Strukturen in das Spanische so zu integrieren, dass die indigene Vorstellungs- und Glaubenswelt auch für Nicht-Indios per Lektüre nachvollziehbar wird.

Die Literarisierung indigener Protagonisten bzw. kollektiver india- **Literarische** nischer Figurengruppen erfolgt durch Autoren, die den Mittel- **Figur** schichten entstammen und selten über einen direkten Zugang zu indianischen Kulturen verfügen. Dies hat eine mehr oder minder starke Nivellierung der Individualität der Figuren zur Folge (Kriminalisierung, Mythisierung, Animalisierung). Flavio HERRERA (1892–1968, Guatemala) beschreibt in *El tigre* (1934) die Indios als physisch und moralisch verkommene Produkte ihrer barbarischen Umwelt. Der fehlende Zugang zur indianischen Psyche findet sich oftmals mit der bloßen Nennung von Konzepten des Un- bzw. Unterbewussten kompensiert, magische Glaubenswelten werden mit Bezeichnungen wie *brujería*, *idolatría* und *superstición* abqualifiziert. Die indianischen Figuren verfügen demnach über keine innere Physiognomie. In dieser Perspektive müssen die Indios aus der vermeintlichen Kulturlosigkeit gerettet, d. h. zivilisiert werden. Abhängig von der Sichtweise des Autors erscheinen indigene Figuren(-gruppen) als Hemmnis für die Entwicklung der Nation oder als Teil nationaler Identität. Generell dominiert die paternalistische Sorge, wie dem Indio zu helfen sei. Bildung, sozioökonomischer Forderungskatalog (Einbeziehung der Indios in den Kampf der Besitzlosen) und kulturelle Selbstbestimmung konstituieren die drei historisch aufeinander folgenden Antworten. Neben *mestizaje*-Konzepten wie in *Entre la piedra y la cruz* (1948) von Mario MONTEFORTE TOLEDO werden in den neo-indigenistischen Texten oft auch Abgrenzungen gegenüber okzidentalen Kulturformen propagiert.

3 Strukturmerkmale der Aneignung indigener Kultur in indigenistischer Literatur

Entdeckung

Der Leser wird mit einer ihm bisher nicht zugänglichen Welt vertraut gemacht. Dies kommt einer Entdeckung gleich. Die Aufklärungsarbeit der Indigenisten ist daher auch mit der Funktion der Chronisten während der Kolonialzeit im 16. Jh. verglichen worden. Peru erscheint paradigmatisch für diese Entdeckermentalität, da die geografischen Bedingungen praktisch zur getrennten Entwicklung von kreolischer Küstenkultur und indianischer Anden- bzw. Selvakultur beigetragen haben. Auf Grund anderer historischer und geografischer Bedingungen ist diese chronistische Entdeckerfunktion in Mexiko beispielsweise geringer ausgeprägt.

Kritik

Um die Wirksamkeit der Anklage zu steigern, werden die desolaten Zustände weiter zugespitzt bzw. mit Negativwertungen verstärkt. Dies gilt sowohl für die Überzeichnung indianischer Figuren als Opfer wie auch für die Stereotypisierung der weißen *Hacienda*-Besitzer. ARGUEDAS, der durch Kindheitserfahrungen mit der indigenen Welt und ihren Perspektiven bestens vertraut ist, bemüht sich nicht nur um eine Sicht des Indio „von innen", sondern korrigiert auch das einseitige Negativbild der peruanischen *hacendados*, der sogenannten *gamonales* (vgl. *Todas las sangres*, 1964).

Soziales Engagement

Mit literarischen Mitteln soll den notwendigen Veränderungen zum Durchbruch verholfen werden. Dies geschieht durch die Formulierung eines positiven Forderungskatalogs zur Verbesserung der Lage der Indios (vermittelt über die Figur eines Intellektuellen oder gebildeten Indios) bzw. durch das Negativbeispiel eines tragischen Handlungsverlaufs. Typisch hierfür ist der *despojo*, d. h. die Vertreibung der Indiogemeinden von ihren ererbten Ländereien, bzw. der „pikareske" Leidensweg eines Protagonisten (oder einer Protagonistin z. B. in *Yanakuna*, 1952, von Jesús LARA). Das typische Handlungsschema baut sich dramatisch auf: Die Indios erleiden Ungerechtigkeiten, rebellieren in blinder Wut gegen die Unterdrücker und werden am Ende durch die Vertreter der Staatsmacht bzw. örtliche *caudillos* erneut brutal unterworfen. Rache und bloße gewaltsame Gegenwehr haben keine positiven Veränderungen zur Folge. Die meisten Autoren votieren für kollektiven Widerstand unter der Führung freier Indiogemeinden bzw. gebildeter Mestizen. Gesellschaftlichen Veränderungen hinderliche Bildungsdefizite der Indios bzw. der gesamten Gesellschaft werden häufig kritisiert und finden sich gekoppelt mit dem Aufruf zum Bündnis mit Arbeitern und mestizischen Bauern für soziale, politische und wirtschaftliche Umwälzungen (Jorge ICAZA, Fernando CHAVES, Humberto MATA, Jorge RIVADENEIRA, Jesús LARA). In

Puna (1940) des Bolivianers Hugo BLYN ist es ein junger Intellektueller, der nach der Lektüre von GOGOL, ENGELS, NIETZSCHE, FLAUBERT und ROUSSEAU beginnt, gegen die Ungerechtigkeiten aufzubegehren.

Legenden, Mythen, Gesänge, Vokabular aus indianischen Sprachen (Quechua, Quiché, Aymara usw.) sowie (kostumbristische) Alltagsbeschreibungen haben in frühen indigenistischen Texten zunächst die Funktion, den Wirklichkeitseffekt zu verstärken und so die *denuncia* zu stützen. Viele Texte geben auch bereits Zeugnis von der Bedrohung der marginalisierten Kulturen. Autoren wie José María ARGUEDAS, Rosario CASTELLANOS und Augusto ROA BASTOS, deren Texte auch dem magischen Realismus zugeordnet werden, vermitteln hingegen das ganz andere Bild von durch die Jahrhunderte hindurch vitalen und anpassungsfähigen indigenen Kulturen, deren Integrationsfähigkeit sich auch in der Indianisierung der mestizischen Regionalkulturen nachweisen lässt. So verschiebt sich in der indigenistischen Literatur der Schwerpunkt von der Anklage der Unterdrückung zur Repräsentation einer autarken indianisch-mestizischen Kultur (→ Magischer Realismus).

Memoria

Die indigenistischen Schriftsteller stehen im Spannungsfeld von außerliterarischer Mission und ästhetisch-imaginärem Anspruch. Mit dem Bemühen um größtmögliche Authentizität haben sie dazu beigetragen, schematische Erzählmuster zu durchbrechen. Das besondere Augenmerk für die sprachliche Konstruktion in indigenistischen Texten z. B. von ICAZA oder ARGUEDAS verdeutlicht die fließenden Grenzen zwischen spät- oder neo-indigenistischer Literatur (vgl. in den 70er Jahren Manuel SCORZA, *La guerra silenciosa*) einerseits und Texten des magischen Realismus (→ Miguel Angel ASTURIAS) bzw. der *Nueva Novela* (→ Mario VARGAS LLOSA, *El Hablador*, 1987) andererseits.

Ästhetischer Anspruch

Das Fazit indigenistischer Romane wie *El indio* (1935) von Gregorio LÓPEZ Y FUENTES lautet, dass die Revolution an der Situation der Indios kaum etwas geändert hat. Die Diskussion der Ergebnisse der mexikanischen Revolution erfolgt wie im → mexikanischen Revolutionsroman aus einer kritischen Perspektive, beide Strömungen sind daher in Mexiko auch nicht streng zu trennen. Rosario CASTELLANOS (1925–74) thematisiert in *Oficio de tinieblas* (1962) einen Aufstand der Tzotzil-Indianer; hier scheitern spätrevolutionäre Agrarreformbemühungen unter Präsident CÁRDENAS am Widerstand der Großgrundbesitzer. Hervozuheben sind hier die indigene Sichtweise und die Literarisierung indianischer Frauen.

Indigenismus und mexikanische Revolution

4 Exkurs: Aufzeichnungen indigener Erzähltraditionen

Oralität

Das für die Konstitution und Beschreibung lateinam. Schriftkultur anverwandte europäisch-okzidentale Literaturmodell lässt schnell einen großen Teil mündlicher, oraler Kultur (Mythen, Lieder, Rituale etc.) in den Hintergrund geraten, wenn diese nicht (z. B. in Texten der *Nueva Novela*) literarisiert ist. Außerhalb von konservierenden Medien (Schrift, Tonband, Videoaufzeichnung etc.) sind die „Stimmen der Besiegten" (Nathan Wachtel) nur schwer in einem schriftbezogenen Kanon wahrzunehmen. Dennoch gibt es zunehmend Versuche, die mündliche Erzählkultur (auch bezeichnet als *etnotexto* bzw. *oralitura*) innerhalb literarischer Textproduktion einzuordnen. In seinem letzten Essay fordert Angel Rama angesichts der immer noch florierenden Mythenproduktion auf dem Kontinent, „a cuestionar, si no a disgregar, la decimonona concepción de la literatura que ha seguido funcionando en América Latina" (Rama 1984:101). Viele Schriftsteller, Anthropologen, Ethnologen, Literaturwissenschaftler und *aficionados* haben sich der Aufgabe verschrieben, die mündliche Kultur Amerikas im gesamten Diskurs bewusst zu machen.

Literatur

Cornejo Polar (1978; 1979); Hartmann (1989); Harmuth (1994); Lienhard (1992); Niño (1998); Rama (1984).

5 Mexikanischer Revolutionsroman

1 Die mexikanische Revolution

Revolution und Institutionalisierung

Die mexikanische Revolution hat seit ihrem Beginn 1910 bis weit hinaus über das Ende der bewaffneten Phase 1917/20[13] die mexikanische Geschichte des 20. Jhs. geprägt. Zahlreiche größtenteils halbherzig realisierte Reformen (Agrarreform, Nationalisierung des Erdöls, Alphabetisierungskampagnen) mit Beginn der Institutionalisierung der Revolution unter OBREGÓN (1920–24) und CALLES (1924–28) können nicht darüber hinweg täuschen, dass letztendlich kein konsistentes Programm existierte. In der Literatur über die mexikanische Revolution wird, trotz zunächst idealisierender Züge, von Beginn an deutlich, dass zwar die Bewegung von Arbeitern und vor allem auch indianischen Bauern aktiv

---

13 Im November erklärt MADERO die Wiederwahl von Porfirio DÍAZ für ungültig und ruft zum bewaffneten Aufstand auf (Plan von San Luis de Potosí). Im Mai 1911 tritt Porfirio DÍAZ zurück. Mit der Annahme der Verfassung 1917 bzw. der Ermordung ZAPATAS (1919) und der Kapitulation VILLAS (1920) endet die bewaffnete Phase der Revolution.

getragen wird, diese aber eher aus spontaner Unzufriedenheit heraus handeln und weniger aufgrund klarer Zielsetzungen. Einen weiteren ‚Teilnahmegrund' stellt die charismatische Wirkung von Revolutionsführern wie E. ZAPATA und F. „Pancho" VILLA dar, deren teils kritische teils heroisierende Darstellung ebenfalls einen Schwerpunkt vor allem der frühen Werke des Revolutionsromans bilden. Im Verlauf des 20. Jhs. gerät der offizielle Revolutionsdiskurs immer mehr in Widerspruch zum literarischen Diskurs über die Revolution. Die fiktionale Aufarbeitung ihrer Ursachen und Folgen in der mexikanischen Literatur sprengen den Rahmen einer historisch und ästhetisch einzugrenzenden Strömung. Während die politische Konsolidierungsphase bis etwa 1940 reicht, zerbricht der Mythos einer geglückten sozialen Integration und kulturellen Identitätsfindung der Mexikaner endgültig mit der blutigen Niederschlagung der Studentendemonstrationen am 2.10.1968. Neben der literarischen Produktion ist besonders auch die – ästhetisch der Avantgarde zuzuordnende – Wandmalerei (Muralismus: RIVERA, OROZCO, SIQUIEROS) als Revolutionskunst mit Erzählfunktionen hervorzuheben.

2 Phasen und Typen des mexikanischen Revolutionsromans

Viele Autoren (AZUELA, GUZMÁN u. a.) begleiten die Revolution als Ärzte und Kämpfer. Die unmittelbare Erfahrung und historische Nähe befördert die Darstellung bewaffneter Kämpfe in der Memoiren- und Testimonialliteratur, deren Höhepunkt zwischen 1928 und 1933 liegt. Mariano AZUELA, ein begeisterter Anhänger der Revolution, schließt sich als Militärarzt MEDINAS Truppe gegen HUERTA an. Die Frage nach den Erfolgen und dem Sinn der Bewegung findet bereits kritische Antworten, denn die Träger der Revolution bleiben von den Ergebnissen ausgeschlossen. Die literarische Porträtierung und Idealisierung der Revolutionsführer Pancho VILLA und EMILIANO ZAPATA in *Vámonos con Pancho Villa* (1931) von Rafael FELIPE bzw. in *Tierra* (1932) von Gregorio LÓPEZ Y FUENTES oder anderer Revolutionäre in *El águila y la serpiente* (1928) von Martín Luis GUZMÁN konkurriert mit erster literarischer Kritik an ihrer Machtgier, Bereicherungssucht und der allgemeinen Korruption. Revolutionäre Ideale werden im Bewusstsein ihrer Gefährdung aus einer romantisch-liberalen Position heraus propagiert, selten hingegen identifizieren sich die Autoren mit der Volksbewegung.

Phase der bewaffneten Kämpfe 1910 – 1917/20

Als erster Roman der Gattung gilt *Los de abajo* (1915) von AZUELA, der die Ambivalenz der Revolution in der illusionslosen Darstellung als „gescheitertes Unternehmen, was ihm eine eindeutige

Frühphase

literarische Lösung verwehrt" (Biermann 1993:114), aufzeigt. Der literarische Protagonist Demetrio Macías wird zunächst ohne eigenen Antrieb in das Revolutionsgeschehen hineingezogen und steigt dann zum Anführer einer kleinen Truppe auf. Doch nach den ersten Siegen gegen Huertas Armee ,entschädigen' sich Macías' Kämpfer, indem sie Dörfer auf dem Durchzug plündern und zerstören. Während sich der Intellektuelle Luis Cervantes in den USA niederlässt, zieht Macías weiter, obwohl er längst keinen Sinn mehr in der Revolution sieht. Er kehrt zurück an den Ort des ersten Kampfes, dort überfallen Carranzas Einheiten die kleine Truppe und vernichten sie.

Me preguntará que por qué sigo entonces en la revolución. La revolución es el huracán y el hombre, es la miserable hoja seca arrebatada por el vendaval...

Su sonrisa volvió a vagar siguiendo las espirales de humo de los rifles y la polvareda de cada techo que se hundía. Y creyó haber descubierto un símbolo de la revolución en aquellas nubes de humo y en aquellas nubes de polvo que fraternalmente ascendían, se abrazaban, se confundían y se borraban en la nada.

Politisierung

In den zwanziger Jahren beginnt eine Auseinandersetzung mit den politischen Realisierungsformen der Revolutionsideale, und in den Texten zeichnet sich eine wachsende historische wie intellektuelle Distanz zu den konkreten Ereignissen ab. Der Diskurs des Revolutionsromans tritt in Opposition zum triumphalistischen Diskurs der Regierung. Die literarische Kritik an der mexikanischen Revolution ist durch Perspektivlosigkeit angesichts des Geschichtsverlaufs geprägt. Martín Luis GUZMÁN thematisiert in *La sombra del caudillo* (1929) Machtgier und politische Intrigen. Der Roman über die Ermordung des Präsidentschaftskandidaten durch den amtierenden Präsidenten und seine Helfershelfer konnte erst 1938 publiziert werden.

Literatur der Revolution und revolutionäre Literatur

In den dreißiger Jahren entfachen die avantgardistischen *Contemporáneos* (→ Avantgarde) und marxistischen Gruppierungen (*Agoristas, Bloque de Obreros Intelectuales*) die Polemik um Funktionen und ästhetische Konzepte in der Literatur. Während die *Contemporáneos* zwischen einer die Revolution thematisierenden Literatur und einer wirklich revolutionären, nämlich traditionsbrechenden Literatur unterscheiden, propagieren die letztgenannten eine Kunst, die sich in den Dienst der sozial Unterdrückten stellt, sich durch einen einfachen Stil und den Anspruch authentischer Wirklichkeitsabbildung auszeichnet (Gregorio LÓPEZ Y FUENTES, Jorge FERRETIS). Unter diesem poetologischen Vorzeichen entstehen z.T. der proletarische Roman und indigenistische Texte (→ Indigenismus).

In der Regierungszeit von CÁRDENAS (1934–40) erfährt Mexiko, bedingt durch die wirtschaftliche Expansion, eine kurzlebige optimistische Phase. Versuche der ökonomischen Integration sozial benachteiligter Gruppen und eine wachsende Mittelklasse stoppen jedoch letztendlich nicht die fortschreitende Marginalisierung großer Teile der (indigenen) Landbevölkerung. Demzufolge verstärken sich in den 40er Jahren wieder die kritischen Tendenzen, vor allem aber verändern sich die produktionsästhetischen Konzepte. Unter dem Einfluss der Schreibweisen von DOS PASSOS, PROUST und FAULKNER u. a. werden sowohl avantgardistische Ästhetik wie vordergründige politische Propaganda abgelehnt. In den Mittelpunkt rückt nun die Subjektivität der Mexikaner, ein Thema, das in der essayistisch geführten Identitäts- und *mestizaje*-Diskussion (REYES, VASCONCELOS, GUZMÁN u. a.) bereits einen großen Raum einnimmt. Die psychische Innenwelt der Figuren drängt das Revolutionsgeschehen in den Hintergrund der jeweiligen Romane, ohne es vollkommen auszublenden. Autoren wie Agustín YÁÑEZ in *El luto humano* (1943) und José REVUELTAS in *Al filo del agua* (1947) zeigen an den Eigenschaften der Figuren in direkter oder vermittelter Weise auch die Gründe für das Scheitern der Revolution auf. Fatalismus, Resignation, Gleichgültigkeit gegenüber dem Tod, religiöser Wahn und provinzielle Enge, das Gefühl der Entwurzelung und das später von Octavio PAZ ins Zentrum mexikanischer Identität gerückte Konzept der Einsamkeit (*El laberinto de la soledad*, 1950) konstituieren komplexe literarische Persönlichkeitsstrukturen. YÁÑEZ widmet sich den Voraussetzungen der Revolution in den letzten Jahren der Diktatur von Porfirio DÍAZ (Porfiriat); bei José REVUELTAS fällt die Radikalität ins Auge, mit der er das Scheitern aller revolutionären Hoffnungen in einem geschichtspessimistischen Modell beschreibt. Motive und Metaphorik (Sintflut, Tod eines Kindes u. a.) sind dem Stil des *tremendismo*[14] (Strosetzki 1994:99) ähnlich. Zunehmend rücken auch weibliche Figuren in den Vordergrund (*La negra Angustias* (1944) von Francisco ROJAS GONZÁLEZ oder *Rosenda* (1946) von José Rubén ROMERO). Nelli CAMPOBELLO wendet sich in ihren Erzählungen (*Cartucho*, 1960) wieder unmittelbar der Revolution zu, nicht aber den bewaffneten Kämpfen, sondern der Alltäglichkeit und Allgegenwart des Todes in einem Dorf im Norden Mexikos zur Zeit des Guerrilla-Kriegs von Pancho VILLA gegen die Regierung CARRANZAS. Die Erlebnisse werden aus der Perspektive eines Kindes erzählt, das Gewissheiten sucht. Mit der wachsen-

---

14 *tremendismo:* von Spanisch *tremendo.* Durch den Roman *La vida de Pascual Duarte* (1942) des spanischen Schriftstellers Camilo José CELA geprägte Darstellungsweise, die ein grotesk überhöhtes gewaltbetontes Wirklichkeitsbild entwirft.

den historischen Distanz zur Revolution verstärken sich entmythisierende und ironische Tendenzen in der Erzählperspektive, die später dann auch jene Werke kennzeichnen, die der *Nueva Novela* zugeordnet werden.

Mexikanische Revolution in der *Nueva Novela*

In den 50er Jahren begründet Octavio PAZ in dem Essayband *El laberinto de la soledad* den Identitätsverlust des Mexikaners mit den geschichtlichen Brüchen seit der Conquista. Mythos und Mythologeme werden nicht mehr vorrangig als primitive Vorstellung von der Welt gesehen, sondern als „Ausdruck gelebter Realität, die nicht zwischen Reellem und Ideellem unterscheidet" (Hölz 1988:344). Damit werden magische Weltsichten in der Literatur nicht nur aufgewertet, sondern konstituieren eine neue Wahrnehmungsperspektive (vgl. z. B. *Oficio de tinieblas*, 1962, von Rosario CASTELLANOS), wie sie auch in den Romanen des → magischen Realismus erscheint. Der Roman *Pedro Páramo* (1955) von → Juan RULFO gilt als Paradigmenwechsel in der Konstruktion literarischer Wirklichkeit. Die mexikanische Revolution selbst steht in diesem Roman thematisch nicht im Mittelpunkt. Rulfo reagiert mit seiner kargen Sprache auf die pompöse politische (und frühe literarische) Revolutionsrhetorik. Auch → Carlos FUENTES erreicht durch die Aufspaltung des sterbend sich erinnernden Protagonisten in drei Erzählstimmen (Ich, Du, Er) in *La muerte de Artemio Cruz* (1962) einen neuen Blick auf die Geschichte der Revolution. In *Gringo Viejo* (1985) literarisiert er konkrete Revolutionsereignisse aus dem Blickwinkel kultureller wie existenzieller Grenzerfahrung und -überschreitung. Der Roman zeichnet das mysteriöse Ende des amerikanischen Schriftstellers Ambrose BIERCE während der Revolution 1914 in Mexiko in der Figur des *Gringo* nach und thematisiert vor dem Hintergrund der Konzepte von *identidad* und *otredad* die konfliktreichen Beziehungen zwischen Mexiko und den USA. „Die Revolution hat keinen linear zu beschreibenden Fortschritt erbracht, sondern erweist die Geschichte als zyklischen Ablauf und unendliche Wiederholung von Macht und Verbrechen." (Strosetzki 1994:90).

Literatur

Aub (1969); Biermann (1993); Borsò (1992); Castro Leal (1963); Dessau (1967); Gründler (1994); Hölz (1988); Strosetzki (1994).

6 Diktatorenroman

1 Ein lateinamerikanisches Genre

Die historische Lebenswirklichkeit Lateinamerikas ist geprägt von der Erfahrung politischer Diktaturen. Gehäufter als in anderen Kontinenten üben mächtige Potentaten oft unter Anwendung grausamster Gewalt ihre Herrschaft aus: von Juan Manuel de ROSAS (1829–1852) in Argentinien, Porfirio DÍAZ (1876–1911) in Mexiko, Cipriano CASTRO (1899–1908) und Juan Vicente GÓMEZ (1908–1935) in Venezuela über Rafael Leonidas TRUJILLO (1930–1961) in der Dominikanischen Republik und Fulgencio BATISTA (1940–1944; wieder 1952–1959) in Kuba hin zu den Diktatoren der jüngeren Vergangenheit wie Anastasio SOMOZA (1967–1979) in Nicaragua oder Augusto PINOCHET (1973–1990; dann bis 1998 Oberbefehlshaber der Armee) in Chile – Namen, mit denen sich Staatsterror und Unterdrückung der Bevölkerung verbinden, Namen, die die Erinnerung an leidvolle Kapitel der amerikanischen Geschichte wachrufen. Jeder dieser genannten Diktatoren ist Gegenstand mindestens eines, in der Regel einer Vielzahl von Diktatoren-"romanen" geworden (wobei sich – ähnlich wie beim historischen Roman – die Frage stellt, inwieweit diese Gattungszuordnung mit dem konstitutiven Aspekt der Fiktionalität noch zutrifft).[15]

Geschichte als Vorbild

Im Zuge der Diskussion um die „Identität" der lateinamerikanischen Literatur hat man immer wieder die Frage aufgeworfen nach den Beziehungen zwischen spezifischen äußeren Faktoren Südamerikas und der dort entstandenen Kultur bzw. der Literatur. Ohne die Pampa wäre der Gaucho-Roman nicht existent, ohne die Sklaverei gäbe es keine *novelas abolicionistas*, keine Anti-Sklavenromane. Dennoch artikuliert sich auch in der Geschichte der Lateinamerikanistik gelegentlich der Konflikt zwischen zwei unterschiedlichen, sich scheinbar ausschließenden Literaturkonzeptionen: Im Widerspruch zu einem Modell, welches Literatur als direkten Reflex auf derartige gesellschaftliche Phänomene auf-

Literatur und Gesellschaft

---

15 Neben Diktatorenromanen lassen sich auch – in geringerem Maße – Reflexe der Thematik in anderen Genres finden (zur Diktatorenfigur in der Lyrik und im Theater, s. das einschlägige Kap. bei García 2000). Daneben gibt es dramatische Versionen einzelner Romane, etwa die bekannte Aufführung von VALLE-INCLÁNS *Tirano Banderas* durch den katalanischen Regisseur Lluís PASQUAL (Paris, Théâtre de l'Odéon und Weltausstellung Sevilla, 1992). Letztlich sei darauf hingewiesen, dass neben dem Diktatorenroman es auch einen Diktaturenroman gibt, der also weniger die Person, sondern vielmehr ein diktatorisches Regime als solches zum Thema macht, etwa José DONOSOS *Casa de campo* (1978).

fasst, steht die entgegengesetzte Vorstellung einer allein ästhetisch fundierten und legitimierten Literarizität.

Der Diktatorenroman mag uns nun exemplarisch verdeutlichen, dass dieser Gegensatz kein grundsätzlicher sein muss. Die prägende Erfahrung einer konkreten historischen Situation ist (fast) allen Diktatorenromanen gemein, und dennoch besteht die Möglichkeit eigenwilliger ästhetischer Prägungen und ein sehr weites Spektrum des Umgangs mit historischen Modellen. Dieses reicht von der dokumentarischen Aufarbeitung diktatorischer Systeme bis zu einer hochgradigen Stilisierung, die sich als Parabel über Macht und Machtmissbrauch versteht und nicht einmal mehr eines konkreten historischen Vorbilds für die vermittelte Geschichte bedarf. Während in der Literatur anderer Weltteile das Subgenre der Diktatorenromane überhaupt nicht existiert, hat es in Lateinamerika eine enorme Dynamik; zahlreiche wegweisende lateinam. Autoren haben Diktatorenromane verfasst und damit innovative und originelle Neuansätze in den lateinam. Romandiskurs eingebracht. In auffälliger Häufung gilt dies für die siebziger Jahre des 20. Jhs., die Blütezeit des Boom.

Versuch einer Systematik

Die jüngste Untersuchung zum Diktatorenroman (García 2000) versucht eine Einteilung nach vier historischen Phasen, denen jeweils parallele Diktatorenbilder zugeordnet werden. Am Anfang steht demnach der Roman des *Romanticismo* im 19. Jh., in welchem einem machtbesessenen und korrupten, letztlich aber triumphierenden Diktator eine romantische Liebesgeschichte entgegengesetzt wird. Modell dieses Typs ist José MARMOLS *Amalia* (1844/50). Die zweite Phase ist die des *Costumbrismo Regionalista*, die einen beschränkten, eher scheiternden Diktator einführt, ohne historisches Vorbild. Paradigma dieses Typs ist *La sombra del caudillo* (1929) des Mexikaners Martín Luis GUZMÁN. Danach handelt García die Epoche des *Modernismo* ab, in der ein grausamer, berechnender Diktator zur Darstellung kommt, der über einige menschliche Züge verfügt (und vielleicht dadurch jede historische Figur übersteigt). Hier dienen zwei der bekanntesten Diktatorenromane als Beispiel, nämlich *Tirano Banderas* (1926) von Ramón del VALLE-INCLÁN, einem spanischen Autor, und *El señor Presidente* (1946) von → Miguel Angel ASTURIAS. Als vierte und letzte Gruppe werden als zeitgenössische Romane drei Werke aus den siebziger Jahren vorgestellt, *El otoño del patriarca* (1975) von → Gabriel GARCÍA MÁRQUEZ, *El recurso del método* (1974) von → Alejo CARPENTIER und *Yo el Supremo* (1974) des Paraguayers Augusto ROA BASTOS.

Diese Einteilung hat ihren systematischen Wert und legt bestimmte Entwicklungen plausibel frei, doch lassen sich innerhalb der jeweiligen Gruppen auch nicht wenige Beispiele finden, die ganz andere Ausrichtungen aufweisen. Dies wird besonders dann augenscheinlich, wenn man sich die enorme Menge gerade auch solcher Diktatorenliteratur vor Augen hält, die nicht dem Kanon der bekannten ‚großen' Werke der lateinam. Literatur angehört.[16]

2 Ein literarhistorischer Abriss

Die Lektüre historischer Berichte über den argentinischen Diktator ROSAS ist deshalb so bedrückend, weil man in der Grausamkeit und Radikalität, mit der er die Bevölkerung Argentiniens knechtet, all die finsteren Machenschaften späterer Diktatoren vorvollzogen sieht. Seine Geheimpolizei erinnert mit ihren Taktiken und Techniken an die SS des Dritten Reichs ebenso wie an die Truppe, mit deren Hilfe sich TRUJILLO in der Dominikanischen Republik an der Macht hält. So wird ROSAS dann auch das Modell für die ersten literarischen Paradigmen dieses Genres, insbesondere für Esteban ECHEVERRÍAS Kurzroman *El matadero*, in dem auf plastische und eindringliche Weise die Stimmung am (titelgebenden) Schlachthof mit der Lage des von den Schergen ROSAS bedrängten Volkes gleichgesetzt wird. Das Werk kontrastiert sehr schematisch das regierende politische Lager der Föderalisten (dem ROSAS angehört) als Reich des Bösen und des Todes, die oppositionelle Fraktion der Unitarier dagegen als die Guten, als Symbol des Lebens; wie brisant *El matadero* im Umfeld der zeitgenössischen Diktatur gewesen sein muss, belegt die Tatsache, dass das Werk – 1838 geschrieben – erst 1871 publiziert werden kann.

19. Jh.

Auch José MÁRMOL, selbst ein von den *Rosistas* verfolgter Intellektueller, will mit seinem Roman *Amalia* (1. Bd. 1844, 2. Bd. 1850) auf die Tragödie seines Landes hinweisen. Die Handlung spielt im Sommer des Jahres 1840, als die politische Repression ROSAS' Argentinien an den Rand eines Bürgerkriegs treibt; es ist die Geschichte der Liebe zwischen Amalia und Eduardo Belgrano, einem europäisierten Humanisten, der als wahrer Patriot und aktiver Gegner ROSAS' letztlich von den Anhängern des Diktators ermordet wird. Verantwortlich für das Scheitern der Liebe ist damit das tyrannische System mit der Allgegenwart von Überwachung, Verhaftung, Folter und Mord. Festzuhalten sind drei Aspekte: ein-

Amalia – **ein Vorbild**

---

16 Carlos Pacheco listet in seiner Untersuchung *Narrativa de la Dictadura y Crítica Literaria* (1987) in einem Anhang nicht weniger als 128 zwischen 1838 und 1981 entstandene Diktatorenromane mit Titel, Verfasser und ggf. dem historischen Vorbild auf. Auch wenn unter diesen einige (wenige) nordam. und franz. Werke sind, so zeigt diese Textmenge sehr eindrucksvoll sowohl die grundsätzliche Bedeutung dieses Subgenres in Lateinamerika als auch die Tatsache, dass es keinesfalls nur auf die bekannten kanonischen Werke zu reduzieren ist.

mal, dass die antidiktatorische Position hier gleichzeitig eine bürgerlich-konservative ist, ferner, dass die Liebesthematik durchaus vollständig dem Stil des romantisierenden, an europäischen Vorbildern orientierten Romandiskurses jener Zeit folgt, und letztlich, dass weite Teile des Repertoires späterer Diktatorenromane hier schon vorweggenommen und entfaltet scheinen.

Die erste Hälfte des 20. Jhs.

Die drei Texte, durch die sich in der Folge diese Gattung einen eminenten Platz in der lateinam. Literaturgeschichte sichert – *Tirano Banderas* von VALLE-INCLÁN, *La sombra del Caudillo* von GUZMÁN und *El señor Presidente* von ASTURIAS – entstehen zwischen 1926 und 1946. Trotz seines nicht geringen Einflusses für die Ausbildung der Gattung sei der Spanier VALLE-INCLÁN hier nicht eingehender vorgestellt. GUZMÁN, Teilnehmer und Chronist der mexikanischen Revolution (→ mexikanischer Revolutionsroman), später Abgeordneter und Journalist, wird selbst immer wieder ins Exil gezwungen. Ähnlich wie bei *El matadero*, liegt ein knappes Jahrzehnt zwischen dem Entstehen des Romans und seiner Publikation. *La sombra del Caudillo* ist ein typischer Schlüsselroman über den Niedergang der mexikanischen Revolution unter dem „Caudillo" OBREGÓN in zahlreichen historisch belegten Details.

Ganz anders (und erheblich wirkungsvoller) ist dagegen die ahistorische, gleichsam quintessentielle Stilisierung des Diktators in *El señor Presidente* von ASTURIAS. Auch bei diesem Roman liegt ein langer Zeitraum zwischen dem Entstehen (1931) und der Publikation (1946). Zwar stehen konkrete Diktaturen Pate (nämlich die der guatemaltekischen Machthaber Manuel ESTRADA CABRERA und Jorge UBICO), doch entindividualisiert ASTURIAS die Figur des Diktators, um sie in den Rang einer bedrohlichen finsteren mythischen Macht zu erheben. Damit verbindet der Nobelpreisträger ASTURIAS seine Betonung der magisch-mythischen Schichten der lateinam. Literatur auch mit der Diktatorenthematik. GARCÍA MÁRQUEZ gehört zu den vielen Autoren der siebziger Jahre, die sich von der Diktatorenthematik wieder herausgefordert fühlen. Wenn die Erfahrung des Dritten Reichs und der Hitlerdiktatur dem Diskurs des Diktatorenromans zur Zeit ASTURIAS' besondere Aktualität vermittelt hat,[17] mögen die Politisierungsbewegungen der postachtundsechziger Jahre und die jüngere Diskussion um die Funktion von Geschichte und Geschichtsschreibung der bis ans Jahrtausendende ungebrochenen Konjunktur des Diktatorenromans Vorschub leisten.

---

17 Die Parallelen zwischen Hitler und dem *Señor Presidente* sind augenscheinlich; diese Tatsache selbst ist deshalb so erstaunlich, weil der 1946 zuerst publizierte Roman bereits 1931 abgeschlossen wurde.

ASTURIAS mag die Vertreter der → Boom-Literatur, der er selbst nicht mehr zugehört, nicht. Doch sein Modell wirkt auf die in den siebziger Jahren jungen Romanciers. Zahlreiche bedeutende Paradigmen erscheinen im Verlauf dieses Jahrzehnts; neben den schon genannten Romanen von CARPENTIER, ROA BASTOS und GARCÍA MÁRQUEZ auch noch *Oficio de difuntos* (1976) von dem Venezolaner Arturo USLAR PIETRI (mit Anspielungen auf Juan Vicente GÓMEZ), *¿Te dio miedo la sangre?* (1977) von dem Nicaraguaner Sergio RAMÍREZ (auf SOMOZA bezogen) sowie eine ganze Reihe von Werken, die sich mit der kubanischen BATISTA-Diktatur auseinandersetzen, von Lisandro OTEROS *La ciudad semejante* (1970) bis zu Rolando PÉREZ BETANCOURTS *Sucedió hace veinte años* (1978). Schon vor und in den 80ern dann setzen sich chilenische Autoren mit Augusto PINOCHET auseinander, so Erich ROSENRAUCH in *Muertos útiles* (1978), Fernando ALEGRÍA in *El paso de los gansos* (1980) und die populäre Autorin Isabel ALLENDE in *La casa de los espíritus* (1982).

Die Boom-Autoren und der Diktatorenroman

Einer der interessantesten Romane unter all diesen ist ROA BASTOS' *Yo el supremo* vielleicht deshalb, weil hier ‚objektive' historiografische Detailarbeit und ‚subjektiver' eigener Stilwillen zusammentreten (und der 1989 mit dem *Premio Cervantes* ausgezeichnete ROA BASTOS ist ein herausragender Stilist!). Der Autor stützt sich auf zahlreiche Dokumente über die Herrschaft von José Gaspar RODRÍGUEZ DE FRANCIA (1814–1840) in Paraguay. Die große historische Distanz zu den Ereignissen erlaubt es, divergierende Positionen über den Herrscher nebeneinander zu stellen. So taucht neben dem alles beherrschenden Tyrannen auch ein anderer ‚historischer' FRANCIA auf, der sich um soziale Gerechtigkeit bemüht und seinem Land einen Aufschwung bereitet. Andererseits wird FRANCIA entpersonalisiert und enthistorisiert; seine auf zwei Jahrhunderte zerdehnte Herrschaft scheint die Vergangenheit, Gegenwart und Zukunft seiner Landsleute zu umfassen, die sich ihm ausgeliefert fühlen, während der Diktator, der zur Einsamkeit verurteilte „Allmächtige", tragische Züge erhält. In dem oft spröden Diskurs des Romans bemerkt man eine Vielfalt verschiedener Sprach- und Stilregister; Anmerkungen täuschen objektive Information vor oder referieren tatsächlich historiografische Positionen, deren Unzuverlässigkeit damit aber gleichzeitig auch wieder vermittelt wird. In dieser Hinsicht ist *Yo el Supremo* wegweisend nicht nur für den Diktatorenroman, sondern generell für den neuen historischen Roman Lateinamerikas, wie er etwa in GARCÍA MÁRQUEZ' BOLÍVAR-Buch *El General en su laberinto* Ausdruck findet.

Ein Höhepunkt: *Yo el supremo*

3 Ein bezeichnendes neues Beispiel

VARGAS LLOSAS
La fiesta del Chivo

Auch → Mario VARGAS LLOSA, zweifellos einer der bedeutendsten Autoren der Gegenwart, greift in seinem Roman *Conversación en la catedral* (1969) indirekt auf die Diktatur des korrupten Generals Manuel Arturo ODRÍA in Peru (1948–1956) zurück. Mit seinem bislang jüngsten Werk, *La fiesta del Chivo* (2000), legt er nun noch einmal einen prototypischen Diktatorenroman vor. Die 24 Kapitel des monumentalen Erzählwerks mischen drei Handlungsstränge: den letzten Tag des dominikanischen Diktators TRUJILLO, der am 30. 05. 1961 von einer Gruppe von Verschwörern auf der Fahrt in sein Landhaus erschossen wird, die Beweggründe, das Vorgehen und das Schicksal dieser Attentäter und letztlich die Geschichte der in New York wohnenden dominikanischen Anwältin Urania Cabral, die nach 35 Jahren der Abwesenheit erstmals wieder 1996 nach Santo Domingo zurückkehrt und während dieses Besuchs ihre Vergangenheit aufarbeitet. Nur die letzte Teilhandlung ist fiktiv, und der Autor flicht sie geschickt ein in die beiden anderen „faktenbezogenen" Themenstränge, die auf intensiver Recherche beruhen.

Zwischen ‚objektiver' Analyse und reißerischen Themen

VARGAS LLOSA zeigt in einem objektivierten Stilgestus das hochentwickelte Spionagesystem TRUJILLOS, die unvorstellbare Grausamkeit seines Militärapparates, die Verfolgung jedweder Systemkritik und den Genozid an Tausenden von Haitianern, die Glorifizierung des Diktators und die Indoktrinierung der Menschen. Doch erst jener Handlungsstrang, in dem Urania Cabral auf ihr Leben zurückschaut, bietet Einblick in das Innerste dieses auf eine so preußische Weise asketischen Diktators. Nachdem in den Monaten vor jenem Attentat Uranias Vater, bis dahin ein hoher Beamter in TRUJILLOS Staatsapparat, in Ungnade gefallen war, ergreift er die einzige letzte Chance und „opfert" seine Tochter dem alternden Diktator, dessen Vorliebe für sehr junge Mädchen bekannt ist. Wie ein Tier, das zur Schlachtbank geführt wird, bietet man die Vierzehnjährige dem mehr als Siebzigjährigen in eben jenem Landhaus zur Entjungferung dar, zu dem er sich bald darauf am Tag des Attentats wieder aufmacht.

Man kann VARGAS LLOSA vorwerfen, mit dieser pädophilen Thematik der Geschichte eine etwas reißerische Wendung gegeben zu haben. Doch auch der Kern dieses Stranges, so betont der Autor, sei durch Recherche belegt. Jedenfalls zeigt er in *La fiesta del Chivo* damit konzentriert das Morbide, Perverse diktatorischer Systeme und trifft eine Aussage jenseits der Frage nach den historischen Details. Über seine Motive, dieses Werk zu schreiben, äußert sich der Autor so:

...lo que a mí me despertó el apetito fue conocer ciertos detalles de la conjura para matar a Trujillo, una conjura que se gestó en el seno mismo del trujillismo, en realidad quienes lo mataron habían estado muy vinculados a su régimen y después de ejecutarlo, esa conjura fracasó por la parálisis en la que quedaron los propios conjurados, como aterrorizados de su propia hazaña. Habían interiorizado de tal manera el régimen que quedaron como si hubieran cometido un parricidio. Y ese hecho me llevó a seguir investigando en los hechos y de allí surgió la idea de esta novela... (VARGAS LLOSA in *El Comercio*, Peru, 18. 11. 1998)

VARGAS LLOSA schreibt als Peruaner über die Dominikanische Republik, während im Diktatorenroman auffallend oft die Autoren Ereignisse aus ihrem eigenen Land literarisieren. Doch es gilt über jeden Diktator und mit Bezug auf jeden Text über ihn die Reflexion Juan Carlos Garcías:

Hubiese sido preferible tenerlo sólo en la ficción. Pero ¿es posible imaginar todo ese horror, toda esa maldad, toda esa crueldad, toda esa capacidad de destruir sistemáticamente la vida humana como lo han hecho los dictadores de la vida real? (García 2000:237)

Amate (1981); Calvino Iglesias (1985); García (2000); Pacheco (1987).

Literatur

7 Großstadtroman

1 Großstadt und Roman

Das 19. Jahrhundert bringt in den europäischen Literaturen die Thematik der Großstadt zu einer ersten Blüte. Nach den Überlegungen des deutschen Literaturwissenschaftlers Volker Klotz besteht ein Zusammenhang zwischen der Struktur des vielschichtigen und komplexen Gebildes Großstadt und dem Roman[18]. Dabei versteht er diesen (mit Hegel) als jene Gattung, die prototypisch die ‚kunstlos‘ gewordene Periode der industriellen Revolution kennzeichnet. Zwar weist die Sozialgeschichte der meisten lateinam. Länder eine ganz andere Entwicklung auf (nicht Industrialisierung steht im Zentrum, sondern der Gegensatz zwischen ‚zivilisierten‘ und ‚barbarischen‘ Regionen), aber dennoch entdecken auch in Lateinamerika im Laufe des 19. Jhs. und besonders im 20. Jh. zahlreiche Romanciers die Metropole als das Schlüsselthema einer ‚prosaischen‘ Wirklichkeit. Zuerst werden nach

19. Jh.

---

18 Vgl. Volker Klotz (1987): *Die erzählte Stadt. Ein Sujet als Herausforderung des Romans von Lesage bis Döblin.* Reinbeck: Rowohlt.

dem Vorbild Paris und den sog. „Tableaux de Paris" auch in den stark gewachsenen lateinam. Hauptstädten (Havanna, Mexiko-Stadt, Buenos Aires) literarische oder halbliterarische Städtebilder geprägt, die in Zeitschriften, als Fortsetzungsromane in der Presse oder auch als Romane publiziert werden. Sie sind typische Formen „kostumbristischer" Literatur, also einer Schreibweise, die auf die Darstellung von Sitten und Gebräuchen abzielt.

Verände-rungen des 20. Jhs. Ein einschneidender Wandel im literarischen Diskurs der Stadt tritt in der 2. Hälfte des 20. Jhs. ein. Zu dieser Zeit – besonders nach dem sog. Boom lateinam. Literatur – werden die kulturellen Gegebenheiten Lateinamerikas aufgewertet gegenüber denen Europas und Nordamerikas. In der Kulturtheorie wird dies reflektiert als Umkehr der traditionellen Begriffe von Zentrum und Peripherie: An der vermeintlichen Peripherie (gerade in Lateinamerika) werden die entscheidenden kulturellen Innovationen hervorgebracht, dort, wo gleichzeitig auch die Megalopolis als Zeuge eines neuen Zivilisationstyps entsteht[19]. Das städtische Ambiente wird zunächst Ort der Entfremdung des Individuums, der Vereinzelung, der Kommunikationslosigkeit (inmitten der Informationsflut moderner Städte), und es erweist sich später als notwendige Voraussetzung bestimmter moderner bzw. postmoderner (literarischer) Ästhetiken (vgl. Monsiváis 1994). Jedoch besteht zwischen einer Stadt und ihrem literarischen Diskurs keine „Eins-zu-Eins-Relation", vielmehr werden immer die jeweiligen Konzepte eines Autors wirksam. Generell herrschen zwei widersprüchliche Grundkonzepte vor: eine negative Sicht auf die Stadt, in der diese als Ort des Verbrechens und als wichtigster Feind der menschlichen Natur gilt, und eine positive Sicht, welche die Stadt als den idealen Ort für die Entfaltung von Kultur und Zivilisation auffasst. Für beide Sichtweisen findet man in der lateinam. Literatur reichhaltige Beispiele.

2 Die literarische Großstadt in einzelnen Räumen

Cecilia Valdés – ein Modell und seine Folgen in Kuba Der kubanische Romancier Cirilo VILLAVERDE liefert mit seinem Roman *Cecilia Valdés o La Loma del Ángel* (1839 zuerst, dann 1882 in stark erweiterter Fassung erschienen) das beste Beispiel dafür, wie eine beliebige ‚realistische' Thematik mit Verfahren der Stadtbeschreibung kombiniert werden kann. Der Roman erzählt von der tragisch scheiternden Liebe zwischen der Mulattin Cecilia und einem Weißen, dem Sohn ihres *hacendero*, gleichzeitig aber schildert er das alltägliche Leben in dem Stadtviertel von Havanna,

---

19 Vgl. Badenberg 1995; Daus 1992; Herlinghaus/Walter 1994.

das dem Roman als Untertitel dient (für Details s. Ette 1992). Im Laufe der folgenden literarischen Anverwandlungen Havannas zeigt sich die Vorbildfunktion dieses Textes; er wird später immer wieder als Intertext neuer Stadtromane dienen, am klarsten in *La Loma del Ángel* (1987) von Reinaldo Arenas (1943–1990).

Auch Guillermo Cabrera Infante (*1929 – Exilautor wie Arenas) drückt (in der Tradition avantgardistischer Autoren) seine Begeisterung für die kubanische Metropole aus. Sein sprachlich exzessiver Experimentalroman *Tres tristes tigres* (1967) ist in erster Linie ein Roman über die Sprache und über das Schreiben, doch machen sich die Fragmente von Handlung fest am Lebensraum des Havanna der späten fünfziger Jahre, an den Kneipenbesuchen der Protagonisten in der Altstadt und an den nächtlichen Autofahrten über den Malecón, Havannas Uferstraße, im offenen Straßenkreuzer. Expliziter konstituiert sich der Raum der Stadt in *La Habana para un infante difunto* (1979; der Titel verweist auf den Namen Cabrera Infante und damit auf eine deutlich autobiographische Dimension); dort muss sich der jugendliche Protagonist die Stadt als Raum vielfältiger (existentieller, sexueller) Erfahrungen konstruieren.

Havanna im neueren Roman

Auch der bekannteste neuere Autor Kubas, → Alejo Carpentier (1904–1980), hat der kubanischen Hauptstadt eine Geste der Ehrerbietung entgegengebracht mit *La ciudad de las columnas* (1970), auch wenn vielleicht die Fotos von Paolo Gasparini das Schönste an diesem Band sind.

Kostumbristisch im typischen Sinne sind auch zwei Havanna-Romane, die auf das präruvolutionäre Leben in der Stadt zurückblicken: In *En ciudad semejante* (1970) von Lisandro Otero (*1932) geht es um einen Rechtsanwalt, der sich während der letzten Jahre des Batista-Regimes der Revolution anschließt, und in *Cristino* (1977) schildert Manuel Cofiño López (*1936) den Alltag in einer Mietskaserne zur Zeit der Batista-Diktatur. Unter den gegenwärtigen Havanna-Romanen seien exemplarisch die Erfolgsromane zweier Autoren erwähnt: zuerst *Paisaje de otoño* (1998) von Leonardo Padura Fuentes (*1955), ein Roman, in dem die kubanische Hauptstadt zum dunklen, rätselhaften Schauplatz einer Kriminalhandlung wird, und dann die halbautobiografische, die ‚harte Realität‘ schildernden Fiktionen von Pedro Juan Gutiérrez (*1950), *Trilogía sucia de La Habana* (1998) und *El Rey de la Habana* (1999). Eine Besonderheit Havannas ist auch die Tatsache, dass hier neben der Narrativik auch das Theater Stadttableaux entwirft; von besonderer Bedeutung sind dabei die Stücke von José Triana (*1931). (Zum Kontext von Urbanität und Literatur in Havanna s. auch Phaf 1990 b.)

Argentinien	Stärker und markierter noch als Havanna wird Buenos Aires – um die Jahrhundertwende Einwandererstadt und Schmelztiegel *par excellence* – literarisiert. Die Vorreiterrolle nimmt hier der Journalist José Sixto ÁLVAREZ (1858–1903) ein, der unter verschiedenen Pseudonymen publizierte und das Genre der *Cuadros de la ciudad* kreierte. Sehr früh wird die argentinische Hauptstadt auch in der Lyrik gefeiert; der bekannteste Schriftsteller Argentiniens, → Jorge Luis BORGES, entwirft in seinem Gedichtzyklus *Fervor de Buenos Aires* (1923) zwar keine konkrete ,poetische Stadtgeografie', doch gibt er der Stadt, ihrer Sprache und den Erfahrungen in ihr einen eigenen authentischen Ausdruck. Roberto ARLT (1900–1942) hat nicht nur in *Los siete locos* (1929) Buenos Aires (und die in der Stadt herrschende Angst) zum eigentlichen Protagonisten seines Romans gemacht, er hat auch mit seinen *Aguafuertes porteñas* (gesammelt ersch. 1981) die Eigenart dieser Metropole im Umbruch in kostumbristischen Szenen eingefangen.

Weitere typisch kostumbristische Werke: Silvina BULLRICHS (1915–1990) erster Roman *Calles de Buenos Aires* (1939; in größerer Auflage erst 1979) zentriert sich auf den reichen Barrio Norte; Manuel MUJICA LÁINEZ (1910–1984) schaut in *Don Galaz de Buenos Aires* (1938) auf die Geschichte der argentinischen Hauptstadt zurück (von demselben Autor, der jüngst als Vorläufer ,postmoderner' Autoren wiederentdeckt wird, stammt überraschenderweise auch das Alexandriner-Epos *Canto a Buenos Aires*, 1943).

Buenos Aires im Experimentalroman	Im Zeichen einer experimentelleren, am Schnittpunkt von Moderne und Postmoderne anzusiedelnden Schreibart stehen die Buenos-Aires-Romane von Leopoldo MARECHAL (1900–1970) und Néstor SÁNCHEZ (*1935). MARECHAL verbindet in dem wegweisenden siebenteiligen Roman *Adán Buenosayres* (1939) Zeitkritik und Milieuschilderungen mit intertextuellen Bezügen auf DANTE (vgl. Berg 1992). Er bringt dabei die Thematik der Stadt anhand der palavernden Diskussionen der Protagonisten in den Text; oft wird er mit JOYCE verglichen. Im Zeichen eines experimentellen Stadtdiskurses, der sich aus der Alltagssprache nährt, steht auch SÁNCHEZ' *Siberia Blues* (1967), ein Roman, der in melancholischem Gestus die Stadt samt ihren Bars und ihren vielfachen Verlockungen evoziert, andererseits aber auch die scheiternden menschlichen Beziehungen und das Chaotische aufzeigt.

Mexiko-Stadt	Inbegriff der postmodernen Metropole wurde in den letzten Jahrzehnten – neben anderen Städten in Brasilien, Afrika und Indien – die Stadt Mexiko, ein 20-Millionen-Moloch, dessen Dynamik Städteplaner und Literaten gleichermaßen anzieht und überrascht: „Die Stadt Mexiko, von den Spaniern für maximal 15 000 Bewohner ausgelegt, nahm nach 1960 ... erst drei Millionen Menschen auf, dann sechs, dann achtzehn Millionen." (Daus

1992:11). → Carlos FUENTES, der bekannteste lebende Autor Mexikos, macht in seinem Frühwerk die Hauptstadt des Landes zum Thema (in *Los días enmascarados*, 1954, und in *La región más transparente*, 1958, wo auf das Leben in Mexiko D. F. im Jahr 1951 rückgeblickt wird). Zwei unterschiedliche Literarisierungsformen der Stadt zeichnen sich in der Folge ab: Auf der einen Seite gibt es die realitätsbezogene Sicht des „Stadtchronisten" Salvador NOVO (1904–1974), der in den 60er Jahren eine dreibändige Stadtgeschichte vorlegt (*La vida en México en el período presidencial de...*), und die „testimoniale" Ausrichtung der Stadtromane von Elena PONIATOWSKA (*1933), *La Noche de Tlatelolco* (1971; s. Badenberg) und *Fuerte es el silencio* (1980).

Andererseits wird Mexiko-Stadt zur zentralen Metapher (post-)moderner Existenz und damit bevorzugtes Thema der Literatur der sog. „Onda", einer Bewegung experimentell arbeitender junger und Innovation anstrebender Literaten (wie Gustavo SAINZ, *1940, und José AGUSTÍN, *1944). SAINZ schildert in dem aus fiktiven Tagebuchfetzen komponierten Roman *Gazapo* (1965) das Leben von Jugendlichen in der Metropole; nach *La princesa del Palacio de Hierro* (1974) stellt er in *Fantasmas aztecas (un pretexto)* (1979) kühne Verbindungen zwischen der gegenwärtigen Stadt und derjenigen der Azteken dar.

Die Stadtliteratur der „Onda"

Als Schlüsselromane der *Onda* und zugleich auch als neuartige Stadtdiskurse gelten zwei Romane AGUSTÍNS, *La tumba* (1964) und *De perfil* (1966), wo – im Stil der *beat generation* jener Jahre – der moderne Moloch Stadt aus dem Blickwinkel jugendlicher Drogenkonsumenten geschildert wird.

Eine zynische Sicht auf das selbstzerstörerische Leben der Künstlerschickeria von Mexiko-Stadt liefert René AVILÉS FABILA (*1940) in *Los juegos* (1967). Arturo AZUELA (*1938) greift in *La casa de las Mil Vírgenes* (1983) den bekannten Trick auf, die Saga der Stadt von einem ihrer dunklen Zentren aus zu erzählen: im Bordell laufen die Fäden der Handlung zusammen. Unter dem Einfluss seines großen Vorbildes → Julio CORTÁZAR gestaltet Juan VILLORO (*1956) die Metapher von der Stadt, die ihr Gesicht verliert, in dem Roman *El disparo de argón* (1991), dessen Protagonist ein an einer Klinik der Metropole tätiger Augenarzt ist.

Weitere Werke

Auch in nichtnarrativen Textformen wird Mexiko literarisiert: in der Lyrik von Efraín HUERTA (1914–1982), im Drama von Emilio CARBADILLO (*1925), der das Großstadtleben in einer ganzen Serie von Einaktern eingefangen hat (*D.F., 26 obras en un acto*, 1979).

Kolumbien, Peru, Uruguay	Die kolumbianische Hauptstadt Bogotá wird im Werk von Manuel Zapata Olivella (*1920) zum typischen Ort menschlicher Entfremdung; krass schildert er die Elendsviertel der Stadt in *La calle 10* (1960) und das Leben von Straßenjungen in *Detrás del rostro* (1963). Elisa Mújica (*1918) erzählt in *Bogotá de las nubes* (1984) das Schicksal einer von Selbstzweifeln geplagten Frau, die nach einem mehrjährigen Aufenthalt auf dem Land nach Bogotá zurückkehrt und sich dort einer fremden, kalten und korrumpierten Stadt gegenüber sieht. Der Literaturkritiker und Autor Oscar Collazos (*1942) skizziert die am Pazifik gelegene Stadt Buenaventura in *Los días de la paciencia* (1976) und in *De putas y virtuosas* (1984).

Lima	Die einst als „Stadt der königlichen Paläste, der Gärten und prunkvollen Kirchen" geltende Hauptstadt Lima wird in der Perspektive neuerer Autoren zum „menschenvernichtende(n) Moloch im Gewand der Millionenstadt" (Mahlendorff 2000). Eine polemische Gesellschaftsanalyse Limas (in nichtfiktionalem Diskurs) liefert der peruanische Essayist Sebastián Salazar Bondy (1924–65) in *Lima, la horrible* (1964), doch finden wir eine negative Sicht auf die Stadt allenthalben in der Fiktion der 2. Hälfte des 20. Jhs. Für Enrique Congrains ist Lima eine infolge sozialer Ungerechtigkeit verelendete Stadt, wie er in dem Roman *No una, sino muchas muertes* (1957; s. Mahlendorff) ausführt. Die Handlung führt an die abstoßende Peripherie, zu einer Müllhalde und damit zu einem jener städtischen Orte, die Michel Foucault als Heterotopien bezeichnet hat[20].

Auch der bekannte Romancier → Mario Vargas Llosa liefert in seinen frühen Werken (*Los jefes*, 1959 und *La ciudad y los perros*, 1963) ein kritisches Bild der Stadt. Die bourgeois-konservative Oberschicht Limas und ihre einflussreiche Position im Leben der Stadt reflektiert Alfredo Bryce Echenique (*1939) in seinem „Bildungsroman" *Un mundo para Julius* (1970); er verfolgt dort die Kindheit des Protagonisten im städtischen Umfeld über elf Jahre lang. Ähnlich dann auch in Jaime Baylys (*1965) *No se lo digas a nadie* (1994), dem Roman eines jungen Mannes, der sich durch die Entdeckung seiner Homosexualität von der Limenser Gesellschaft emanzipiert.

---

20 Michel Foucault (1984): „Des espaces autres." In: *Architecture, Mouvement, Continuité*. Paris: Societé des Architectes Diplômés par le Gouvernement, 46–49; dt.: „Andere Räume." In: Barck, K. u. a. [Hrsg.] (1992): *Aisthesis. Wahrnehmung heute oder Perspektiven einer anderen Ästhetik*. Leipzig: Reclam, 34–46.

Der uruguayische Autor Juan Carlos ONETTI siedelt mehrere seiner Romane in der imaginären Stadt Santa María an, einem Ort, der ebenso fiktiv (und auch nicht ganz so bekannt) wie → GARCÍA MÁRQUEZ' Macondo ist. Die reale Hauptstadt des Landes, Montevideo, wird Thema bei Mario BENEDETTI (*1920).

Fiktive und reale Städte

Eine komplexe soziale Stadtgeografie der venezolanischen Kapitale Caracas skizziert Miguel OTERO SILVA (1908–1985) in *Cuando quiero llorar, no lloro* (1975). Er führt die Schicksale von drei Protagonisten aus unterschiedlichen sozialen Schichten zusammen.

Die Thematik der Stadt hat also vom 19. Jh. an die Entwicklung der Narrativik generell begleitet und unter jeweils geänderten Bedingungen des Schreibens neue Konfigurationen gewonnen. Im lateinam. Kontext hat sie durch die Aufwertung des einst als peripher geltenden Subkontinents in der jüngeren Kulturtheorie einen Aktualitätsschub bekommen, der ihre fruchtbare Weiterverarbeitung im 21. Jh. verspricht.

Badenberg (1995); Berg (1992); Daus (1992); Ette (1992); Herlinghaus/Walter (1994); Mahlendorff (2000); Monsiváis (1994).

Literatur

8 Magischer Realismus

1 Angelpunkt der Identitätsdiskussion

In der Verbindung von „magisch" und „realistisch" sind zwei scheinbar widersprüchliche Konzepte zusammengefügt. Deren gleichwertige Koexistenz und die Möglichkeit der narrativen Überschreitung der Grenzen zwischen rational-pragmatischer Alltagserfahrung und magisch-ritueller Wirklichkeitssicht und -deutung zählen zu den intensiv diskutierten Bereichen lateinam. Literatur.

Begriff

Die Bezeichnung „magischer Realismus" ist europäischen Ursprungs und wurde vom österreichischen Kunstkritiker Franz ROH 1925 zur Charakterisierung nachexpressionistischer Malerei verwendet.[21] Vermittelt über eine Übersetzung 1927 in der *Revista de Occidente* wird der Text im hispanischen Raum bekannt gemacht. Doch der kunstwissenschaftliche Ursprung spielt eine geringere Rolle für die inhaltlichen Besetzungen des literarischen Konzepts als bisher angenommen (vgl. Camayd-Freixas 1998). Ähnliche literarische Formeln (z. B. von BONTEMPELLI 1926) und das Interesse an sogenannter „primitiver" Kunst (*primitivisme, l'art nègre*)

Ursprung und Entwicklung

---

21 Franz Roh (1925): *Nach-Expressionismus (Magischer Realismus): Probleme der neuesten europäischen Malerei*. Leipzig: Klinkhardt & Biermann. Vgl. auch die ausführlichen Kommentare zur Begriffsgeschichte bei Camayd-Freixas 1998.

afrikanischer, asiatischer und amerikanischer Kulturen im Umfeld der → Avantgarde stehen eher in Verbindung mit dem späteren *realismo mágico* als der von Roh benutzte Begriff. Der venezolanische Schriftsteller Arturo Uslar Pietri, der mit Bontempelli befreundet ist und sowohl in Paris als auch später in Lateinamerika Kontakte u. a. zu → Carpentier und → Asturias unterhält, vermittelt in den 40er Jahren das Konzept nach Lateinamerika.

Abgrenzung

Nach wie vor gilt der magische Realismus als eines der bekanntesten Markenzeichen der lateinam. Literatur. Vor allem die Abgrenzung zur europäisch fantastischen und surrealistischen Literatur wird immer wieder betont. Im Unterschied zu den (nur) ästhetisch vollzogenen Grenzüberschreitungen im europäischen Kontext gibt es demzufolge in den mythisch-magisch geprägten Kulturen schlichtweg keine logisch-rationalen Grenzen zu überschreiten, weil sie nicht existieren. Mit dieser Auffassung wird der *realismo mágico* zum Angelpunkt der fortdauernden Diskussion über die lateinam. Identität (→ Essay).

Literaturwissenschaft

In Lateinamerika nehmen sich die Intellektuellen in zwei Richtungen des Konzepts an. Zum einen geht der Begriff in Individualpoetiken verschiedener Autoren (Uslar Pietri, Asturias, → Arguedas, → García Márquez) ein, zum anderen wird er von Literaturwissenschaftlern ab den 50er Jahren theoretisch ausgebaut und mit den verschiedensten Definitionen gefüllt. Angel Flores vertritt eine eher symbolistische Auffassung und sieht das Konzept in der ästhetischen Tradition europäischer Kunst (Kafka) zu Beginn des Jahrhunderts verwurzelt, setzt mit dem Begriff aber zugleich den Beginn einer genuin lateinam. Literatur. Das Magische gehört dem Reich der Fantasie an, die Grenzen zwischen Magischem Realismus und (einer langen Tradition) fantastischer Literatur werden verwischt. Luis Leal versucht den magischen Realismus von anderen Kunstformen (fantastischen und surrealistischen Texten) abzugrenzen und betont seinen Wirklichkeitscharakter („actitud ante la realidad"). Während die lateinam. Literatur in den 50er und 60er Jahren dank einer seit den historischen Avantgarden nicht mehr gekannten Erneuerung der literarischen Sprache, Struktur und Erzählperspektive boomt, gerät die literaturwissenschaftliche Diskussion um den Begriff in eine Sackgasse von teils widersprüchlichen Kategoriebildungen. Ein Kongress Anfang der 70er Jahre in Michigan soll Klarheit bringen, erreicht aber eher das Gegenteil.[22] Vittoria Borsò (1994) hat über-

---

22 Vgl. die unter dem Titel *Otros fuegos – otros mundos* von Donald Yates publizierten Kongressakten (Yates 1975).

zeugend nachgewiesen, dass die Diskussion innerhalb einer Debatte um die lateinam. Identität nicht mehr sinnvoll zu führen ist. Der Übergang von einer inhaltsbetonten hermeneutischen Position zur diskursanalytischen Frage nach den Aussageregeln, die die Diskussion um den magischen Realismus in theoretischer Hinsicht bestimmen, ist damit vollzogen.

2 Wunderbar Wirkliches und magischer Realismus: zwei Seiten einer Medaille?

Beide Konzepte werden oftmals synonym gebraucht, um die Besonderheit Amerikas und seiner Literatur heraus zu stellen: „Die Austauschbarkeit der Begriffe beruht auf der gemeinsamen Prämisse einer Ontologie des Wunderbaren in der sogenannten Neuen Welt." (Borsò 1994:96)[23] Gleichzeitig werden aber in beiden Konzepten vom Standpunkt der lateinam. Identität auch Reste der europäischen Exotik-Tradition vermutet. Zumeist jedoch wird der Begriff des *real maravilloso* als Teil der Welt und Alltagswirklichkeit interpretiert, welche der sensible Betrachter/Autor wahrnimmt und literarisiert. Im Unterschied hierzu gilt der magische Realismus als ein ästhetisches Konzept, das seinen Ort innerhalb der künstlerischen Aktivität hat. Die Diskussion um die Verwurzelung beider Konzepte in der Wirklichkeit bzw. in der Kunst (Márquez Rodríguez 1982; Menton 1998) macht deutlich, dass es in der Auseinandersetzung eher um die Verortung von Wahrnehmungsperspektiven geht (Glaube an Wunder bzw. ästhetische Darstellung des Wunderglaubens). Eine konkrete Frage betrifft auch das Verhältnis von rational-logischen zu magischen Erzählperspektiven bzw. deren Vorrangstellung in Texten des *realismo mágico*.

Differenz

3 Die Literatur des magischen Realismus

„En el fondo, la existencia del realismo mágico nunca fue continua. Su mito fundacional renace y caduca con cada una de sus obras, pues el secreto de éstas... está en su concepción más que en su ejecución: en el hallazgo de una sincronía convincente y de una estética idónea, para reactualizar los viejos mitos culturales al representarlos como una alegoría de la historia." (Camayd-Freixas 1998:301)

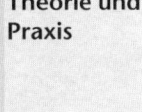

Theorie und Praxis

---

23 Vittoria Borsò gibt eine übersichtliche und kritische Zusammenfassung zur Diskussion des *realismo mágico* (Borsò 1994).

Die Kategorie des magischen Realismus ist vor allem ein theoretisches Konzept, das den Autoren zugeordnet wird. Nicht alle Autoren haben, so wie z. B. ASTURIAS, ihre Schreibweise theoretisch konzipiert. Die Poetiken der einzelnen Vertreter des magischen Realismus fallen sehr unterschiedlich aus (ebenso wie die Zuordnung von Autoren zum magischen Realismus von seiten der Literaturwissenschaft). Allen „magischen Realisten" sind die Spannung, der Konflikt, die Synthese und die Grenzüberschreitung zwischen zwei grundlegenden Diskursstrukturen gemeinsam: einem mythologischen, magischen, mündlich vermittelten und demzufolge wandlungsfähigen und variantenreichen Diskurs und einem historischen, schriftgebundenen, auf neuzeitlicher Rationalität fußenden Diskurs, der zugleich der (existenzielle) Ort der (literarischen) Texte selbst ist. Daraus resultieren auch die unterschiedlichen Bewertungen.

Magische Realisten

Zu den wichtigsten Vertretern des magischen Realismus zählen Miguel Angel ASTURIAS, Gabriel GARCÍA MÁRQUEZ, → Juan RULFO, José María ARGUEDAS, des weiteren auch Augusto ROA BASTOS, Rosario CASTELLANOS, und Arturo USLAR PIETRI.[24] Die Autoren verfügen teils über starke Prägungen durch die indigene Kultur, sind mit der jeweiligen Mythentradition und Volkskultur vertraut, haben avantgardistische Erfahrungen und sind zumeist in schreibenden bzw. lehrenden Berufen tätig (Journalistik, Universitätsdozentur). Die konfliktreichen Beziehungen zwischen den Kulturen und Glaubenswelten sowie wirtschaftliche und kulturelle Fremdbestimmung bilden einen allgemeinen Nenner magisch-realistischer Romane wie *Hombres de maíz* (ASTURIAS), *Los ríos profundos* (ARGUEDAS), *Balún Canán* (CASTELLANOS). USLAR PIETRI thematisiert die venezolanischen Unabhängigkeitskriege. Die Vorstellungswelt der verschiedenen gesellschaftlichen Gruppierungen, die Erzähltechnik, die das Geschehen wie eine dicht an die blutigen Schlachten heranfahrende Kamera präsentiert, und die klangbewusste Sprache verleihen diesem historischen Roman magisch-realistische Züge. ROA BASTOS stellt in *Yo, el supremo* die Physiognomie des paraguayischen Diktators von J. G. T. R. FRANCIA (1814–1840) in den Mittelpunkt. Der Diktatoren- und zugleich historische Roman verkörpert in der Persönlichkeitsstruktur des Protagonisten in ironischer Dekonstruktion einen *karaí*. In der Kultur der *guaraníes* werden als *karaí* die Führer messianischer bzw. prophetischer Bewegungen bezeichnet: „grandes shamanes no

---

24 Je nach literaturwissenschaftlichem Konzept wird auch Alejo CARPENTIER mit seiner *teoría de lo real maravilloso* in einen umfassenden Begriff magischer Wirklichkeitsaneignung in lateinam. Literatur einbezogen.

integrados a los grupos tribales, oradores de gran poder sugestivo, guías capaces de brindar protección, gracias a su comunicación con el mundo divino, a sus seguidores." (Lienhard 1992:173)[25] Universale Mythen finden sich sowohl in RULFOS Kurzroman *Pedro Páramo* (1955), mit dem oft der Beginn der *Nueva Novela* bzw. der Literatur des magischen Realismus angegeben wird und in *Cien años de soledad* (GARCÍA MÁRQUEZ).

Die genannten Romane entstehen nicht voraussetzungslos. Die Übergänge von indigenistischer Literatur, dem → Regionalroman, dem mexikanischen Revolutionsroman oder Texten der verschiedenen Avantgardegruppen zum *realismo mágico* sind fließend. In vielen Texten werden mythische Elemente der authochthonen Kulturen aufgenommen. Die Protagonisten müssen sich mit einer (feindlichen) anthropomorphisierten Natur auseinandersetzen (*La Vorágine*, 1924, von Eustasio RIVERA, *Don Goyo*, 1933, von Demetrio AGUILERA MALTA). Der *nahualismo*[26] erscheint schon in indigenistischen Romanen wie *El resplandor* von Mauricio MAGDALENO. Die teils hermetische Lyrik VALLEJOS enthält auch indigene Komponenten.

Vorboten

Ebensowenig bricht diese literarische Strömung plötzlich ab. In Isabel ALLENDES Roman *La casa de los espíritus* (1982), der einige strukturelle Komponenten von *Cien años de soledad* (1967) aufnimmt, werden magische Vorgänge im Haus bzw. übersinnliche Fähigkeiten literarischer Figuren für die Generationengeschichte (und damit Nationalgeschichte) funktionalisiert. Der Protagonist in *El Hablador* von → Mario VARGAS LLOSA ist ein Ethnologie-Student, der in der *selva* verschwindet und zum Geschichtenerzähler der Machiguengas wird. Der kontrovers diskutierte Roman imitiert den mündlichen Diskurs des Erzählens und macht zugleich die kulturell bindende Kraft des Mythos für nomadisierende Gruppen deutlich.

Spätere
Tendenzen

Borsò (1994); Camayd-Freixas (1998); Janik (1976); Lienhard (1992); Schmidt (1996).

Literatur

---

25 Mit *karaísmo*(s) werden indigene religiöse Bewegungen (vinculados a una visión catastrófica de la historia) bezeichnet, die Migrationsbewegungen zur Suche eines „gelobten Landes" (tierra-sin-mal) ausgelöst haben. Der *karaísmo* findet in der Kolonialzeit eine große Verbreitung und wird auch von den Jesuiten übernommen. Vgl. hierzu die Arbeit von Lienhard (1992:167–179).

26 *Nahualismo* bezeichnet die Vorstellung, das jeder Mensch mit einem Tier verbunden ist, das ihn beschützt. Bestimmte Menschen vermögen sich in diese Tiere zu verwandeln. (Vgl. Janik 1976:32ff.), vgl. auch das Kapitel zu ASTURIAS im vorliegenden Buch.

9 Literatur von Frauen. Für Frauen?

1 Die Problematik der (feministischen) Schublade

Escribir en los bordes

Der Titel des Tagungsbandes des „Primer Congreso Internacional de Literatura Femenina Latinoamericana" (1987) in Chile verweist einerseits auf die immer noch marginale Position von Autorinnen Lateinamerikas innerhalb der ‚Institution Literatur'. Andererseits wirft die dezentrale Situation auch das Thema alternativer Textkonstitution, also einer *escritura femenina*, auf. Die intensive theoretische Diskussion und literaturkritische wie literarische Praxis im Kontext von Gender Studies, feministischen und postkolonialen Theorien haben die grundsätzlichen Probleme von Schriftstellerinnen innerhalb patriarchalischer Machtstrukturen aufgezeigt, gleichzeitig ihr Selbstverständnis und ihre Präsenz in der kulturellen Öffentlichkeit nicht nur Lateinamerikas gefestigt.

Silenciamiento und Discriminación

Mit zunehmender Tendenz kann man in lateinam. Literaturgeschichten zwar Schriftstellerinnen ‚nachlesen', dennoch sind sie im Vergleich zu den männlichen Autoren nach wie vor unterrepräsentiert.[27] Dies zeigt sich auch in der Schwierigkeit für Autorinnen, sich auf dem Buchmarkt oder in kulturellen Institutionen zu etablieren. Romane von Teresa DE LA PARRA, Fanny BUITRAGO und Maria Luisa BOMBAL werden oftmals als „petites histoires" bezeichnet, die auch nur von Frauen gelesen würden. Auf Formen struktureller Gewalt, die auf verschiedenen Ebenen der Gesellschaft und speziell des Literaturbetriebs präsent sind, antworten Autorinnen auch mit der Thematisierung ihrer soziokulturellen Marginalisierung oder der Literarisierung kultureller Randgruppen (GLANTZ, KWEKSILBER).[28]

Weibliches Schreiben

Die Frage, ob eine „sujeta [sic] de enunciación" (Drucaroff Aguiar 1989), d. h. ein spezifisch weibliches Aussagesubjekt in Texten markiert ist, oder ob eine „semántica androcéntrica" der Sprache unterlaufen werden kann, zieht sich durch die Diskussion über die Literatur von Frauen in Lateinamerika. „¿Cuál es esa diferencia?, ¿será en el planteamiento de cómo se escribe, cómo se sueña o cómo se ama?"[29] Die literarischen Antworten von Luisa VALEN-

---

27 Der Nischenplatz eines Extra-Kapitels kann die Marginalisierung von Schriftstellerinnen auf dem Literaturmarkt ebenso sinnfällig machen, wie die ihnen oftmals auch zugewiesene Plazierung am Ende der „männerdominierten" Kapitel. Veränderungen im Kanon sind ein langwieriges Unterfangen.

28 Mirta S. KWEKSILBER (*El mundo que fue*, 1988) und insbesondere Margo GLANTZ (*Genealogías*, 1987) literarisieren das Schicksal der Juden in Lateinamerika.

29 Elsa Drucaroff Aguiar (1989): „Femina infame." In: *Nuevo Texto Crítico* 4, 104.

 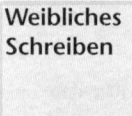

ZUELA, Elena PONIATOWSKA, Carmen BOULLOSA, Cristina PERI ROSSI, Ángeles MASTRETTA, Gioconda BELLI, Isabel ALLENDE, Laura ESQUIVEL, Marta TRABA u. v. a. fallen sehr unterschiedlich aus. In den Texten lässt sich vor allem eine wachsende Aufmerksamkeit für die Problematik der Geschlechterkonstruktionen überhaupt erkennen. Dies hat die Forschung vor allem im Bereich der Gender Studies beschrieben.

2 Entwicklung weiblichen Schreibens im 20. Jahrhundert

Autorinnen des 19. und des beginnenden 20 Jhs. werden oftmals unter dem einschränkenden Konzept der *poetisa* erfasst. Alfonsina STORNI gibt die traditionelle Form und Themenbereiche (private Gefühlswelt, Landschaft usw., z. B. in *La inquietud del rosal*, 1916) bald auf und wendet sich experimentellen Formen zu (*Mundo de siete pozos*, 1934). Erotik aus weiblicher Perspektive findet sich auch bei anderen modernistischen Lyrikerinnen wie Delmira AGUSTINI (*Los cálices vacíos*, 1913) und Juana DE IBARBOUROU (*Las lenguas de diamante*, 1919). Gabriela MISTRAL erhält 1945 den Nobelpreis für Literatur, der erstmals an eine Frau und nach Lateinamerika vergeben wird. Ihre Themen reichen von unerfüllter Mutterschaft und Tod (*Desolación*, 1922) bis hin zur amerikanischen Natur und den indigenen Wurzeln des Kontinents (*Poemas de Chile*; Hymne auf die Anden in *Cordillera*). Vor allem in *Tala* (1938) beschäftigt sie sich in einer einfachen aber ausdrucksstarken Sprache mit der Welt der einfachen Leute, insbesondere mit der kindlichen Psyche.

¿Poetisa?

Gleich um die Jahrhundertwende entstehen auch wichtige narrative Texte, die das enge Konzept der *poetisa* ad absurdum führen. Mit *Aves sin nido* (1889) eröffnet Clorinda MATTO DE TURNER in Peru den neuen indigenistischen Roman. Teresa DE LA PARRA verfasst mit *Ifigenia. Diario de una señorita que escribió porque se fastidia* (1924) einen Bildungsroman, dessen Protagonistin sich aus dem traditionellen weiblichen Rollenmuster der Familie zurückzuziehen versucht, indem sie sich der Lektüre widmet und selbst schreibt. Magdalena PETIT literarisiert in *La Quintrala* (1932) die historische Figur der Mörderin (?) und als Hexe verurteilten Doña Catalina de los Ríos aus dem 17. Jh. (vgl. mit Lucrezia BORGIA). PETIT greift bereits auf moderne Erzählverfahren zurück, indem sie den historischen und den fiktionalen Diskurs mischt, intertextuelle Bezüge und groteske Motivelemente einarbeitet.

Erzähltradition

Die intellektuelle Präsenz von Frauen innerhalb des argentinischen *Ultraísmo* (Norah LANGE, Victoria und Silvina OCAMPO) findet anderswo wenig Vergleichbares. Alejandra PIZARNIK

Avantgarde

schreibt in nach-avantgardistischer Zeit (*Arbol de Diana*, 1962, *Extracción de la piedra de la locura*, 1968), noch unter dem Einfluss französischer Avantgardisten wie MICHAUX und ARTAUD. In Kuba konstruiert Dulce María LOYNAZ imaginäre Welten als (eher spät-modernistische) Alternative zur grausam empfundenen Wirklichkeit. Die Schriftstellerin María Luisa BOMBAL wird mit *La última niebla* (1935) und *La amortajada* (1938) dem avantgardistischen Bruch mit der *escuela criollista*[30] in Chile zugerechnet. In erster Linie aber schreibt sie sich mit der weiblichen Perspektivierung in einen frühen feministischen Diskurs ein: Mit inneren Monologen, Bewusstseinsstrom-Technik und intuitiver Bildersprache entwickelt sie die Suche ihrer Protagonistinnen nach Identität und Erfüllung, wobei die Figuren meist konventionellen Konstruktionen von Weiblichkeit verhaftet bleiben.

Neoavantgarde

Diamela ELTIT, Schriftstellerin und Performance-Künstlerin, publiziert mit *Lumpérica* (1983) einen komplexen Text, der auch gattungsmäßig schwer einzuordnen ist. Das Thema der Marginalisierung der Außenseiter der Gesellschaft (*el lumperío*) wird nicht anhand der Beschreibung subjektiver Befindlichkeit des Ausgeschlossenseins und der Isolation vorgeführt, sondern im öffentlichen Raum theatralisiert. Der öffentliche Platz in der Stadt wird zum Schau-Platz mit bühnenähnlicher Ausstattung (Betonung von Licht, Schatten und Körpergestik). Der hybride und fragmentarische Charakter der einzelnen Szenen meint zugleich den Zustand der Gesellschaft und die Möglichkeiten der Sprache zur Repräsentation von Wirklichkeit. Die multiperspektivische Dopplung und Simultaneität von Szenen negiert die Möglichkeit einer legitimierten Zentralperspektive wie auch einer homogenen Lektüre. *Lumpérica,* wie auch die späteren Texte (*Por la patria*, 1986, *Vaca sagrada*, 1992, *El cuarto mundo*, 1988), verweisen mit ihren Themen der Marginalisierung und der Gewalt sowohl auf die Diktatur PINOCHETS in Chile als auch auf die Situation Lateinamerikas gegenüber der Macht des ‚Zentrums' USA-Europa.

¡Escritor!

Die Zahl erfolgreich publizierender Frauen nimmt ab der Mitte des 20.Jhs. deutlich zu. Dem Boom der 60er Jahre (neben → CORTÁZAR, → FUENTES, → GARCÍA MÁRQUEZ usw.[31]) folgt in den 80er die *Nueva Novela de Mujeres* (Pérez 1995:281). Die Texte von VALENZUELA, BOULLOSA, PERI ROSSI, ALLENDE u. v. a. lassen keine Eingrenzung

---

30 Vgl. hierzu die Polemik um die Zugehörigkeit zur Avantgarde bei Hopfe 1994.
31 Während des Booms lateinam. Literatur in den 60er Jahren verschaffen sich durchaus eine Reihe von Autorinnen Gehör (CASTELLANOS, GARRO, PONIATOWSKA), dennoch werden sie nicht der → Boom-Literatur zugeordnet.

auf die private Gefühlswelt einer *poetisa* mehr zu. Die Literatur der Schriftstellerinnen gründet sowohl auf der kritischen Rezeption der lateinam. Strömungen in der ersten Hälfte des 20. Jhs. (→ Regionalroman, → Avantgarde, → Indigenismus, → mexikanischer Revolutionsroman) und bezieht gleichzeitig Genres ein, die aus dem Kanon oft ausgegrenzt werden: Melodram, *novela de amor por entregas*, Kitsch etc. Außerdem hat sich seit den modernistischen Anfängen eine selbstbewusste Tradition weiblichen Schreibens herausgebildet. „¡Yo soy escritor!" sagt Carmen BOULLOSA und zeigt damit ein berufsorientiertes Denken, das auch nicht mehr in die Schublade weiblichen Schreibens gesteckt, sondern allein an der Qualität des Textes gemessen werden will. BOULLOSA distanziert sich von biologistischen Definitionen des Weiblichen (*Son vacas somos puercos*, 1991). Postmoderne Erzählstrategien verbinden sich mit sozialem Engagement (MOLINA, GARRO) in einer differenzierten Sicht auf historische Nah- und Fernvergangenheit.

3 Erzählen der Differenz

Die Bewegung der Mütter der Verschwundenen (Argentinien), die Teilnahme der Frauen am Kampf gegen Kolonialismus, Ethnozentrismus und diktatoriale Regimes z. B. in Mittelamerika zeigen die Frauen außerhalb des ihnen traditionell zugewiesenen Bereichs des *hogar*.[32] Erfahrungshorizont und Wirkungsmöglichkeiten erweitern auch das literarische Feld. „El relato testimonial desempeña la función de reconstitución de la comunidad. Como ritual de las madres, es una práctica de supervivencia." (Yúdice 1986:49) Von der Tonbandaufnahme bis zur dokumentarischen Erzählung richten sich die Texte gegen das Vergessen und leisten Erinnerungsarbeit. Ebenso steht die mehrfache Ausgrenzung von Frauen als Frau *und* Mestizin/India bzw. als Angehörige sozial benachteiligter Schichten im Mittelpunkt der Testimonialliteratur (SUBERCASEAUX, PONIATOWSKA, MENCHÚ, VIEZZER).

Testimonialliteratur

Journalistische Recherchen, Interviews, Tonbandprotokolle, Essays, Artikelsammlungen, Ereignischroniken verwendet PONIATOWSKA (*Hasta no verte Jesús mío*, 1969, *La noche de Tlatelolco*, 1971, *Fuerte es el silencio*, 1980), um die Stimmen der Außenseiter der Gesellschaft, der politisch Verfolgten und Gewaltopfer literarisch aufzuzeichnen. Öffentlich gemacht werden Sadismus und Gewalt

Memoria

---

32 In der Sandinistischen Bewegung gegen den Diktator SOMOZA machten Frauen nicht nur etwa ein Drittel der kämpfenden Truppe aus, sie besetzten auch in größerem Umfang militärische Führungspositionen.

an Frauen in Erzählungen von Mercedes Levinson, Elena Ponia-
towska, Luisa Valenzuela, María Antonieta Madrid, Cristina
Peri Rossi, Elvira Orphé, Beatriz Guido, Griselda Gámbaro, Sara
Gallardo, Amilia Jamilis, Fanny Buitrago, Claribel Alegría,
María Luisa Mendoza u. a. Auch die Liedtradition von Violeta
Parra, Mercedes Sosa u. v. a. hat relevante Texte aufzuweisen, die
außerhalb der etablierten literarischen Institutionen die Stimmen
der Ausgegrenzten zur Sprache bringen.

Otredad

Neben den frühen (sozialen wie literarischen) Erfahrungen von
Marginalisierung und Ausgrenzung setzen sich Frauen in ihren
Texten spätestens ab den 70er Jahren mit dem Konzept der *otredad* auseinander (vgl. Agosín 1993). Sich selbst als „das Andere"
zu begreifen bzw. den Dialog mit „dem Anderen" zu führen, wird
zu einer wichtigen Reflexions- und Handlungsebene literarischer
Texte. Komplexe Figurenkonstruktionen, Umbewertung historischer Ereignisse, Grenzgänge zwischen den Zeiten, Geschlechtern
und Kulturen sowie zwischen Körperwahrnehmung und geistiger
Reflexion, zwischen Leben und Tod sind Ergebnis dieses Prozesses.
In *Duerme* (1994) von Carmen Boullosa bilden Traum bzw.
Schlafsequenzen den Fokus für ein Erzählen, das vertraute Konventionen und Grenzen zwischen Geschlechtern und Kulturen
unterläuft.

**Entmythi-
sierung**

Weibliche Figurenstereotypen, patriarchalische Kolonialmythen,
machistische Topoi, männliche Konstruktionen weiblicher Identität werden mittels parodistischer und ironischer Verfahren neu-
tralisiert bzw. umgekehrt (Glantz, Poniatowska). Ángeles Mastretta greift in ihrem Erfolgsroman *Arráncame la vida* (1985) den
→ mexikanischen Revolutionsroman parodistisch auf aus der
(weiblichen) Perspektive der arrivierten bürgerlichen Revoluti-
onselite. Gioconda Belli schreibt gegen den alten Mythos der
sexuellen Aneignung der indianischen Frau (*nation-as-raped-
woman*) durch den europäischen Eroberer an und sieht ihre revolutionäre Identität als eine eigene zweite Geburt (*Seguiremos
naciendo*) an. Rosario Castellanos hat die indigene *otredad* in den
Kanon der mexikanischen Literatur eingebracht (*Balún Canán*,
1957, *Oficio de tinieblas*, 1962). Universale (Mutter, Geliebte, *femme
fatale* usw.) wie spezifisch lateinam. Weiblichkeitskonzepte
(Malinche, Coatlicue, La Llorona u. a.) werden aufgegriffen bzw.
literarisch dekonstruiert. Elena Garro verabeitet wie andere
Schriftstellerinnen in Mexiko den Malinche-Mythos.[33] Cristina

---

33 Malinche galt als Verräterin, da sie die Geliebte des spanischen Eroberers Hernán Cortés
   wurde. Der Malinche-Mythos hat im Lauf der Zeit eine Umbewertung erfahren. Die positive
   Identifikation mit ihrer Gestalt kennzeichnet vor allem Texte lateinam. Autorinnen.

PERI ROSSI vermittelt das Problem der *otredad* nicht aus einer engen feministischen Perspektive. Texte wie *Los museos abandonados* (1969) oder *La tarde del dinosaurio* (1976) entwerfen die kindliche Perspektive; mit *La nave de los locos* (1984) wird das Exil als existenzielle Situation im Motiv der Reise versinnbildlicht.

Conscientes de que la única realidad es el lenguaje, hemos prohibido el uso de varios términos nocivos para la salud y el bienestar ciudadano: desnudo, revolución, homosexualidad, clandestino, lujuria, sedición, rebeldía, sensualidad, socialismo: son todas palabras de nuestro idioma, seguros así de eliminar finalmente, el fenómeno. Por ejemplo, al ver una pareja formada por dos espléndidas muchachas, nadie dice „lesbianas"... (PERI ROSSI, *Indicios Pánicos*, 1981)

Sprachkörper – Körpersprache

Die Verknüpfung von Sexualität und Politik, die Thematisierung des *machismo* als Form der Ausbeutung und Unterdrückung (Pfeiffer 1991:20) blendet kaum eine Autorin aus (stellvertretend seien PLÁ, TRABA, MASTRETTA genannt). Angst vor Gewalt, Terror und Einsamkeit kann gebannt werden, wenn man die Dinge bei ihrem Namen nennt. Spezifische (weibliche) Lebens-Erfahrungen erscheinen oft als Exploration sprachlicher Grenzerfahrung (ELTIT, ROFFÉ). Der Ort, von dem aus Autorinnen sprechen/schreiben, ist oftmals der Körper (SUBERCASEAUX in *Silendra*, 1984). In *Cambio de armas* beschreibt Luisa VALENZUELA den Körper als terrorisierten Körper, der Folter und Vergewaltigung (vgl. auch ALLENDE) ausgesetzt ist. Die Protagonistin befreit sich schließlich durch den „Waffenwechsel". Die zunehmende Enttabuisierung und Radikalisierung von Körperlichkeit bzw. Kreatürlichkeit und (weiblicher) Sexualität geht – außerhalb eines tradierten männlichen Blicks – von Autorinnen aus: Griselda GAMBARO, María Luisa Mendoza ROMERO, Rosario FERRÉ, Ana ISTARÚ, Daína CHAVIANO u. v. a.

Stabile Auflagenhöhen und anhaltendes Leserinteresse genießen Autorinnen wie Isabel ALLENDE (*La casa de los espíritus*, 1982, *Eva Luna*, 1989 u. a.), Ángeles MASTRETTA (*Arráncame la vida*, 1985) und Laura ESQUIVEL (*Como agua para chocolate*, 1989). ESQUIVELS erster Roman wurde in 29 Sprachen übersetzt und erfolgreich verfilmt (Arau 1992). Ihre Protagonistin, die *cocinera*, ist „como una alquimista o como una sacerdotisa". Küche und Literatur hätten in der Sinnlichkeit ihren gemeinsamen Nenner, betont ESQUIVEL in einem Interview. Erfolgsetiketten wie *realismo mágico* lehnt die mexikanische Schriftstellerin ab. Isabel ALLENDE setzt in ihrem Roman *La casa de los espíritus* hingegen bewusst auf narrative Strategien des magischen Realismus und verbindet sie mit Erzählmustern der Feuilletonliteratur und der *telenovela*. Dadurch erreicht sie einen großen Leserkreis, der mit der Familiengeschichte über

Bestseller

mehrere Generationen jeweils aus der Sicht der weiblichen Figuren Nívea, Clara, Blanca, Alba auch die chilenische Geschichte des 20. Jhs. bis zum Militärputsch PINOCHETS rezipiert.[34]

Literatur

Agosín (1993); Araujo (1989); Berenguer (1990); Franco (1989); Hopfe (1994); Pérez (1995); Peters (1999); Pfeiffer (1991); Revista Iberoamericana (1985); Traba (1981); Yúdice (1986).

10 Boom-Literatur

1 Was ist und warum entsteht der Boom der lateinam. Literatur?

Eine Anekdote

Der mexikanische Literat → Carlos FUENTES erzählt seinem chilenischen Kollegen José DONOSO, wie er in Paris zu Beginn der 60er Jahre ein Treffen im Verlag Gallimard hat, um die Aufmerksamkeit der Franzosen stärker auf den lateinam. Roman zu lenken. Dort angekommen, stellt er sich der Sekretärin des Verlegers vor mit der Bemerkung, er sei ein mexikanischer Schriftsteller, worauf diese ungläubig rückfragt: „Sans blague?" (‚im Ernst?'). Offensichtlich vermag man sich zu jener Zeit kaum vorzustellen, dass ein Land der „Dritten Welt" überhaupt Kulturleistungen wie Romane hervorbringt.

In seiner Chronik des Booms, *Historia personal del ‚Boom'* (1972; erweitert 1983), gibt DONOSO diese Anekdote seinen Lesern preis, um zu unterstreichen, welch einschneidende Veränderungen im Laufe eines Jahrzehnts eingetreten sind. Die lateinam. Literatur jedenfalls ist – so viel steht fest, unabhängig davon, was von jener Anekdote stimmt – in Westeuropa bis weit in die 60er Jahre hinein selbst für Spezialisten ein recht unbekanntes Terrain. Ein wenig anders sieht die Lage in den USA aus, wo zahlreiche südam. Emigranten Einfluss auf das öffentliche Bewusstsein nehmen, und auch in Spanien, wo die sprachliche und kulturelle Konstruktion der ‚Hispanität' für ein verstärktes Wissen um Lateinamerika sorgt. Deutschland bildet im übrigen, so berichtet DONOSO auch, ein Schlusslicht im Prozess der ‚Entdeckung' der lateinam. Autoren.[35]

---

34 Die Parallelen zwischen ALLENDES *La casa de los espíritus* und GARCÍA MÁRQUEZ' *Cien años de soledad* werden unterschiedlich bewertet. Cánovas betont das bewusste Spiel Allendes mit der berühmten ‚Vorlage' und vermerkt die strukturellen und ideologischen Umkehrungen, die aus der weiblichen Figuren- und Erzählperspektive resultieren (bei Berenguer 1990:217–241).

35 vgl. DONOSO 1972:51 und ebd. 55: „Y existe algún país como Alemania por ejemplo, totalmente recalcitrante ante la novela hispanoamericana, que se niega totalmente a darle importancia y donde los pocos libros publicados por Rowohlt ... no han tenido aceptación de ninguna clase, ni la menor repercusión: la mayor parte de los ejemplares impresos yacen cubiertos de polvo en los sótanos de Hamburgo y de Francfort."

Die zu Beginn der 60er Jahre unbekannte Literatur Lateinamerikas kann bereits am Ende des Jahrzehnts auf jene Erscheinung zurückblicken, die man den Boom nennt. Mit dieser englischen Vokabel bezeichnet man in diesem Fall das ‚Wunder' einer unerwarteten internationalen Breitenrezeption. Was die Gründe für dieses ‚Wunder' sind, welche Faktoren es bewirkt haben, und welche Folgen es gezeitigt hat, sind komplexe Fragen, auf die hier wenigstens im Ansatz eine Antwort versucht werden soll.

Die Wende der 60er Jahre

Bei aller Vorsicht, mit der solche generellen Aussagen zu treffen sind, lassen sich die 60er Jahre in Europa und den USA als ein an literarischen Innovationen eher armes Jahrzehnt charakterisieren. Nichts Kulturelles aber, sondern ein politisches Ereignis lenkt erstmals die Aufmerksamkeit der internationalen Öffentlichkeit auf Lateinamerika: die kubanische Revolution von 1959 unter Fidel CASTRO. Ihr gilt das besondere Interesse der Künstler und Literaten angesichts des Fakts, dass Intellektuelle diese Umwälzungen tragen. Parallel zu dem ersten externen Faktor, dass die Welt auf Südamerika schaut, entwickelt sich ein Zusammengehörigkeitsgefühl der lateinam. Schriftsteller. In mehreren Anläufen bemühen sie sich um Gründung einer transnationalen lateinam. Schriftstellervereinigung. Obwohl dies nach anfänglichen Schwierigkeiten gelingt, nehmen (v.a. politische) Querelen zu, die sich sehr oft an der Beurteilung der Rolle Kubas festmachen. (Politische Differenzen sind es auch vor allem, die zum Bruch zwischen den bekanntesten Vertretern des Booms, → GARCÍA MÁRQUEZ und → VARGAS LLOSA, führen.)

Externe und interne Voraussetzungen

Bereits in den frühen 60er Jahren sind sich die lateinam. Autoren der Tatsache bewusst, dass in ihren Reihen bemerkenswerte Impulse zu einem innovativen Umgang mit Literatur entstanden sind: → Juan RULFO hat in *Pedro Páramo* (1955) das lineare Erzählen aufgebrochen und mit der Zeit experimentiert, Macedonio FERNÁNDEZ hat Verfahren modernistischer Lyrik in die Narrativik übertragen, → BORGES hat in seiner Fantastik eine amimetische Eigengesetzlichkeit begründet usw. Auf der Basis all dieser Experimente haben die lateinam. Autoren es leicht, in dem Augenblick, in dem man ihnen ein verstärktes Interesse entgegenbringt, einen ‚neuen' Roman zu proklamieren.

Dieses neue Schreiben ist uneinheitlich, diffus, vielschichtig, es ist nicht geplant als Gegenentwurf gegen den schwer zu lesenden und wenig breitenwirksamen *nouveau roman* der Franzosen (doch wird es von der Kritik so verstanden). Es konkretisiert sich auf metaliterarische Art wie in *Rayuela* (1963) oder im Sprachspiel von *Tres tristes tigres* (1967). Die divergierenden Entwicklungslinien des lateinam. Romandiskurses liefern durchaus keine eigene „Schule" – und auch der Boom lässt sich nicht als solche fassen. Dennoch

Theorie einer *Nueva Novela*

hat die Summe all dieser Neuansätze im Bereich der Erzähltechnik gleichzeitig mit dem praktischen Erfolg auch die theoretische Konstruktion eines ‚neuen' Romans erlaubt. Einem Autor kommt die besondere Funktion eines Wegbereiters sowohl in der literarischen Theorie und Praxis als auch im Bereich der ‚Öffentlichkeitsarbeit' zu: dem Mexikaner Carlos FUENTES. Zunächst einmal sind seine Romane der 60er Jahre (von *La muerte de Artemio Cruz*, 1962, bis *Cambio de piel*, 1966) typisch für den Experimentalstil dieses Jahrzehnts, dann liefert er mit seiner Studie *La nueva novela hispanoamericana* (1969) eine sowohl linguistisch als auch kulturgeschichtlich begründete Theorie des neuen lateinam. Romans. Durchaus polemisch grenzt er diesen ab von den zwei Hauptströmungen des Literaturdiskurses jener Zeit: vom franz. *nouveau roman* und vom sozialistischen Realismus.[36] Neben FUENTES publizieren auch andere Kritiker[37] theoretische Reflexionen über die *Nueva Novela*, doch letztlich ist es FUENTES, der durch die Welt gereist ist, um die großen Verlage für die Publikation lateinam. Werke zu gewinnen.[38] Seine Strategie hat Erfolg gehabt.

Die Aktualität der lateinam. Literatur und das Kino

Dieser Erfolg zeigt sich zum Beispiel im Bereich der damals so ‚modernen' Verfilmungen. ANTONIONIS Kultfilm „Blow-Up" basiert auf → CORTÁZARS Kurzgeschichte „Las babas del diablo" (aus *Las armas secretas*, 1959), Jean-Luc GODARDS „Week-end" adaptiert wiederum CORTÁZARS Novelle „La autopista del Sur" (aus *Todos los fuegos el fuego*, 1966), während eine fantastische Geschichte von BORGES als Vorbild für seinen Film „Alphaville" dient, und auch andere Starregisseure dieser Zeit (wie BERTOLUCCI) rekurrieren auf den argentinischen Fantastik-Autor. Den Film als konstitutiven Bestandteil und als Referenzgröße setzt v.a. Manuel PUIG ins Zentrum seiner Texte, und das Drehbuch wird zu einem Genre, in dem Autoren wie CABRERA INFANTE sich mit großem Erfolg betätigen.

---

36 So hebt FUENTES in *La nueva novela hispanoamericana* den lateinam. Roman ab vom „llamado realismo socialista de la época staliana", der nur feierliche Karikaturen hervorgebracht habe, und vom franz. *nouveau roman*, den man auch als Roman des neokapitalistischen Realismus bezeichnen könne (Vgl. Fuentes 1969:26).

37 Vgl. Flores/Silva Cáceres (1971); Lafforgue (1969) u. Ortega (1969).

38 DONOSO charakterisiert die nie ermüdende Aktivität FUENTES': „Entre los novelistas del boom, Carlos Fuentes es sin duda el que más se mueve, el que más congresos organiza, el que más cartas escribe y el que más proyectos inventa." (Donoso 1972:65)

2 Wer gehört zum Boom?

Da es, wie gesagt, nie eine „Schule" der Boom-Vertreter gegeben hat, bleibt es offen, wen man dieser Strömung zuzählt und wen nicht; es fehlen auch einheitliche Urteile von FUENTES und den anderen zeitgenössischen Kritikern. Unbestritten gehört zu ihnen der harte Kern der Erfolgsautoren der 60er Jahre: FUENTES mit *La muerte de Artemio Cruz* (1962), CORTÁZAR mit *Rayuela* (1963), VARGAS LLOSA mit *La casa verde* (1966), GARCÍA MÁRQUEZ mit *Cien años de soledad* (1967); ferner werden genannt: LEZAMA LIMA mit *Paradiso* (1966), CABRERA INFANTE mit *Tres Tristes Tigres* (1967), PUIG mit *La traición de Rita Hayworth* (1967), DONOSO mit *El obsceno pájaro de la noche* (1970). (Die Liste ließe sich fortsetzen oder zusammenstreichen, denn auch unter den genannten sind Werke, die von der Auflagenzahl her keineswegs ,geboomt' haben.) Als Vorläufer, die selbst aber noch nicht dem Boom zuzurechnen sind, werden v.a. BORGES, → CARPENTIER, RULFO, → ASTURIAS genannt. Egal, wen man nun in die Liste aufnimmt, bleibt deren Uneinheitlichkeit das auffälligste Charakteristikum, denn das Spektrum reicht vom metaliterarischen Experimentalroman (*Rayuela*) bis zu *Cien años de soledad* als dem Kardinaltext des → magischen Realismus.

Einige Namen

Der Roman gilt ohne Zweifel als das bezeichnendste Werk des Booms. GARCÍA MÁRQUEZ' Erfolgsroman ist das meistverkaufte und meistübersetzte Buch Lateinamerikas überhaupt, es hat weltweit enorme, nur noch zu schätzende Auflagenzahlen erreicht. Durch seine zugleich ,lesbare' und ,anspruchsvolle' Machart ist die Familiensaga der Buendías zunächst zum Inbegriff einer neuen und originellen Schreibart geworden, letztlich dann aber – unbeschadet ihrer literarischen Qualität – auch zum äußeren Symbol einer von Verkaufsstrategien bestimmten kulturellen Großwetterlage. Damit richtet sich eine doppelte Kritik gegen GARCÍA MÁRQUEZ' Roman: Einmal haben schon Zeitgenossen kritisiert, dass die ganze facettenreiche und vielschichtige Literatur Amerikas tendenziell auf ein singuläres Werk und seine Poetik des magischen Realismus verkürzt wird. Miguel Angel ASTURIAS, der trotz seines (im Nobelpreis, nicht in den Auflagenzahlen greifbaren) Erfolgs nicht zu den Vertretern des Booms gehört, wirft seinem kolumbianischen Kollegen gar vor, in *Cien años de soledad* BALZAC plagiiert zu haben.

Cien años de soledad

Ernster zu nehmen sind die Bedenken neuerer Kulturkritiker (Néstor GARCÍA CANCLINI und José Joaquín BRUNNER), welche die Gefahr des ,Macondismo' darin sehen, dass hier in der weltweiten Rezeption eine exotisierte Andersartigkeit Lateinamerikas festgeschrieben wird. Damit zeichnet sich folgendes Dilemma ab: Der

Kulturkritiker gegen den ,Macondismo'

Boom, der allererst die Aufmerksamkeit auf den Reichtum der lateinam. Literatur gelenkt hat, ist bis heute verantwortlich für undifferenzierte und wenig überzeugende Positionen in Teilen der Rezeption. Dass ein Roman nicht automatisch deshalb gut ist, weil er einen lateinam. Verfasser hat, musste sich erst im öffentlichen Bewusstsein durchsetzen. Der Erfolg von *Cien años de soledad* färbt ab auf eine Schar von Epigonen; wahrscheinlich steht die Breitenrezeption von Romanen wie Isabel ALLENDES *La casa de los espíritus* (um nur ein Beispiel zu nennen) durchaus noch im Schatten des Booms.

3 Woher kommt der Boom und was wird aus ihm?

Ur-Boom als Vorläufer

In einer der ersten grundlegenden Untersuchungen zu diesem Thema bemüht sich Emir Rodríguez Monegal (1972) um den Nachweis, dass der Boom nicht plötzlich und unerwartet eingetreten ist, sondern sich logisch aus der Kartographie der literarischen Innovationen Lateinamerikas (vom → Modernismo bis zu BORGES) ergibt. Von einem „Ur-Boom" in den 20er Jahren (um Rómulo GALLEGOS) über einen „Proto-Boom" in den 50er Jahren (um RULFO) konstruiert Rodríguez Monegal ein kohärentes Feld, in das die Neuerungen der Boom-Autoren hineintreten. Damit wertet er als erster die Vorläufer des Booms (CARPENTIER, ASTURIAS, RULFO) auf – eine Absicht, welche die heutige Lateinamerikanistik teilt. Und implizit wie explizit bezieht er Stellung gegen jenen damals noch laut propagierten Vorwurf, der Boom sei keineswegs Nachweis literarischer Originalität, sondern bloß ein künstliches Produkt der weltweit agierenden Verkaufsstrategen (vom New Yorker Verlagshaus Alfred Knopf bis zu Gallimard in Paris).

Gegenwärtige Wirkung des Booms

Dieses Argument ist von der Entwicklung ebenso überholt wie ASTURIAS' Invektive gegen GARCÍA MÁRQUEZ. Das Echo der lateinam. Literatur heute in der Öffentlichkeit und ihr Ansehen in der Literaturwissenschaft haben der Polemik die Spitze genommen und die Diskussion in eine andere Richtung gelenkt. In unserer schon historischen Perspektive steht fest, dass man den bewegten Jahren und den turbulenten Diskussionen um den Boom und seine politischen und ästhetischen Implikationen viel verdankt. Wer dem inneren Zirkel von damals zuzurechnen ist, scheint uns heute müßig. Falsch ist die Gleichsetzung des Booms mit einer Literatur des magischen Realismus; wesentlich ist die Aufwertung lateinam. Literatur nicht nur in den ungebrochenen Verkaufserfolgen, sondern auch in der jüngeren Kulturtheorie. In ihrem Rahmen werden die Folgen des sog. Post-Booms ventiliert, z. B. die Festschreibung der exotisierten Perspektive. Andererseits hat diese an der Peripherie der damaligen Welt entstandene Kultur entscheidend dazu beigetragen, jenes Bewusstsein von der Wertigkeit der sog. Dritten Welt zu prägen, über das Salman RUSHDIE und die Theoretiker des Postkolonialismus nachdenken. Eine Sektion des 13. Deutschen Hispanistentags 2001 hat sich zum Ziel gesetzt, 40 Jahre nach dem Beginn des Booms dessen Bestandsaufnahme zu leisten; die Ergebnisse werden von José Morales Saravia demnächst bei einem span. Verlag publiziert.

DONOSO (1972); FUENTES (1969); Giardinelli (1998); Ingenschay (1999); Rodríguez Monegal (1972); Tola de Habich/Grieve (1972).

Literatur

11 Populärliteratur

1 Von populären und gelehrten Dingen in der Literatur

In der Geschichte der Philologien steht lange Zeit fest, was Gegenstand der Untersuchung ist: allein der ‚literarisch wertvolle' bzw. ‚anspruchsvolle' Text, dessen Bedeutungstiefe und ästhetische Subtilität erst durch Interpretation und hermeneutische Analyse ausgelotet werden. Die Summe dieser literarischen Zeugnisse bildet ‚den Kanon'. Doch mit der Verbreitung des Strukturalismus sowie der Rezeptionsästhetik (als den bestimmenden literaturwissenschaftlichen Methoden der 70er Jahre des 20. Jhs.) verbreitet sich eine starke Skepsis gegenüber der sog. Höhenkammliteratur. Mit dem Argument, dass andere Wissenschaften schließlich die Gegenstände ihrer Untersuchung auch nicht lieben, wendet man sich begeistert der Trivialliteratur zu. Inzwischen scheint diese Mode längst abgeklungen, doch wird das Phänomen einer populären Literatur, die sich bewusst und selbstbewusst von den klassischen Parametern ‚hoher' Register abwendet, gerade im lateinam. Kontext in den letzten Jahren mit ungebrochener Konjunktur diskutiert.

Literarischer Wert vs. Trivialität

Dies hat einen literaturgeschichtlichen und einen literaturtheoretischen Grund: Für den historischen Kontext ist wesentlich, dass die lateinam. Literaturen (im Sinne der europäischen) kaum eine klassische Phase aufweisen, sondern erst im 19. Jh. ihre entscheidende Prägung erfahren; im Zusammenhang der Theorie wirkt sich gegenwärtig die Bestimmung der nichteuropäischen Kulturen als postmodern in besonderer Weise aus.

Das 19. Jh. gilt weltweit als die Blütezeit der Narrativik – auch in Südamerika. In großem Umfang werden dort Romane verfasst, die sehr oft das thematische und stilistische Repertoire Europas aufgreifen (und es in ‚ihre Welt' transponieren). Der meistgelesene lateinam. Roman des 19. Jhs., Jorge ISAACS' *María* (1867), erzählt

Ein Populärroman des 19. Jhs.

die Geschichte eines Jungen aus dem Cauca-Tal, der in reiner Liebe zu der Titelheldin entbrennt, welche seine Eltern an Kindes Statt angenommen haben. Als er irgendwann zum Studium nach Europa muss, erkrankt María in seiner Abwesenheit, und als der Geliebte zurückkehrt, hat die Tuberkulose sie dahingerafft. Sein Medizinstudium hat das persönliche Leiden nicht verhindern können, und Kraft gibt ihm – unter anderem – der Anblick des heimatlichen Tales....

Im Grunde wirken nicht wenige europäische Romane der Zeit ebenso verkitscht, gibt man sie derart verkürzt wieder. Doch schreiben sich Balzac, Dickens oder Pérez Galdós in lange nationale Literaturtraditionen ein, die den lateinam. Autoren nur ansatzweise zur Verfügung stehen. Die Suche nach ‚Vorbildern‘ führt sehr viele Romanciers der Neuen Welt zu europäischen Modellen bzw. zu Schriftstellern, die auch die Erfahrung Amerikas thematisiert haben (J.-H. Bernardin de Saint-Pierre oder F.-R. de Chateaubriand). Damit aber wird den Lateinamerikanern (zumindest in der Perspektivik eines altbackenen Konzepts von „Weltliteratur") der Ruf zuteil, epigonale oder schlimmer: triviale Autoren zu sein. Aus gegenwärtiger Sicht gilt diese Position als veraltet; einerseits ist eine literaturwissenschaftliche Lateinamerikanistik ohne Beachtung der spezifischen Sozialgeschichte nicht sinnvoll, und andererseits werden allmählich auch die nicht gerade geringen kitschigen Anteile europäischer Höhenkammliteratur in ihrem kreativen Potential erkannt.

2 Die Rolle des Postmodernen

Die Auflösung des Gegensatzes

Historisch gesehen bereiten die internationalen Avantgarde-Bewegungen seit dem frühen 20. Jh. den Weg für jene neue Beurteilung des Verhältnisses von Hochkultur und Populärkultur, die dann die sog. Postmoderne kennzeichnet.[39] In der nordam. Literaturtheorie konstatiert Leslie Fiedler 1969 die Auflösung der Grenzen von „high culture" und „low culture" und wertet dies als eine typisch postmoderne Erscheinung. Im engeren Feld der Literatur trägt auch die Rezeption der Karnevalisierungs-Theorie M. Bachtins dazu bei, dass man der Populärliteratur (als einer zumindest potentiell karnevalesken) ein neues Interesse entge-

---

[39] Vgl. etwa Linda Hutcheon (1989): *The Politics of Postmodernism: History, Theory, Fiction*, New York/London, S. 28: „It is certainly the historic avant-garde that prepares the way for postmodernism's renegotiation of the different possible relations (of complicity and critique) between high and popular forms of culture."

genbringt. Und während europäische Theoretiker des Postmodernen (wie der Franzose J.-F. LYOTARD) die Rolle ‚westlicher' Gesellschaften für die Entstehung der Postmoderne unterstreicht, wird in Nord- und Südamerika sehr oft gerade die Kultur (und Literatur) der ‚Neuen Welt' als postmodern betrachtet.

Einer der Gründe dafür liegt in der Tatsache, dass eine traditionelle und lebendige Volkskultur sich hier besonders augenscheinlich mit den Errungenschaften gegenwärtiger Massenkultur trifft. Jedoch wäre es falsch, deshalb einen Gegensatz von authentischer Volkstümlichkeit und erzwungener Entfremdung zu konstruieren:

Massenkultur in Lateinamerika

Podemos también partir de la oposición entre los elementos de la cultura popular que se pueden considerar ‚nativos' en la medida en que se apoyan sobre ‚tradiciones de clase' y reenvían al funcionamiento interno de grupos relativamente cerrados, como la familia y el pueblo, por una parte, y por la otra, los consumos y gustos importados puestos recientemente al alcance de las clases populares gracias al desarrollo de la producción y de la distribución de masas. Del lado de las tradiciones populares, encontramos la herencia de la cultura campesina y de las culturas regionales (...). A esta herencia se vinculan, de modo más general, no sólo los rasgos de cultura ‚folklóricos' – acentos, supervivencias de modismos y costumbres locales – sino también hábitos actuales que se manifiestan tanto en posiciones deliberadas (...) como en rutinas inconscientes que regulan la vida cotidiana (...). Del lado de los gustos importados encontraremos en primer lugar todo lo que tiene que ver con la difusión del automóvil, de la televisión (...). Guardémonos de reintroducir, a través del sesgo introducido por la oposición entre rasgos nativos y rasgos exógenos, la oposición ingenua entre ‚auténtico' y ‚artificial' que obsesiona tanto a las restauraciones animadas por el ‚espíritu de anticuario' como a las reconstituciones simplificadoras de tendencias que ponen directamente en relación la supuesta liquidación del gusto popular y el desarrollo de la ‚distribución de masas'.[40]

Speziell mit dem Verhältnis von sog. Hoch- und Volkskultur in Südamerika setzen sich zwei in Mexiko lehrende Kulturtheoretiker auseinander: Carlos MONSIVÁIS und Néstor GARCÍA CANCLINI. Letzterer (1992) bemüht sich um eine Neudefinition der Volkskultur aus der Spannung zwischen den Eliten und der Kulturindustrie. Zunächst setzt er „lo popular" ab vom Folkloristischen (als einer ‚melancholischen Erfindung von Traditionen'); sodann beschreibt er die Hochkultur („lo culto") als hegemoniale, die Volkskultur („lo popular") dagegen als eine subalterne Form. Er

Lateinam. Kulturkritik: GARCÍA CANCLINI und MONSIVÁIS

---

40 Claude Grignon/Jean-Claude Passeron (1991): *Lo culto y lo popular; Miserabilismo y popularismo en sociología y en literatura*, Buenos Aires, 34f.

räumt ein, dass die sog. Massenkultur nicht eine Kultur *der* Massen (also *von* den Massen geschaffene Kultur) sei, sondern vielmehr eine *für* die Massen, und doch betont er, dass Radio und Film die Sprache und die ‚Mytheme' des Volkes besser haben aufnehmen können als die (‚hohe', ‚klassische') Literatur.

MONSIVÁIS' Hauptwerke (1989; 1995) liefern ein Panorama der Populärkultur Mexikos im 20. Jh. – von den Variété-Sternchen der 20er Jahre bis hin zu dem Sex-Symbol Gloria TREVI und den Madonna-Imitaten der 90er Jahre, von volkstümlichen Schauspielerinnen wie Celia MONTALVÁN bis zur gegenwärtigen Punk-Kultur. Als Paradigma des Volkstümlichen gelten ihm heute die zahllosen Seifenopern des Fernsehens, die *telenovelas* (wie „El maleficio" oder „Muchacha de Barrio" mit der bekannten Ana MARTÍN; vgl. auch Monsiváis 2000 und Martín-Barbero/Muñoz 1992). Vor der Verbreitung der Fernsehkultur kam dieselbe Rolle den *radionovelas* zu. Und MONSIVÁIS erwähnt eine Rock-Gruppe der 90er, die sich „Boquitas pintadas" nennt.

3 Ein paradigmatischer Fall: Manuel PUIG

PUIGS Verfahren

Die gerade erwähnte Musikgruppe zitiert den Romantitel *Boquitas pintadas* (1969), mit dem der argent. Autor Manuel PUIG seinerseits wiederum auf einen bekannten Bolero, einen schnulzigen Schlager, anspielt. Der Fall PUIG ist bezeichnend sowohl im Prozess ästhetischer Innovation aus der Volkskultur heraus wie auch der Akzeptanz volkstümlicher Strukturen innerhalb der neueren Literaturkritik. PUIGS Werk zeigt, dass es hier nicht um die Beschäftigung mit schlechthin trivialen Produkten geht, wie sie in den diversen Formen (vom Wildwest- über den Arzt- oder allgemein Liebesroman) allenthalben existieren. Vielmehr steht PUIG symptomatisch für jene lateinam. Sondererscheinung, kitsch- und trivialitätsverdächtige Schichten der gegenwärtigen Alltagswelt in den literarischen Diskurs einzubauen. In seinem bekanntesten Roman *El beso de la mujer araña* (1976) erzählt der wegen Verführung Minderjähriger im Gefängnis einsitzende Homosexuelle Molina seinem Mitgefangenem, einem politischen Revolutionär, seine Lieblingsfilme – allesamt Machwerke des falschen schönen Scheins, des Kitsches. Doch die Romane PUIGS gehören trotz solcher Anleihen aus diversen Bereichen der Populärkultur, hier des Trivialfilms nach Hollywood-Muster, keineswegs dem „Reino del mal gusto" an, wie eine Kritikerin es formuliert hat.[41]

---

41 Alicia Borinsky (1975): „Castración y lujos: la escritura de Manuel Puig." In *Revista Iberoamericana* 41, 29–45.

Vielmehr ist Puig im Zusammenhang mit einer Form der kulturellen Praxis zu betrachten, welche die nordam. Kritikerin Susan Sontag als „Camp" bezeichnet.[42] Mit diesem Begriff fasst sie eine neuartige radikale und stets dynamische Ästhetik (im Sinne eines *l'art pour l'art*), die sich eine Gemeinschaft großstädtischer Intellektueller kreiert, indem sie bewusst auf die Strukturen und Verfahren dessen rekurriert, was lange als Kitsch gegeißelt worden ist. Camp feiert geradezu den ‚schlechten Geschmack', das Extravagant-Gefällige, das Übertriebene, stets im Bewusstsein, dass dies keine hehre Kunst ist, obwohl aus diesen Elementen heraus so etwas wie eine neuartige Kunstform entsteht. Puig kann an die Thesen Sontags u. a. auch deshalb so plausibel angeschlossen werden, weil er jene „homosexuelle Ästhetik" vertritt, welche lt. Sontag die Entstehung und Verbreitung einer Kultur des Camp bedingt. Andererseits gewinnt Puig das ästhetische Innovationspotential seiner Literatur durch die Verarbeitung volkstümlicher Literaturtradition generell: *Boquitas pintadas* modernisiert das populäre Genre eines Fortsetzungsromans, der Frauenschicksale schildert; *Pubis angelical* (1979) verarbeitet Strukturen des Melodramatischen, und in seinem letzten Roman *Cae la noche tropical* (1988) wird die Sprach- und Empfindungswelt gealterter Mittelklasse-Damen zitiert usw. Drei Faktoren also bestimmen Puigs ästhetische Ausnutzung des Trivialen: erstens der Ausdruck einer homosexuellen Ästhetik, zweitens der Rekurs auf typische Phänomene der Massenkultur (Hollywoodfilm, *radionovela*) und drittens der Aufgriff volkstümlicher Literaturtraditionen (Fortsetzungsroman, Briefroman usw.).

Camp

4 Weitere Wege des Populärromans

Bekanntlich haben die Boom-Autoren der Literatur ihres Kontinents einen Popularitätsschub beschieden, der diese wiederum veranlasst hat, sich nicht nur den Welten der ‚magischen Wirklichkeiten', sondern auch der Trivialität des Alltags zuzuwenden. Auch die Behauptung eines → García Márquez, sein Stil orientiere sich an den Erzählungen seiner Großmutter, zeugt von dem Willen, diese Literatur an populäre Sprachformen anzuschließen. Den Rückgriff auf den Feuilletonroman (als Massenliteratur des 19. Jhs.) verbindet García Márquez in *El amor en los tiempos del cólera* (1986) mit dem aktuellen Thema AIDS. Der zweite bedeu-

Boom

---

42 Susan Sontag (1991): „Anmerkungen zu Camp." In ders. (1991): *Kunst und Antikunst: 24 literarische Analysen*. Frankfurt/Main: Suhrkamp; engl.: „Notes on Camp." In: ders (1964): *Against Interpretation*. New York: Farrar, Straus & Giroux, 275–292.

tende Boom-Autor, → Vargas Llosa, präsentiert in seinem teilweise autobiographischen Roman *La tía Julia y el escribidor* (1977) den ,Vielschreiber' Pedro Camacho, Verfasser volkstümlicher Radioprogramme, als (zunächst bewunderten) Gegenpol des jungen künftigen Schriftstellers Vargitas; so gelingt es dem peruanischen Romancier, im Medium des Populärromans zugleich die Existenz ,hoher' Literaturformen zu verteidigen.

Post-Boom Gerade nach dem Abklingen des Boom bleibt bei vielen Schreibenden der Wunsch bestehen, lieber einem großen Publikum griffige Identifikationsstrukturen anzubieten als einen elitären Romandiskurs zu pflegen. Unter den Autoren bzw. Autorinnen, denen es auf diese Weise gelungen ist, enorme Auflagenzahlen zu erreichen, sind neben Isabel Allende (seit *La casa de los espíritus*, 1982) auch Laura Esquivel (mit *Como agua para chocolate*, 1989) und Angeles Mastretta (u. a. mit *Arráncame la vida*, 1986, vgl. → Frauenliteratur) zu nennen. Einigen Autoren wirft man gelegentlich ein triviales ,flaches' Schreiben vor (etwa Abel Posse mit *La boca del tigre*, 1971), andere verfolgen den Strang eines verrückten homosexuellen oder transvestitischen Romandiskurses, so etwa der Chilene José Donoso (in *El lugar sin límites*, 1966), der in einzelnen Texten durchaus nicht triviale, teilweise höchst elitäre Kubaner Severo Sarduy (*Colibrí*, 1984) und sein Landsmann Reinaldo Arenas in seiner Autobiographie (*Antes que anochezca*, 1992). Die beiden Letztgenannten, insbes. Sarduy, lassen sich gleichzeitig anschließen an eine Tradition des Neobarocken als dem typischen, wenn auch nicht notwendig ,volkstümlichen' Ausdruck der lateinamerikanischen Alltagswelt.

Literatur Echeverría (1994); García Canclini (1992; 2001); Ingenschay (1999); Martín-Barbero/Muñoz (1992); Monsiváis (1989; 1995; 2000).

■ Miguel Angel Asturias (1899–1974, Guatemala)

1 Von Guatemala nach Paris

Als Sohn eines mestizischen Rechtsanwalts und einer indiani- **Leben**
schen Lehrerin (Maya) wird ASTURIAS 1899 geboren. Die politische
Verfolgung durch die Diktatur ESTRADA CABRERAS zwingt die Familie, die Hauptstadt zu verlassen und bei indianischen Verwandten
zu leben. 1915 beginnt er in Guatemala ein Studium der Rechts-
wissenschaft und engagiert sich in der Studentenbewegung. 1923
beendet er eine Dissertation über *El problema social del indio* und
verlässt Guatemala, um in Paris Ethnologie zu studieren. Er lernt
die französischen wie spanischsprachigen Avantgardisten (BRE-
TON, SOUPAULT, ARAGON, ÉLUARD, HUIDOBRO, PICASSO, VALLEJO,
USLAR-PIETRI u. a.) kennen. Der Altamerikanist RAYNAUD beauf-
tragt ihn mit der Übertragung der französischen Übersetzung des
Popol Vuh[1] ins Spanische. ASTURIAS arbeitet künftig als Korrespondent und nach seiner Rückkehr nach Guatemala 1933 auch
als Universitätsdozent.

Nach dem Sturz des Diktators UBICO in der Revolution von 1944 **Politische**
geht ASTURIAS im Auftrag des neuen Präsidenten ARÉVALO als Kul- **Ämter und**
turattaché nach Mexiko und in weiteren politischen Missionen **Exil**
nach Buenos Aires und Paris. Der Sturz der Regierung ARBENZ
1954 zwingt den Schriftsteller zu Exilaufenthalten in Argentinien
und mehreren Ländern Europas. Nach erneutem Machtwechsel
wird ASTURIAS 1966 Botschafter in Paris. Im gleichen Jahr erhält
er den Moskauer Friedenspreis, 1967 wird ihm der Nobelpreis für
Literatur verliehen. 1974 stirbt er in Madrid.

2 Avantgardistisches Experiment und politisches Engagement

Schon als Student verfasst ASTURIAS Gedichte modernistischen **Literarischer**
Zuschnitts. Sein erstes Gedicht schreibt er während eines verhee- **Beginn**
renden Erdbebens in Guatemala im Jahre 1917. Dieses Ereignis

---

1 Das *Popol Vuh* (zw. 1544 u. 1555), eine der wenigen erhalten gebliebenen Überlieferungen der
 Maya-Quiché (heutiges Guatemala), enthält deren Schöpfungsmythologie, Legenden und kul-
 turelle Traditionen. Die ursprüngliche Niederschrift des Popol Vuh erfolgt in der Zeit nach der
 Eroberung, vermutlich auf der Grundlage alter bilderschriftlicher Quellen.

gibt auch den Anlass für die Erzählung *Los mendigos políticos*, aus der wiederum einer der bekanntesten Romane des Autors, *El señor presidente* (1946), hervorgehen wird. Mit den 1930 publizierten *Leyendas de Guatemala* ist ASTURIAS die begeisterte Anerkennung nicht nur von seiten der Surrealisten zuteil geworden.[2]

Magischer Realismus

Die Kindheitserlebnisse im indigenen Milieu, die Erfahrung politischer Verfolgung, die ethnologischen Studien sowie künstlerischen Kontakte zu Pariser Surrealisten und lateinam. Intellektuellen befördern frühzeitig die Entstehung einer eigenständigen Poetik. Mit dem „Denken in Bildern", der ästhetischen Umsetzung der „actitud del indio frente a la realidad" werden in Verbindung mit surrealistischen Techniken (*écriture automatique*, Traumprotokolle u. a.) Konstituenten einer neuen Wirklichkeitsdimension bereitgestellt. Der magische Realismus von ASTURIAS meint nicht allein den Versuch, eine authentische indigene Wirklichkeitssicht zu präsentieren oder intuitive poetische Bilder zu konstruieren, sondern das Amalgam verschiedener Realitäten:

Zwischen der Realität, die man eigentlich die reale Realität nennen müßte, und der magischen Realität, wie die Menschen sie erleben, gibt es eine dritte Realität, und diese andere Realität ist nicht nur Produkt des Sichtbaren und Greifbaren, nicht nur der Halluzination und des Traums, sondern ist Ergebnis der Verschmelzung dieser beiden Elemente. Es ist ein wenig so, wie die Surrealisten um Breton es wollten, und es ist das, was wir den magischen Realismus nennen können. Der magische Realismus hat natürlich eine direkte Beziehung zur ursprünglichen Mentalität des Indios. Der Indio denkt in Bildern, er sieht die Dinge nicht in den Vorgängen selbst, sondern überträgt sie in immer andere Dimensionen, in Dimensionen, in denen wir das Reale verschwinden und den Traum aufscheinen sehen, in denen Träume sich in greifbare und sichtbare Wirklichkeit verwandeln. (Lorenz 1970:394f.)

„Gran Lengua"

ASTURIAS hat sich gern als „Stimme seines Volkes" bezeichnet. Zum einen kann dies verstanden werden im Hinblick auf das politische Engagement, das unmittelbar in der sogenannten Bananentrilogie und auch in seinem Diktatorenroman *El señor presidente* oder in den Erzählungen über die US-amerikanische Invasion 1954 (*Week-end en Guatemala*, 1956) deutlich wird. Gleichzeitig verweist der Begriff auch auf die Präsenz der Stimme in den Romanen. Onomatopoetische Suggestionen und das Experiment mit dem Wortklang waren in avantgardistischen Kreisen beliebt. Im Kon-

---

2 Berühmt geworden ist der begeisterte Brief PAUL VALÉRYS an den französischen Übersetzer FRANCIS DE MIOMANDRE, der meist als Vorwort zu den *Leyendas d Guatemala* abgedruckt wird. Darin bezeichnet er ASTURIAS' Texte als „historias-sueños-poemas", als Mischung aus „naturaleza tórrida", „botánica confusa", „magia indígena" und „teología de Salamanca".

text mythisch-magischer Welterfahrung besitzt das Wort aber auch Beschwörungsqualitäten gegenüber der ‚realen' Realität. Die Verbindung von avantgardistischem Wortspiel und magischen Vorstellungen, die ein Wort (in magisch-religiösem Kontext) auszulösen vermag, bedarf einer entsprechenden Denkweise und personalen Wirklichkeitsauffassung. In dieser persönlichen und affektiven Voraussetzung liegt auch die Nähe zur Kategorie des real maravilloso (→ CARPENTIER).

3 Die Bananentrilogie und der Diktatorenroman

Der erste Teil der Bananentrilogie *Viento fuerte* (1950) entsteht, als ASTURIAS auf Reisen durch Guatemala Bananenplantagen der United Fruit Company kennenlernt. Der titelgebende Sturm vernichtet im Roman die Plantage des reformorientierten Lester Mead. Aus der magischen Perspektive wird das Ereignis auf eine Beschwörung durch einen indianischen Schamanen zurückgeführt. Abhängigkeitsverhältnisse von nordamerikanischem Kapital und fremdbestimmte Plantagenwirtschaft hingegen setzen sich fort und werden im zweiten Band, *El papa verde* (1954), in der Biographie des Protagonisten mit dem sprechenden Namen Geo Maker Thompson thematisiert. Dessen Entwicklung vom Abenteurer zum machtgierigen Plantagenbesitzer wird nicht aus mythischer Perspektive erzählt. Im dritten Band, *Los ojos de los enterrados* (1952-60), kämpfen die streikenden Plantagenarbeiter mit dem Gewerkschaftsführer Tío San gegen die Landenteignung und Versklavung. Auch im letzten Teil der Trilogie verzichtet ASTURIAS darauf (wie schon in *El papa verde*), die Ereignisse vermittels magischer Wirklichkeitssicht zu präsentieren. ASTURIAS greift zur Zeit der Restitution der Diktatur in Guatemala auf die Erfahrungen der Revolution 1944 zurück. Innerhalb der aufklärerischen Tendenz der drei Romane über Möglichkeiten und Wege, die ökonomischen und politischen Verhältnisse in Guatemala zu verändern, erscheint der Mythos in verschiedenen Motivketten als Symbol der Befreiung des geraubten Landes, bestimmt aber nicht die Erzählhaltung im Roman.[3]

Viento fuerte

Der erfolgreichste Roman von ASTURIAS gehört neben *Yo el supremo* (1974) von Augusto ROA BASTOS, *Recurso del método* (1974) von Alejo CARPENTIER, *El otoño del patriarca* (1975) von → Gabriel GARCÍA MÁRQUEZ und *Oficio de difuntos* (1976) von Arturo USLAR

El señor presidente (1946)

---

3 Auch der Totenaugenmythos, der dem dritten Teil der Romantrilogie den Namen gab, geht auf eine indianische Legende zurück. Die Augen der Begrabenen können sich erst schließen, wenn ihre Nachfahren das geraubte Land zurück erhalten.

PIETRI zu den wichtigsten → Diktatorenromanen des 20. Jhs. in Lateinamerika. Realhistorischer Hintergrund ist die Diktatur Es-TRADA CABRERAS. Die dämonische Macht des *señor presidente*, einer stets schwarz gekleideten Figur, zeigt sich in der totalen Kontrolle der Gesellschaft. Dem Überwachungszwang auf der einen Seite entspricht auf der anderen Seite die absolute Phobie vor spontanen Ereignissen und menschlichen Beziehungen außerhalb seines Machtbereichs. Der mit der Unterweltsgottheit Tohil gleich gesetzte negative Protagonist fordert wie die Maya-Gottheit Menschenopfer. Aufgrund seiner Liebe zur Tochter eines politischen Widersachers wird Cara de Angel, bisher Günstling des Diktators, zu dessen Gegenspieler. Er fällt beim tyrannischen Präsidenten in Ungnade, weil er Gutes tut. Das christliche Bild des aus dem Himmel verstoßenen Engels, der zum Teufel wird, kehrt sich um: Cara de Angel wird aus der Unterwelt des „Tohil-presidente" verstoßen und ‚fällt' damit nach oben, in die Welt der Menschlichkeit. Der Roman ist reich an grotesker Szenerie, mythischen Anspielungen und vor allem sprachlich-suggestiven Klangmustern, die das düstere Ambiente bewirken:

¡Alumbra, lumbre de alumbre, Luzbel de piedralumbre! Como zumbido de oídos persistía el rumor de las campanas a la oración, maldoblestar de la luz en la sombra, de la sombra en la luz. ¡Alumbra, lumbre de alumbre, Luzbel de piedralumbre, sobre la podredumbre! ¡Alumbra, lumbre de alumbre, sobre la podredumbre, Luzbel de piedralumbre! ¡Alumbre, alumbra, lumbre de alumbre..., alumbre..., alumbra..., alumbra, lumbre de alumbre..., alumbra, alumbre...

4 Die Maismenschen und eine gewisse Mulattin

Maismythos

Hombres de maíz (1949) erzählt den Kampf indianischer Bauern unter der Führung Gaspar Ilóms gegen die *ladinos* (sog. „maiceros"), die den Mais aus Profitgründen anbauen („Sembrado por negocio es hambre del hombre que fue hecho de maíz"). Der Maisanbau zum Lebens- und Kulturerhalt („Sembrado por comer es sagrado sustento del hombre que fue hecho de maíz") steht dem entgegen. Im Glauben der Maya-Quiché ist der Mensch – nach zuvor fehlgeschlagenen Versuchen aus Lehm (!) und Holz – aus Mais gemacht. Die Nahrungsgrundlage der mittelamerikanischen Kulturen verwandelt sich im Schöpfungsmythos zum göttlichen Ursprungsmaterial. Vor allem der „mythischen Logik" komplexer Erzählstrukturen stehen eher europäisch geprägte Lesegewohnheiten entgegen. So haben eine Reihe mythologisch unterlegter Erzählstränge, wie die Unterweltsreise des Briefträger-Kojoten Nicho Aquino, die Heilung des blinden Goyo Yic u. a. die Rezeption des Romans erschwert.

Jeder Mensch wird von einem Tier geschützt, seinem *nahual*, in das er sich auch jederzeit verwandeln kann. Der Briefträger Nicho Aquino nimmt die Gestalt eines *coyote* an und erfährt in der Unterwelt durch sein *nahual* vom Schicksal seiner verschwundenen Ehefrau. Die Verwandlung ermöglicht Zugang zu einer anderen Wirklichkeit (Unterwelt) und deren Wissen. Wie in *Hombres de maíz*, so verwendet ASTURIAS auch in zahlreichen anderen Texten *(Leyendas de Guatemala, Tres de cuatro soles, Mulata de tal)* Mythologeme aus den Kosmogonien und Mythensammlungen der Maya-Quiché *(Popol Vuh, Chilam Balam, Rabinal Achí, Anales de los Xahil).*

Nahualismo

ASTURIAS beschränkt sich nicht auf das literarische Zitat oder die Funktionalisierung der Mythen für gesellschaftskritische Aussagen oder zur literarischen Repräsentation magischen Wirklichkeitsbewusstseins der *indígenas*. Er ‚spielt' mit den Mythen und Legenden, erfindet neue hinzu, wandelt die bestehenden ab und vermittelt im literarischen Text die Struktur und Funktionweise des mündlichen Diskurses, der durch Rhythmus und (abgewandelte) Wiederholung geprägt ist.[4] In *Mulata de tal* (1963) wird das Thema des Verlustes der Ehefrau (Celestino Yumí verkauft Catalina an den Maisteufel Tazol, dafür wird er reich und bekommt eine temperamentvolle Mulattin) zum Auslöser eines „mythologischen Bilderbogens" (Daus 1978:325) ohne kausale Handlungsfolge. Die fragmentarisierte mythische Welt besitzt dennoch auch Strukturen vertrauter Antagonismen, wie sie sich im Kampf des indianischen Dämonen Cashtoc und dem katholischen Teufel Candanga zeigen. Eine ähnliche Konfliktsituation zwischen den Glaubenswelten der Maya einerseits und dem Katholizismus der europäischen Eroberer, Missionare und Kolonisatoren andererseits beschreibt ASTURIAS in dem Roman *Maladrón* (1969).

Mythische und literarische Struktur

Camayd-Freixas (1998); Daus (1978); Dill (1975); Gründler (1994); Janik (1976); Lorenz (1970); Schrader (1970); Strosetzki (1986).

Literatur

2 Jorge Luis Borges (1899–1986, Argentinien)

1 Ein umstrittener Autor

BORGES wird 1899 in Genf geboren und wächst dort auf. Später zieht er nach Madrid, wo er Kontakt zu der Lyrikergruppe der Ultraisten um Vicente HUIDOBRO aufnimmt. Nach seiner Übersiedlung nach Buenos Aires (1921) widmet er sich der Literatur

Leben

---

4 „ASTURIAS utiliza la repetición no sólo como recurso poético, sino estructural, remedando en el texto, por ambas vías, el carácter oral de la leyenda." (Camayd-Freixas 1998:165).

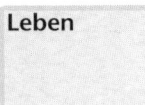

und der Kulturkritik; er arbeitet an verschiedenen Zeitschriftenprojekten mit (1924 mit GÜIRALDES als Herausgeber von *Proa*, 1931 bei *Sur*) und schreibt zunächst Lyrik und kulturhistorische Essays. Ende der 30er Jahre nimmt er eine Tätigkeit als Bibliotheksangestellter auf, die er 1946 aufgrund seiner Position gegen das popularistische System des Präsidenten PERÓN verliert. Nach dem Ende der ersten peronistischen Phase wird er 1955 Direktor der argentinischen Nationalbibliothek, nachdem er zuvor schon für einige Jahre dem Schriftstellerverband seines Landes vorgestanden hat. Bis 1976 wird er trotz seiner zunehmenden Erblindung die Funktion des Bibliotheksdirektors innehaben.

Literaturpreise

BORGES' Werk wird seit den 60er Jahren national und international begeistert aufgenommen. Es wird 1956 mit dem argentinischen Nationalpreis für Literatur ausgezeichnet; 1961 erhält der Autor (gemeinsam mit BECKETT) den internationalen Formentor-Preis, Ende der 70er Jahre dann den Cervantes-Preis (mit Gerardo DIEGO); der Literatur-Nobelpreis, mit dem der Argentinier durchaus gerechnet hat, wird ihm allerdings nicht verliehen.

Elitebewusstsein und politische Instinktlosigkeit

Alberto MANGUEL, BORGES' Vorleser in seinen letzten Lebensjahren, berichtet von dessen inbrünstiger Verehrung des literarischen Wortes, auch von den Schrulligkeiten des universal gelehrten Autors, der sich nicht nur umfassend mit der klassischen abendländischen Literatur, Philosophie, Religion und Geschichte beschäftigt, sondern sich ebenfalls sehr entfernten Wissensbereichen (wie altenglischer Grammatik und altisländischer Mythologie) zuwendet.

Die elitäre Position BORGES' manifestiert sich nicht allein im Bereich der Kultur; in politischen Fragen (von denen er möglicherweise sehr wenig verstand) beweist der „politische Dinosaurier" (so Ernesto SÁBATO) Instinktlosigkeit und ideologische Verblendung. So gilt BORGES zwar unbestritten als der bedeutendste Erzähler seines Landes, doch hat die sensibilisierte Öffentlichkeit in der post-achtundsechziger Ära seine politisch ‚rechte' Position schwerlich nachvollziehen und ihm bestimmte Aktionen (wie die Ausfälle gegen den chilenischen kommunistischen Lyriker Pablo NERUDA) lange nicht verzeihen können. 1999, zum 100. Geburtstag BORGES', scheinen all diese Vorbehalte vergessen, der bahnbrechende Wert seiner Schriften hat die Polemik auch für solche Kritiker und Leser geglättet, die mit einer rassistischen oder sonstwie rechtsextremen Schreibart verständlicherweise Probleme haben.

Wenn BORGES stets als der ‚europäischste' aller lateinam. Autoren bezeichnet wird, so deshalb, weil das traditionelle kanonische Wissen des europäischen Kulturerbes für den größten Teil seines Werks den zentralen Referenzpunkt bildet. Doch schon seine frühen literaturtheoretischen Essays zeigen, dass er sich nicht nur mit DANTE, SHAKESPEARE und CERVANTES befasst, sondern (in einer bis dahin nicht erreichten Intensität) die Bedingungen und Eigenarten speziell des argentinischen Schreibens reflektiert. So fragt er nach der Funktion der Tradition für den argentinischen Schriftsteller, nach dem Einfluss des argentinischen Nationalepos *Martín Fierro* (1872–78) und des Gaucho-Romans auf die Prägung der argentinischen Literatur.

Zwischen europäischer Bildung und *argentinidad*

Das prägnante Bild vom ‚Blinden in der Bibliothek' wird zu einer Chiffre werden, die wie ein Emblem dem kauzigen und individualistisch-elitären Intellektuellen samt seiner idiosynkratischen Kunst- und Weltauffassung entspricht. BORGES entwirft zu vielen Systemen unseres Wissens (und unserer Wissenschaften) Alternativmodelle, welche ausloten, was wäre, wenn nicht unser abendländisch-logisches Denk- und Diskurssystem Geltung hätte, sondern eine *alternative* Theologie, eine *alternative* Rechtsauffassung, ein *anderes* Wertesystem. Dieser Aspekt macht das enorme Attraktionspotential seiner Literatur aus, die nicht ‚fantastisch' (im engen Sinne der Fantastik des 19. Jahrhunderts) ist, weil in ihr kaum je persönliche Ängste, individuelle Obsessionen oder andere psychologische Dimensionen aufscheinen. Seine Geschichten sind vielmehr gekennzeichnet von einem Verlust der Alltagsdimension, sie übersetzen ihren Stoff in das postmoderne Spiel einer absoluten philosophischen Relativität. A. de Toro unterstreicht, dass BORGES auch kein metaphysischer Autor ist; seine Leitmotive (das Labyrinth, der Spiegel) liefern textuelle Simulakren, die sich (nach de Toros Deutung) gegen den Logozentrismus, den Ethnozentrismus und damit gegen die festgeschriebene Funktion des Signifikaten selbst wenden. In dieser Perspektive wird BORGES zu einem Wegbereiter postmodernen Denkens schlechthin. Für eine postmoderne Schreibpraxis ist sein *Libro de sueños* (1976) deutlichstes Paradigma, weil er diese Sammlung – ganz im Sinne einer stringenten Intertextualitätstheorie – als neues Buch aus alten Erzählungen konzipiert.

Ein postmoderner Autor?

2 Das Werk

Wenn die Postmoderne u. a. durch das Ende der „großen Erzählungen" gekennzeichnet ist, mag es bezeichnend sein, dass BORGES nie einen Roman geschrieben hat; er entfaltet sein Talent als Autor in der Lyrik, der Essayistik und in den Erzählungen. Die Lyrik ist dabei die früheste, doch ganz zu Unrecht die am wenigsten rezipierte seiner literarischen Formen. Zwei deutlich getrennten Schaf-

Lyrik

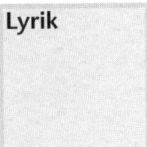

fensperioden gehört BORGES' lyrisches Werk an: einer frühen Phase der 20er und dann einer späten der 60er Jahre.

Argentinischer Ultraismus

Unter dem Einfluss der Ultraisten, deren Poetik er in Spanien kennen gelernt hat, entwickelt BORGES eine argentinische Spielart des Ultraismus, die ihre stark philosophisch-reflexive Ausrichtung (in der Nachfolge SCHOPENHAUERS) mit der mythologisierten Geschichte Argentiniens und der Stadt Buenos Aires verbindet. In der Trilogie *Fervor de Buenos Aires* (1923), *Luna de enfrente* (1925) und *Cuaderno de San Martín* (1929) bekommt erstmals der Schmelztiegel Buenos Aires mit der Melancholie seiner Vorstädte eine eigene ästhetische Wertigkeit. In zahlreichen dieser (in der Regel ungebundenen, seltener in Alexandriner gefassten) Gedichte tritt eine metapoetische Dimension hinzu. Die permanente Reflexion des Schaffensprozesses bewirkt später ein fast manisches Verändern; selten greift ein Lyriker so grundlegend in seine eigenen Kreationen ein, bevor er sie für Neuauflagen freigibt.

Die Lyrik der zweiten Periode – darunter vor allem die Sammlungen *El Hacedor* (1960), *El otro, el mismo* (1964), *Elogio de la sombra* (1969), *El oro de los tigres* (1972), *La rosa profunda* (1975), *La historia de la noche* (1977) und *La cifra* (1981) – strebt streckenweise nach dem Wiedereinsatz traditioneller lyrischer Formen und einer eindeutigeren Symbolik (von Elementen, die auch in den Erzählungen auftauchen: Tiger, Labyrinth, Spiegel usw.). Daneben ist auch (etwa in *El Hacedor*) eine Tendenz zum Prosagedicht erkennbar. Borges rekurriert hier sehr stark auf intertextuelle Verfahren, setzt seine Dichtung in ein fast dialogisches Verhältnis zur Welt der Lyrik, ohne dabei auf ganz persönliche Themen (wie das Altern, die Erblindung) zu verzichten.

Essays

Schon in den 20er Jahren erweist sich BORGES als scharfsinniger Analytiker der Kultur und Kritiker der Literatur, der oft kurios und abwegig scheinende Phänomene zum Anlass seiner Reflexionen nimmt. Immer wieder wendet sich der lesewütige Autor der Literatur (DANTE, FLAUBERT, WHITMAN) und der Philosophie (PLATO, SPINOZA, NEWTON, BERKELEY, SCHOPENHAUER, NIETZSCHE) zu. Stark auf philosophische Themen zentrieren sich die Essays der *Historia de la eternidad* (1936): Um einen zyklischen Zeitbegriff und um ewige Wiederkehr geht es, um die erkenntnistheoretische Problematik der Unterscheidung von Wirklichkeit und Fiktion – kurz: um Themen, die mit der Skepsis gegenüber jedweder Erkenntnis schon so etwas wie ein frühes Repertoire postmoderner Denkansätze beinhalten. Eine Sammlung zentraler literaturkritischer Essays mit dem Titel *Otras Inquisiciones* (1952) setzt sich vor allem mit CERVANTES' *Quijote* und teils sehr eklektizistischen Werken der angelsächsischen Literatur auseinander; hier entwickelt BORGES Systeme von Analogien, welche darin gipfeln, die Welt als Buch aufzufassen, das von allen Menschen zugleich geschrieben und gelesen wird.

Discusión (1932) enthält für die Bestimmung der literarischen *argentinidad* so wesentliche Aufsätze wie „La poesía gauchesca" oder „El escritor argentino y la tradición", daneben auch grundlegende Theorietexte, deren Dimensionen jüngst (in dem Sammelbd. von A. de Toro) diskutiert werden (wie „La penúltima versión de la realidad" und „La postulación de la realidad").

Als der „argentinische KAFKA", wie er – verkürzend – in den 60er Jahren oft genannt wird, gelangt BORGES weltweit zu Ruhm; mit Recht gilt er als der Autor, welcher der fantastischen Literatur (nicht nur in Lateinamerika) entscheidende wegweisende Impulse gegeben hat. In den fantastischen Kurzgeschichten der Sammlungen *Ficciones* (1944) und *El Aleph* (1949) entwirft BORGES ein neues Diskursuniversum, dessen Originalität sich erst heute unter dem Blickwinkel postmoderner Konstellationen vollends erschließt. Exemplarisch gilt dies für „Tlön, Uqbar, orbis tertius", einen der bekanntesten Texte der *Ficciones*. Der Ich-Erzähler (namens BORGES) spricht mit BIOY CASARES (in der Lebenswelt ein Freund BORGES', s. u.) über ein asiatisches Reich namens Uqbar; „Borges" und sein Freund machen sich in einer (fiktiven!) Enzyklopädie kundig, werden dort auf das Land „Tlön" verwiesen, bewohnt von einem Stamm, dessen Sprache nicht über Nomina verfügt. In Tlön ist ferner die Metaphysik ersetzt durch die Fantastik; doch letztlich ist Tlön eine Fiktion gewesen, ins Leben gerufen von einer Geheimgesellschaft des 17. Jhs. und realiter umgesetzt von einem reichen Amerikaner. Um das Verwirrspiel mit Fiktion und Wirklichem noch perfekter zu machen, setzt der Autor den Trick ein, in seine vermeintlich pragmatisch orientierten Fußnoten auch pur Fiktives zu interpolieren, und letztlich unterstreicht eine Nachschrift, dass Tlön in der Tat immer mehr in unsere Alltagswelt eindringe.

Fantastische Erzählungen

Eine weitere programmatische Geschichte in *Ficciones* ist „Pierre Menard, autor del Quijote". Menard, ein (fiktiver) Autor des 20. Jhs., vertieft sich in die Textarbeit an CERVANTES' *Quijote;* er zieht sich zurück, um auf der Basis seines Wissens einen anderen *Quijote* zu schreiben, und stellt letztlich fest, dass sein ‚neugeschriebener' *Quijote* wortwörtlich mit dem Cervantinischen übereinstimmt. Pseudoliteraturwissenschaftliche Setzungen (als Elemente einer fiktiven Wissenschaftssprache) bilden eine Fassade, hinter der bereits jene Problematisierungen des Textbegriffs und der Autoreninstanz stehen, die postmoderne bzw. poststrukturale Erzähltheorie kennzeichnen. Weitere einschlägige Erzählungen dieses Bandes sind „La biblioteca de Babel", ein *hommage* an die Vielfalt der Welt literarischer Diskurse, „Las ruinas circulares", die

Problematisierung des Textbegriffs

mythische Gleichsetzung geträumter und gelebter Existenz, und „Tres versiones de Judas", wo das von BORGES immer wieder aufgegriffene Thema der religiösen Heterodoxie behandelt wird.

El Aleph

Die Titelgeschichte der zweiten Erzählsammlung, *El Aleph*, verdeutlicht wohl am besten, was das Fantastische bei BORGES ausmacht. Der Ich-Erzähler, ein Schriftsteller, besucht selten, aber regelmäßig Carlos Argentino Daneri, den Bruder seiner früheren Freundin Beatriz. Carlos, ein Vielschreiber, genießt als Schriftsteller die Anerkennung der trivialen Massen; dem Erzähler vertraut er an, dass er seine reiche Literaturproduktion dem Aleph im Keller seines Hauses verdanke. Das Aleph sei ein rundes Objekt, das sämtliche Punkte der Welt enthalte. Als sich der Erzähler von Carlos überreden lässt, mit ihm in den Keller zu steigen, wird ihm auf der Treppe klar, dass er sich auf das Spiel eines Verrückten eingelassen haben muss. Dann jedoch sieht er das Aleph. Pseudowissenschaftliche Reflexionen über dieses Aleph, die so tun, als wäre dessen Existenz nun bewiesen, beschließen die Erzählung.

El inmortal

Die Sammlung *El Aleph* wird eingeleitet von „El Inmortal"; in der Rahmenerzählung wird von einem Manuskript berichtet, das in einer englischen Übersetzung der HOMERschen Ilias aufgefunden wurde. Es erzählt die Autobiographie des Buchantiquars Joseph Cartaphilus, der einst Marcus Flaminius Rufus war. Auf der Suche nach der Stadt der Unsterblichen war dieser römische Tribun westwärts geritten, bis er – verlassen von seinen Begleitern und im Zustand völliger Erschöpfung – an eine gespenstisch leere, von verrückten Göttern gebaute Stadt stieß, um die herum dahinvegetierende Zombies lagerten. Sie sind die Unsterblichen, denen aufgrund ihres ewigen Lebens jede Motivation zu sinnvollem Tun fehlt. Die Geschichte vollzieht hier eine radikale Umbewertung der Unsterblichkeit (als eines christlich-religiösen Kardinalwerts). Es stellt sich heraus, dass eine dieser abgestumpften Gestalten der griechische Dichter HOMER ist. Der Tribun, der unbewusst durch den Genuss von trübem Wasser die Unsterblichkeit erreicht hatte, wandert nun – in deutlicher Parallele zum literarischen Topos vom „Ewigen Juden" – durch die Jahrhunderte, bis er die ersehnte Sterblichkeit wiedererlangt (denn nach den Regeln BORGESscher Para-Logik muss es, wenn es einen Fluss gibt, dessen Wasser Unsterblichkeit verleiht, auch einen anderen geben, der wieder die Sterblichkeit zurückgibt).

Das Spiel mit dem universalen Bildungswissen bestimmt diese Erzählungen, ganz gleich, ob die Fiktion von Wissen und Wissenschaft sich festmacht an theologischen Absolutheitsansprüchen („Los teólogos") oder an der Erkenntnismöglichkeit durch Literatur („La busca de Averroes"). Allein in einer Erzählung verarbeitet BORGES den Schrecken der ‚realen' Gegenwart des 20. Jhs.: In

„Deutsches Requiem" steigt ein musikalisch und philosophisch gebildeter deutscher Adliger zum Leiter eines Konzentrationslagers auf, foltert insbesondere jüdische Intellektuelle und Literaten, und schließt letztlich mit beängstigenden geschichtsphilosophischen Reflexionen zum vermeintlichen „Übermenschen".

Weitere Erzählbände (Auswahl): *Historia universal de la infamia* (1935); *El informe de Brodie* (1970), *El libro de arena* (1975).

Der Individualist BORGES hat über sehr lange Zeiträume die intensive Zusammenarbeit mit seinem Landsmann Adolfo BIOY CASARES gepflegt, der als Protagonist in „Tlön, Uqbar, orbis tertius" auftritt. Neben fantastischen Erzählungen (*Crónicas de Bustos Domecq*, 1963 – der Name greift ein Pseudonym BIOY CASARES' auf) haben beide gemeinsam die Krimireihe *El Séptimo círculo* gegründet und u. a. *Los mejores cuentos policiales* (2 Bde, 1962) herausgegeben.

Alazraki (1974); Balderston (1986; 1993); Helft/Jitrik/Lois (1997); Nuño (1986); Running (1996); A. de Toro/Blüher (1992); A. de Toro/F. de Toro (1999).

Zusammenarbeit mit BIOY CASARES

Literatur

▣ Alejo Carpentier (1904–1980, Kuba)

Zwischen europäischem Erbe und lateinamerikanischer Eigenheit

Alejo CARPENTIER wird 1904 als Sohn gebildeter europäischer Eltern – seine Mutter war Russin, der Vater ein franz. Architekt – in Lausanne geboren. Durch sein umfangreiches Erzählwerk beweist er lange vor dem sog. Boom lateinam. Literatur, dass Autoren des südam. Kontinents eigenständige, nicht an europäischen Modellen orientierte Werke zu schreiben im Stande sind. In seinen Essays reflektiert er immer wieder den Prozess der kulturellen Autonomie seines Landes und des südam. Subkontinents. CARPENTIER lebt während der Diktaturen MACHADOS und BATISTAS lange im Ausland (besonders in Venezuela und Frankreich). Nach dem Sieg der kubanischen Revolution von 1959 bekleidet er hohe Ämter, er ist eine Zeit lang Vizepräsident des nationalen Kulturrats, später des Schriftsteller- und Künstlerverbandes, Mitherausgeber der Kulturzeitschrift *Unión*, Leiter des staatlichen Buchverlages. Gegen Ende seines Lebens hat er die Funktion des Kulturattachés in Frankreich inne; in Paris ist er begraben. Gegenüber der Revolution hat Kubas *máximo novelista*, den die Kommunistische Partei mit einem Festakt zu seinem 70. Geburtstag ehrte, stets seine uneingeschränkt positive Haltung bewahrt. 1977 wurde ihm der Premio Cervantes, die höchste Auszeichnung für spanischsprachige Literaten, verliehen.

Leben

Auf der Flucht vor dem Diktator MACHADO begibt sich CARPENTIER in den späten zwanziger Jahren erstmals nach Paris, wo er elf Jahre wohnen wird. Dort trifft der junge Schriftsteller auf die Gruppe der Surrealisten, deren führende Köpfe er persönlich kennen lernt: BRETON, ARAGON, TZARA, ELUARD, QUENEAU, auch die Maler PICASSO und DE CHIRICO. Die Surrealisten haben in ihrer Suche nach neuen „authentischen" Dimensionen der künstlerischen Erfahrung die Ursprünglichkeit und „Unverdorbenheit" indigenistischer („primitiver"), insbesondere afrikanischer Kunst für sich entdeckt. Entsprechend wendet sich auch CARPENTIER der afrokubanischen Welt zu – ob unter ihrem Einfluss oder aus einer grundsätzlichen Suche nach kubanischer Identität heraus, das ist heute nicht mehr nachzuvollziehen. Wesentlich ist, dass CARPENTIERS Entwürfe dessen, was wir heute „Kubanität" nennen würden, begonnen haben mit Ausflügen in das Gebiet der afrokubanischen Kultur, insbes. der sog. *Poesía negrista*: 1930 publiziert er in der letzten Nummer der berühmten *Revista de Avance*, zu deren Mitherausgebern er gehört, das Gedicht „Liturgia", einen der programmatischen Schlüsseltexte dieser Lyrikschule. Afrokubanische Themen, nämlich die Klangwelten der „ñáñigo"-Sprache, bestimmen auch den ersten Roman CARPENTIERS *¡Ecue-Yamba-O! Historia afrocubana* (1933).

Musik

Das Interesse für Musik lässt sich im späteren Werk des Autors, der einige Jahre als Professor für Musikwissenschaft in Havanna arbeitete, verfolgen: Er verfasst nicht nur das Standardwerk *La música en Cuba* (1946), sondern integriert auch in viele seiner Romane musikalische Formen, Themen und Strukturen. Einige Beispiele: *El acoso* (1956; später aufgenommen in den Erzählband *Guerra del tiempo,* 1958) ist die Geschichte eines Widerstandskämpfers gegen MACHADO, und der Aufbau der Erzählung folgt dem Modell der „Eroica" Ludwig van Beethovens; *Los pasos perdidos* (1953) handelt von einem nordamerikanischen Musikwissenschaftler (lateinam. Herkunft), der sich – vergeblich – auf die Suche nach Musikinstrumenten der indigenen Bevölkerung (und ebenso nach seiner eigenen Identität) in den Dschungel Amazoniens begibt. Der kurze Roman *Concierto barroco* (1974), ein gutes praktisches Beispiel für das (ahistorische) Barockkonzept des Autors, schildert u. a. die Erfahrungen kubanischer Reisender in Europa; am eindrucksvollsten geschieht dies in einem virtuosen Finale während eines venezianischen Karnevals, wo nicht nur Vivaldis „südam." Oper Montezuma geprobt wird, sondern auch Scarlatti und Händel auftreten, wo auf Wagner und Strawinsky ebenso verwiesen wird wie auf Louis Armstrong, und wo das Trommeln der Kubaner diesen musikalischen Weltsynkretismus abschließt.

1943 bereist CARPENTIER Kubas Nachbarinsel Haiti. Die Erfahrungen dieser Reise verdichten sich zu einem Schlüsselerlebnis dessen, was er das „wunderbar Wirkliche" Lateinamerikas nennt. Er legt dies dar in dem langen programmatischen Vorwort zu einem historischen Roman, der eine Periode haitianischer Geschichte behandelt, *El reino de este mundo* (1949). In diesem Vorwort berichtet er, das Unheimliche und das Wunderbare seien ihm in Haiti auf Schritt und Tritt begegnet, denn die Geschichte Lateinamerikas sei nichts anderes als eine Chronik des wunderbar Wirklichen:

Das „real maravilloso"

Esto se me hizo particularmente evidente durante mi permanencia en Haití, al hallarme en contacto cotidiano con algo que podríamos llamar lo real maravilloso. (...) A cada paso hallaba lo real maravilloso. Pero pensaba, además, que esa presencia y vigencia de lo real maravilloso no era privilegio único de Haití, sino patrimonio de la América entera, donde todavía no se ha terminado de establecer, por ejemplo, un recuento de cosmogonías. Lo real maravilloso se encuentra a cada paso en las vidas de hombres que inscribieron fechas en la historia del continente y dejaron apellidos aún llevados...

Mit diesem Versuch, lateinamerikanische Identität zu bestimmen, setzt CARPENTIER das wunderbar Wirkliche gleichzeitig polemisch ab von den „Wundern" seiner früheren Freunde, der (europäischen) Surrealisten, die er als „Quacksalber" abqualifiziert. Zwar habe es früher das wunderbar Wirkliche, das im Glauben verankert gewesen sei, auch in Europa gegeben, als etwa LUTHER das Tintenfass dem Teufel entgegenschleuderte, doch heute habe Europa diese Kraft verloren. Neue kreative Potenz entfalte sich dagegen in Südamerika, wo der sprachliche Neubeginn, die *necesidad de nombrar las cosas* eine grundsätzlich neue, frische, unverbrauchte Ästhetik bewirke.[5]

Mit diesen Thesen hat CARPENTIER einen wesentlichen Beitrag zur Rolle der lateinam. Kultur an der Schwelle der Postmoderne geleistet, auch wenn seine Thesen nicht unwidersprochen geblieben sind. Pointierter als die meisten Kritiker vorher wirft Borsò ihm vor, europäischen (bzw. eurozentristischen) Denkstrukturen verhaftet geblieben zu sein.[6] Doch auch wenn CARPENTIER in der Tat keine wesentlichen Beiträge zur Diskussion der Postmoderne oder der Zentrum-Peripherie-Verschiebung leistet, bleibt es sein Ver-

---

5 Zur Diskussion der „Sprachlosigkeit" s. Borsò 1994:96.
6 Borsò 1994:146f.: „Carpentiers Definition des eigentlich Amerikanischen in Opposition zum Abendland nimmt nicht nur die Perspektive des Abendlandes ein, sondern eine auf die klassizistische Episteme sowie den Realismus-Begriff des 19. Jahrhunderts zurückgehende Perspektive, die in der Durchbrechung rationaler und realistischer Ordnungsprinzipien die Schöpfung eines neuen Stils und die Modellierung einer anderen Welt sieht."

dienst, den Komplex des → Magischen Realismus um eine spezifische Variante bereichert zu haben. Allein dadurch ist er ein Wegbereiter des sog. Boom.

El reino de este mundo: Wunderbares und Historisches

Doch nun zu dem Roman, dessen Vorwort erläutert wurde, *El reino de este mundo* – ein Titel, der Jesu Aussage, sein Reich sei nicht von dieser Welt, konterkariert. Protagonist des Romans ist der schwarze Sklave Ti Noël, der im Laufe seines langen Lebens die Leiden der Sklaverei durchlebt, samt den Folgen der franz. Revolution und der Einsetzung des schwarzen Königs Henri Christophe, der schnell die Dekadenz der früheren Herren, der Franzosen, übernimmt und dem Volk die erhoffte Befreiung nicht bietet. Der nüchterne historische Handlungsstrang wird von einem System religiöser Themen überlagert, die einerseits auf christliche Grundsätze anspielen („Agnus Dei"), andererseits die synkretistische Religion des Voodoo-Kults reflektieren. Das Wissen um die im Voodoo vermittelte „magische Wirklichkeit" hilft der schwarzen Bevölkerung, nicht zu verzweifeln. Als Mackandal, einer ihrer Anführer, von den Kolonialherren auf den Scheiterhaufen geschickt wird, steigt er in Form einer Mücke aus den Flammen; nur die Schwarzen sehen dies, nur sie wissen, dass er sich reinkarnieren wird.

Am Ende des Romans kehrt der steinalte Ti Noël, vom Leben und von den Hoffnungen auf Eigenständigkeit enttäuscht, auf das Landgut seiner früheren Herren zurück; er erteilt dem Wind und den Tieren Befehle, eben wie Christus, doch wie ein Christus, dessen Reich ausschließlich von dieser Welt ist.

El siglo de las luces und die Problematik der Revolution

Vor der kubanischen Revolution von 1959 verfasst, doch erst danach publiziert, kommt dem historischen Roman *El siglo de las luces* (1962) eine spezifische Bedeutung bei der Bewertung des CARPENTIERschen Geschichtskonzepts zu. Thema sind die Errungenschaften der franz. Revolution[7]. Die Vettern Esteban und Sofía, Kinder einer reichen großbürgerlichen Habaneser Familie, lernen den Freimaurer Víctor Hughes kennen, der im Auftrag der französischen Revolutionsregierung die Ideale von Freiheit, Gleichheit und Brüderlichkeit in Südamerika vertreten und durchsetzen soll. Begeistert schließen sich die jungen Leute seinen Ideen und den Idealen der im Titel genannten Epoche an. Hughes, einer historischen Figur nachgebildet, wandelt sich vom engagierten Revolutionär zum tyrannischen Opportunisten, der in der Spätphase der Revolution als Gouverneur der franz. Kolonie Guayana die Schwarzen auf die Guillotine schickt, die kurz vorher das Emblem

---

7 Zur Thematik der Revolution bei CARPENTIER s. Márquez Rodríguez 1992:159–197 (das Kap. „El concepto de Revolución en la novelística de Alejo Carpentier").

ihrer Befreiung vom Joch der Unterdrückung gewesen war. Sofía – längst unglücklich mit Hughes verheiratet – und Esteban pervertieren zwar nicht in gleicher Weise, doch nehmen sie ein tragisches Ende. Nach einer ernüchternden Europareise wohnen sie 1802 dem Aufstand der Madrider Bevölkerung gegen die napoleonische Besatzung bei. Nach Sofías Aufforderung „¡Hay que hacer algo!" stürzen sie sich in den Kampf, der eigentlich nicht der ihre ist, und sie verlieren ihr Leben. Wie wenig „revolutionär" dieser verzweifelte Aufruf ist, wie unvereinbar er mit einem teleologisch-optimistischen Geschichtsbild scheint, wird besonders klar, wenn man bedenkt, dass Sofía ganz zu Beginn des Romans die gleichen Worte ausgerufen hatte, als ihr Vetter von einem seiner epileptischen Anfälle heimgesucht wurde. Im Grunde stehen in dem großartig und souverän erzählten Roman aber nicht individuelle Schicksale im Zentrum, sondern historische Typen: Hughes als skrupelloser Machtmensch, Esteban als weltfremder Intellektueller, Sofía als wohlwollende, doch enttäuschte Frau. Am Beispiel der Ereignisse nach 1789 in Frankreich zeigt CARPENTIER, wie zumindest diese Revolution ihre Kinder gefressen hat. Hier wie in fast allen seinen Romanen sind seine scheiternden Helden die Chiffren einer Historie, die einen wahren Humanismus, das ideale Anliegen des Autors, nur im Kleinen zulässt.

Wesentlich revolutionsfreundlicher als *El siglo de las luces* liest sich *La consagración de la primavera* (1978), die umfangreiche, in Teilen autobiographisch durchsetzte Geschichte eines kubanischen Architekten, der sich in den Wirren des spanischen Bürgerkriegs in eine russische Tänzerin verliebt und mit ihr vor dem drohenden Faschismus Europa in Richtung Kuba verlässt. Dort treffen sie auf den Terror der Diktatur BATISTAS, bis die Revolution es ermöglicht, dass sie ihre Pläne verwirklichen. Historisch endet die Handlung 1961, zur Zeit der gescheiterten nordamerikanischen Invasion bei Playa Girón.

Weitere Werke

Mit *El recurso del método* (1974) legt CARPENTIER – neben → ASTURIAS – einen der bekannten → Diktatorenromane Lateinamerikas vor; in *El arpa y la sombra* (1979) dekonstruiert er den Mythos Kolumbus.

CARPENTIERS kultur- und literaturtheoretische Essays verdienen Erwähnung: In dem Band *Tientos y diferencias* (1964) bemüht sich der Autor um eine Standortbestimmung des neuen lateinam. Romans, plädiert für die großen, die Interkulturalität Südamerikas betonenden Themen. Diese Sicht wird weiter differenziert in der letzten literaturgeschichtlichen Abhandlung, *La novela latinoamericana en vísperas de un nuevo siglo y otros ensayos* (1981) und vorher in *Razón de ser* (1980; u. a. mit dem Essay „Lo barroco y lo real maravilloso").

| Literatur | Armbruster (1982); Borsò (1994); Dill (1975); Márquez Rodríguez (1982). |

4 José María Arguedas (1911–1969, Peru)

1 Kindheit im indigenen Milieu

| Leben | José María ARGUEDAS wird 1911 im südperuanischen Andendorf Andahuaylas in der Provinz Apurímac geboren. Als er drei Jahre alt ist, stirbt seine Mutter. Ihr früher Verlust und der enge Kontakt zu den Quechua-Indios des Andenhochlands prägen die Literatur des peruanischen Autors. 1931–1937 studiert er in Lima an der Universität San Marcos. 1937 wird er unter der Militärdiktatur von O. BENAVIDES wegen der Teilnahme an Studentenprotesten verhaftet. Die achtmonatige Gefängniserfahrung hat er später in dem 1960 publizierten Roman *El sexto* verarbeitet. Im Jahre 1939 beendet er seine Doktorarbeit, in der er spanische mit indigenen Dorfgemeinschaften in Peru vergleicht. |

| Ethnologie und Literatur | ARGUEDAS arbeitet als Lehrer für Quechua und Ethnologie an der Universität. Ebenso wie in seinen literarischen Texten, hat er auch durch seine umfangreichen Feldforschungen zum Erhalt, zur Verbreitung und Vermittlung der Quechua-Kultur Südperus beigetragen. Die tragischen Kindheitserfahrungen und die mangelnde kulturelle Integration führen zu langjährigen Depressionen und einem ersten Suizidversuch 1966. Er nimmt sich 1969 das Leben. |

2 Indigene Identität

| Kulturelle Erfahrung | ARGUEDAS ist zwischen mestizischer und indigener Kultur aufgewachsen. Die marginale Position, unter der er stets gelitten hat, macht ihn zugleich auch zum sensiblen Beobachter. Er genießt die Geborgenheit, die ihm die Quechua-Indios seines Dorfes bieten, ohne je ganz zu ihnen zu gehören. Er denkt, fühlt und erlebt seine Jugend wie ein Indio und spricht zunächst Quechua fließender als Spanisch. Die Welt magisch-animistisch zu sehen und zu deuten, ist für ARGUEDAS kein Phänomen literarischer Wirklichkeitsaneignung oder Indiz realistischen Bemühens. Auf dem ersten Treffen peruanischer Schriftsteller 1965 in Arequipa betont er, 54jährig, in einer Diskussion über das Wirklichkeitsverhältnis des Schriftstellers: „Yo hasta ahora les confieso con toda honradez, con toda honestidad, no puedo creer que un río no sea un hombre tan vivo como yo mismo."[8] Dies ist keine literarische Pose, sondern |

---

8 *Primer Encuentro* 1969:108.

verinnerlichtes Lebensprinzip. ARGUEDAS versteht sich in allen seinen Texten als Vermittler der Quechua-Kultur, die er der nicht-indigenen, mestizischen oder westlich genannten Welt zu vermitteln sucht. Sein Gesamtwerk bildet eine einmalige kulturelle Übersetzungsleistung. Oft wird er als der Autor bezeichnet, der „den Indio von innen" literarisiert habe.

Literatur- und Kultur-kritik

In der Literatur der 20er und 30er Jahre sieht sich ARGUEDAS mit einem Bild der Indios konfrontiert, das seinen Erfahrungen vollkommen widerspricht. Zwar ergreift die aufkommende indigenistische Literatur (→ Indigenismus) unmissverständlich Partei und versucht mit ‚literarischen Mitteln' der indigenen Bevölkerung zu helfen, indem sie zunächst auf deren Unterdrückung, Ausbeutung und kulturelle Marginalisierung aufmerksam macht. Doch in der Überzeichnung ihrer Opfersituation geraten die Figuren oft zu Karikaturen. Geradezu provozierend haben dann exotisch-modernistische Anverwandlungen von Indiofiguren z. B. bei Ventura GARCÍA CALDERÓN oder ihre Kriminalisierung bei Enrique LÓPEZ ALBÚJAR gewirkt. Es sind Lektüren, die ARGUEDAS zum Schreiben motiviert haben. Vor allem aber opponiert er mit seinen Texten gegen ein „indigenistisches Phänomen", das er als „monstruo contrasentido" bezeichnet: Auf der einen Seite bewundere man die inkaische Kultur der Vergangenheit, auf der anderen Seite verachte man um so mehr die lebendigen Kulturformen der Quechua-Indios in der Gegenwart. Die kulturelle Vitalität der indianischen Gemeinden im Hochland Perus, in den Regionen von Puno, Ancash, Huanuco, Ayacucho, Apurímac, Huancavelica und Cuzco zeige sich in ihrer Fähigkeit, seit der Zeit der Conquista Elemente anderer Kulturen nicht nur zu assimilieren, sondern die kulturellen Gewohnheiten und Ansprüche regional auch außerhalb der unmittelbar indigenen Bevölkerungsgruppen zu verändern und zu beeinflussen. ‚Der Indio' braucht nicht ‚von außen' nach indigenistischer Manier unterstützt zu werden, eher muss den anderen geholfen werden, die Stärke und Kreativität jener Kulturen innerhalb der nationalen und kontinentalen Entwicklung zu erkennen.

Entwicklung des Gesamt-werks

In den frühen Erzählungen (*Agua*, 1935) und im Kurzroman *Yawar Fiesta* (1941) verbleibt ARGUEDAS im lokalen und thematischen Handlungsmuster, das für die indigenistische Literatur charakteristisch ist. Die Musikalität der Sprache und die Entwicklung der Figuren, wie auch der Handlungsausgang in *Yawar Fiesta* aber sprengen bereits diesen Rahmen. Mit seinem bekanntesten, autobiographisch angelegten Roman *Los ríos profundos* (1958), dem 1964 publizierten *Todas las sangres* und dem Fragment gebliebenen *El zorro de arriba y el zorro de abajo* (postum 1971) überschreitet ARGUEDAS die regionalen Kulturkonflikte hin zur nationalen

Problematik. ARGUEDAS schreibt Lyrik in Quechua und überträgt sie selbst ins Spanische. Außerdem sammelt, kommentiert und publiziert er zahlreiche Legenden und Mythen. Die literarischen wie wissenschaftlichen Aktivitäten des Peruaners lassen sich nicht einem rückwärts gewandten Traditionalismus zurechnen. Akkulturationsprozesse, wie sie sich im Zustrom indigener Bevölkerungsgruppen an die Küste (Lima und Industriezentren) zeigen, rücken im Spätwerk immer mehr in den Mittelpunkt. Wiederum ist es das Projekt eines auch indigen geprägten Peru, das in *El zorro de arriba und el zorro de abajo* aus einer magisch-realistischen Sicht problematisiert wird.

Sprache

ARGUEDAS kommentiert auf dem Schriftstellertreffen 1965 in Arequipa, dass er, als er zu schreiben begann, keine Ahnung davon hatte, „que había técnicas para escribir". Seine Aufmerksamkeit gilt auch später nicht raffinierten Erzähltechniken oder metaliterarischen Ebenen im Text. Insofern trägt er bestimmte Charakteristika der *Nueva Novela* nicht mit. Dennoch wird er zwangsläufig mit einem ‚technischen Problem' konfrontiert: Die Sprache der indigenen Bevölkerung ist Quechua. Der Leserkreis, dem ARGUEDAS die Kultur seiner Kindheit nahe bringen will, spricht Spanisch. Um indigenes Denken und magische Wirklichkeitsaneignung ohne Verlust zu vermitteln, müsste ARGUEDAS in Quechua schreiben; dann aber fänden seine Bücher kaum Leser.

Indigenistische Autoren wiederum enstammen nicht den indigenen Gemeinden, sie nehmen deren Kultur „von außen" wahr und sehen die Indios als Sprecher eines rudimentären und fehlerhaften Spanisch. Diese Sprachmängel werden dann als charakteristische Eigenschaft in den Indiofiguren literarisiert.

Um solchen und anderen Verzerrungen indigener Kultur im literarischen Text zu entgehen und gleichzeitig dem spanischen Kulturkreis verständlich zu bleiben, erfindet ARGUEDAS eine neue, eine Kunstsprache, die die kulturelle Übertragung leisten soll. In frühen Texten integriert er vor allem längere Quechua-Sequenzen, in den späteren Romanen sind es oft der Klang eines Wortes und die von ihm ausgelösten (teils magischen) Assoziationen, die eine spezifische Atmosphäre hervorrufen. Außerdem bezieht ARGUEDAS Liedtexte in die Handlung ein und vermittelt in Passagen ethnologisches Wissen, um die Dimension bestimmter Aussagen deutlich zu machen. Die Worterklärungen dienen so der Vermittlung einer anderen Weltsicht und eines differenten Kategorien- oder Ordnungssystems. Gleichzeitig wird die Sprache zum magischen Objekt, dessen Klang Dinge heraufbeschwören oder assoziieren kann. Am deutlichsten zeigt sich dies in *Los ríos profundos*, einem Roman, in dem die eindringliche Auseinandersetzung mit den Namen von Dingen und Personen die Wahrnehmung und das Denken des Protagonisten steuern:

Se llama amank'ay una flor silvestre, de color amarilla, y awankay al balanceo de las grandes aves. Awankay es volar planeando, mirando la profundidad. ¡Abancay! Debió de ser un pueblo perdido entre bosques de pisonayes y de árboles desconocidos, en un valle de maizales inmensos que llegaban hasta el río.

Ernesto, ein Kind, begleitet seinen Vater auf seinen Reisen durch das Hochland und wird nach einem Besuch in Cuzco schließlich im Colegio in Abancay zurückgelassen. Die Brutalität der Schüler in den Mauern des Colegio kontrastiert mit dem Freiraum außerhalb der Schule. Ernesto flüchtet sich oft nach draußen in die Natur, um vermittels magischer Botschaften Kontakt mit seinem Vater aufzunehmen. Vergeblich sucht er Kontakt zu den Indios, die hier nicht in freies Land besitzenden *comunidades*, sondern als abhängige *colonos* einer Hacienda leben und demzufolge über keine kulturell selbstbewusste Persönlichkeit verfügen. Als in Abancay ein Aufstand wegen der Salzknappheit ausbricht, verfolgt Ernesto das Geschehen begeistert auf der Seite der Aufbegehrenden. Am Ende des Romans erzwingen Indiogemeinden in der Kirche des Ortes eine Messe gegen eine grassierende Typhusepidemie; diesmal überwinden sie das Militär, setzen ihre Forderung durch und stellen so ihre Kraft unter Beweis. Auch Ernesto gelingt es, seine Isolation zu durchbrechen. Er findet Freunde und verlässt schließlich Abancay.

Los ríos profundos

3 Gesellschaftliche Integration im Spätwerk

ARGUEDAS erkennt und verfolgt sehr genau die Migrationsprozesse zwischen Hochland und Küste ab der Mitte des 20. Jahrhunderts. Aufstände, Landbesetzungen, aber auch die Etablierung kultureller Zentren der *indígenas* in Lima bzw. anderen Küstenstädten lassen ihn auf ein gesellschaftliches Miteinander in Peru hoffen. Die soziokulturellen Veränderungen gehen mit Modernisierungsschüben einher, die der Autor in seinem umfangreichsten Roman *Todas las sangres* (1964) zur Sprache bringt. Don Fermín, ein Bergwerksbesitzer und engagierter Unternehmer, und Don Bruno, feudaler Großgrundbesitzer, sind Brüder und Todfeinde. Fermín will die Andenregion wirtschaftlich entwickeln, Bruno die patriarchalen Strukturen bewahren. Zwischen beiden steht Rendón Willka, ein gebildeter von der Küste zurückgekehrter Indio, der nicht nur zu vermitteln sucht, sondern zugleich die indigene Bevölkerung als eine wichtige gesellschaftliche Kraft des Landes repräsentiert. Während Brunos Rachefeldzüge gegen seinen Bruder scheitern, wird dieser in seinen Machtansprüchen von Agenten eines nordamerikanischen Konsortiums in die Schranken gewiesen. Am

Hochland und Küste

Ende des Romans besetzen *comuneros*, Angehörige freier Indio-*comunidades*, die Ländereien des verhafteten Don Bruno, um die Felder zu bewirtschaften und nicht brach liegen zu lassen. Nicht nur die Umkehrung des klassischen indigenistischen Motivs des *despojo* (Vertreibung der Indios von ihren Ländereien) fällt ins Auge: An die Stelle gewaltsamer Zerstörung setzt ARGUEDAS die gemeinschaftliche Arbeit. Anstatt Machtgier und -missbrauch in den Vordergrund zu rücken, betont er die Möglichkeit eines harmonischen Zusammenwirkens und einer Ordnung, die er in indigenen *comunidades* gewährleistet sieht. Die Chance hieran teilzuhaben, sieht der Schriftsteller auch in Figuren wie Fermín oder Bruno, die dem Manichäismus von gut und böse entgehen. Bruno passt in das indigenistische Schema des tyrannischen Ausbeuters ebenso wenig wie Fermín. ARGUEDAS beobachtet genau die gesellschaftlichen Polarisierungen in den 60er Jahren, dennoch vertraut er den integrativen Kräften und letztendlich den konstruktiven Fähigkeiten und Bedürfnissen der Menschen.

Literatur als Therapie

Faszination und Fassungslosigkeit empfindet ARGUEDAS angesichts urbaner Entwicklungen. Die Küstenstadt Chimbote – „la ciudad que menos entiendo y más me entusiasma" – entsteht praktisch über Nacht auf der Basis der boomenden Fischmehlindustrie. Im Romanfragment *El zorro de arriba y el zorro de abajo* (1971) versucht ARGUEDAS diesen brodelnden Tiegel mit den mythischen Perspektiven des Fuchses aus dem Hochland *(zorro de arriba)* und dem Fuchs von der Küste *(zorro de abajo)* zu ordnen. Den Erzählstrang unterbrechen Tagebucheinträge, in denen sich der Autor mit seiner Lebenskrise, lateinamerikanischen Autoren und Fragen wie Kosmopolitismus oder (kritisierter) Professionalität des Schriftstellers auseinandersetzt. Der Autor überträgt den Figuren der Chimbote-Handlung die Bewältigung der Wirklichkeit, zu der er sich selbst schließlich außerstande sieht. Der therapeutische Anspruch, „recuperar el roto vínculo con todas las cosas" scheitert letztendlich. Der *yawar mayu* (bedeutet: Fluss aus Blut), ein die Erzählungen und Romane durchziehendes Motiv der Stärke und Intensität indigener Lebenserfahrung, versagt angesichts der dispersen Realität der Stadt und des nachlassenden Lebenswillens des Autors.

Literatur

Castro Klaren (1973); Cornejo Polar (1973); Forgues (1989); Kemper Columbus (1986); Lienhard (1982); Muñoz (1987); Rowe (1979).

5 Julio Cortázar (1914–1984, Argentinien)

1 Ein Autor der Moderne und Wegbereiter der Postmoderne

Julio CORTÁZAR steht – ähnlich wie sein Landsmann → Jorge Luis BORGES – zwischen Moderne und Postmoderne und zwischen Argentinien und Europa. 1916 in Brüssel als Kind argentinischer Eltern geboren, wächst CORTÁZAR in einem ärmlichen Vorort von Buenos Aires auf. Sein Studium der Philologie bricht er aus Geldmangel ab und arbeitet als Lehrer an verschiedenen Schulen. Schließlich erhält er 1944 eine Professur für französische Literatur an der kleinen Universität in Cuyo, die er bald darauf aus Protest gegen den popularistischen Präsidenten PERÓN aufgibt. Nach ersten literarischen Publikationen (u. a. in BORGES' Zeitschrift *Sur*) und theoretischen Arbeiten (über die franz. Avantgarde und den Surrealismus, dem er viele Anregungen verdankt), geht CORTÁZAR Anfang der 50er Jahre nach Paris, wo er nicht nur die Existentialisten CAMUS und SARTRE, sondern auch den strukturalistischen Ethnologen LÉVI-STRAUSS und die Vertreter der intellektuellen Neoavantgarde kennen lernt. Solche Einflüsse treten zu den heimischen amerikanischen Vorbildern (darunter vor allem BORGES, Roberto ARLT, Adolfo BIOY CASARES und der uruguayische Avantgardist Felisberto HERNÁNDEZ); diese stellen sein Denken und Schreiben sehr deutlich in den Kontext der Reflexion der eigenen *argentinidad*.

Zwischen Amerika und Europa

Dennoch behält der Argentinier bis zu seinem Tod 1984 seinen Wohnsitz in Paris; er arbeitet u. a. als Übersetzer für die UNESCO. Die Welt der Seine-Metropole und ihr Mythos prägen entscheidend sein Werk.

Politisch fühlt sich CORTÁZAR als Apologet des Sozialismus stets dem linken Spektrum zugehörig; er unterstützt die Emanzipationsversuche der sog. Dritten Welt ebenso wie die kubanische Revolution Fidel CASTROS. Sein politischstes Buch ist *Libro de Manuel* (1973), in dem das Thema der Folter in Südamerika, besonders in Argentinien, sich mit stark zeitgeistigen Themen der 70er Jahre (sexuelle Freizügigkeit usw.) verbindet. Doch stets integriert CORTÁZAR in seine (undogmatische) Weltkonzeption auch jene spezielle ‚Fantastik', die sich der Kraft eines ‚Mythos' stets bewusst ist, der jedem ‚Logos' widerspricht.

Politische Position

Obwohl einige der Erzählbände CORTÁZARS primär durch ihre spielerische Grazie auffallen, ist seine Erzählweise niemals einfach. Der Wille zu ästhetischer Perfektion, der Sinn für entlegene Themen und idiosynkratische Weltmodelle sowie die hohe narrative Stringenz bewirken oft eine Sperrigkeit des Erzählens, welche

Ein schwieriger Erzähler

einen Teil der Leserschaft fasziniert, einen anderen abstößt (und Übersetzer vor schier unlösbare Probleme stellt[9]). Schon seit dem „dramatischen Gedicht" *Los Reyes* (1949) mit seinen zahlreichen Anspielungen auf die griechische Mythologie ist sein Werk stark intertextuell angelegt.

2 Cortázar als Erzähler und Romancier

Bandbreite des Schreibens

CORTÁZARS vielschichtiges Werk umfasst die verschiedensten Gattungen: Erzählungen, Romane, Theaterstücke, Drehbücher, Lyrik. Ein Band mit Sonetten erscheint 1940 unter dem Titel *Presencia*. Neben politischen Aufsätzen und Kritiken verfasst er literaturkritische Essays, darunter die Sammlung *La vuelta al día en ochenta mundos* (1967). Die Kreationen CORTÁZARS sprengen oft die Genregrenzen, etwa *Último round* (1969), das man als literarische Collage zu bezeichnen pflegt. Seinen Ruhm jedoch verdankt er den zwei literarischen Formen, in denen er Bahnbrechendes geleistet hat: der Erzählung und dem Roman. Diese beiden Formen sollen deshalb näher in den Blick genommen werden.

Fantastische Erzählungen

In seinen Kurzgeschichten führt er die in Argentinien so lebendige Tradition des Fantastischen fort, gibt ihr aber eine ganz neue Richtung, hin zu einer existentiellen Reflexion menschlicher Befindlichkeit. Durch Verfahren der Ent- und Verfremdung hebt er die Grundsätze einer machtgläubigen und vermeintlich rationalen Gesellschaft aus den Angeln; psychische Faktoren – Obsessionen, Ängste, Bedrohungen – treten in die Kraftfelder einer magischen Wirklichkeit. Eine versöhnliche Auflösung der Plots ist nicht ausgeschlossen, aber doch auch keineswegs garantiert. Themen wie Einsamkeit und Kommunikationslosigkeit tauchen von Beginn an auf, so schon in dem Erzählband *Bestiario* (1951), wo (in der Novelle „Cefalea") eine mythische Irrationalität in Form der „mancuspias", so genannter Monster des Unbewussten, hereinbricht.

Auch in *Final del juego* (1956) wird die schreckliche Absurdität der Wirklichkeit thematisiert und durch die besondere Verwendung umgangssprachlicher Floskeln ironisch gebrochen.

---

9 So bemerkt Rudolf Wittkopf, der – neben Fritz Rudolf Fries – große Teile des CORTÁZARschen Œuvre ins Deutsche übersetzt hat, in einer „Anmerkung des Übersetzers" in der dt. Ausgabe von *Ein gewisser Julius*: „Die in der Originalausgabe enthaltenen Texte *Lucas, sus clases de español* und *Lucas, sus sonetos* sowie ein Kurztext unter dem Titel *Vidas de artistos* (sic) konnten aus Respekt vor ihrer Unübersetzbarkeit hier leider nicht aufgenommen werden." (*Ein gewisser Julius*. Frankfurt/Main: Suhrkamp-Verlag 1987, o. S.)

Die Geschichten des Bandes *Las armas secretas* (1959) loten die Grenzen jedweden Realismus' aus. Sie verwerfen alle positivistischen, wissenschaftlichen oder selbst ‚vernünftigen' Denkfiguren und verdeutlichen, dass nur der unerschöpfliche Fundus der imaginativen Kreativität die alltäglichen Obsessionen abzubauen helfen kann. Auf einer der Erzählungen dieses Bandes, *Las babas del diablo*, basiert das Drehbuch zu *Blow up*, ANTONIONIS Kultfilm der 60er Jahre, einem der herausragendsten Beispiele der Filmästhetik der *beat generation*.

So originell und humorvoll wie die Knetmännchen heutiger Fernsehprogramme, doch unendlich hintergründiger sind die Scharen „kleiner grüner Wesen", welche die *Historias de cronopios y de famas* (1962) bevölkern. Die (oft nur eine halbe Seite kurzen) aphoristischen Geschichten nehmen die alltäglichen Verrichtungen des Menschen aufs Korn. Im letzten Teil geschieht dies mit Hilfe von drei Gruppen offensichtlich außerirdischer Miniwesen: Den klebrigen, doch kreativen und fröhlich-grünen *cronopios* stehen die passiven *esperanzas* gegenüber, und letztlich gibt es noch die schwer einzuschätzenden *famas*. Sprachlich kommt den aus Transformationen der Alltagssprache gewonnenen Neologismen dabei eine spezifische innovative Bedeutung zu. Die ‚allegorische' Funktion der Figuren schlägt nie in platte Didaktik um, sondern unterstreicht die spielerische Dimension des CORTÁZARschen Schreibens auf besonders witzige Art; sie wird sich in dem ein Jahr später erschienenen Roman *Rayuela* zu dem Prinzip einer innovativen Romanpoetik verdichten. – Die kuriosen Erlebnisse eines dieser außerirdischen *cronopios* (namens Lucas) verfolgt der Erzähler in den kurzen Texten der Sammlung *Un tal Lucas* (1979).

Geschichten von kleinen grünen Männchen

Der Band *Todos los fuegos el fuego* (1966) versammelt Kurzgeschichten, in denen die Komplexität des modernen Lebens im Zentrum steht. Ausweglose und angstbesetzte Konflikte des Menschen werden detailliert analysiert. In der bekannten Geschichte *La autopista del sur* etwa entwickelt sich die Fantastik aus der höchst realen Situation eines Autostaus auf einer Autobahn vor Paris heraus. Mehrere Monate verbleiben die Menschen im Stau, stellen sich auf ihn ein, lernen es, sich mit ihm bis zum möglichen Tod zu arrangieren, und sind dann letztlich vollkommen hilflos, als der Stau sich unerwartet auflöst.

Absurdes Leben

CORTÁZARS Romanerstling *Los premios* (1960) wird strukturiert durch das Motiv der Reise. Eine für das Argentinien jener Jahre repräsentative Mischung von Menschen verschiedener sozialer Herkunft trifft in einem Café zusammen; es sind die fröhlichen Gewinner einer Kreuzfahrt, die allerdings in ihrem Verlauf zunehmend traumatische Züge annimmt: Das Schiff scheint ohne

Ein erster Roman

Führungsmannschaft zu fahren, die Matrosen reden in rätselhaften Sprachen, ein Teil des labyrinthischen Dampfers ist angeblich wegen einer ausgebrochenen Krankheit gesperrt. Die Bedrohlichkeit des Erlebten verkehrt die Seereise in eine Reise der Menschen in ihr Inneres, in die Konfrontation mit Vergangenem, Verdrängtem und Befürchtetem. Die Passagiere werden zwar am Ende nach einer abenteuerlichen Aktion durch Wasserflugzeuge gerettet, doch wird ihnen (und dem Leser) eine rationale Aufklärung verweigert.

Rayuela: ein Höhepunkt

Eine kohärente Geschichte im Sinne von *Los premios* fehlt *Rayuela* (1963), jenem Roman, der den Ruf des Autors als Erneuerer des Romandiskurses nicht nur in Lateinamerika begründet. *Rayuela* kombiniert seine (nicht mehr eindeutig abgeschlossene) Geschichte mit essayistischen Passagen und einer massiven Ebene metaliterarischer Reflexion. Diese Zerrissenheit erfordert einen engagierten, wachen Leser, einen *lector cómplice* (vgl. das Kapitel 79 des Romans), der sich den Herausforderungen dieser Textur stellt. Vor dem Anfang des Romantexts bereits wird dem Leser eine „alternative Lektüre" vorgeschlagen. Gemäß einem „Tablero de dirección", einer einleitenden ‚Gebrauchsanweisung', wird es ihm freigestellt, entweder den Roman kursorisch vom Anfang zum Ende hin zu lesen, oder aber wie in einem Hüpfspiel („Rayuela") nach den Anweisungen zwischen den Kapiteln zu springen.

Insgesamt teilt sich *Rayuela* in drei große Abschnitte: „Del lado de allá" („Vom anderen Ufer", Kap. 1 bis 36), „Del lado de acá" („Vom hiesigen Ufer", Kap. 37 bis 56) und „De otros lados (Capítulos prescindibles)" („Von anderen Ufern [Kapitel, die man getrost beiseite lassen kann]", Kap. 57 bis 155).

Paris im Roman

Der erste Teil führt den Leser in das Paris der fünfziger Jahre, wo der Exilargentinier Horacio Oliveira das Leben der existentialistischen Bohème teilt und nächtelang mit den Südamerikanern des „Club de la Serpiente" über alles palavert, – über Tod und Leben, Jazz und Literatur, Politik und Buddhismus. Vom Zufall gelenkt, trifft Horacio an den mythischen Orten der Seine-Metropole seine Geliebte, die urwüchsig-weibliche Uruguayerin La Maga, und beide konstruieren sich ‚ihr' Paris als subjektive Neuauflage des mächtigen Mythos dieser Stadt. Als die Polizei Oliveira dabei erwischt, wie er mit einer *clocharde* ‚öffentliches Ärgernis' betreibt, wird er ausgewiesen.

Südamerika

Der zweite Abschnitt verlegt den Ort des Geschehens nach Südamerika, das – im Urteil der Überschriften der Teile – die zentrale Perspektive des „lado de acá" liefert, obwohl die Handlung hier noch rätselhafter und fragmentarisierter erscheint als zu Beginn. Die Suche Oliveiras nach der Maga in Montevideo bleibt ergebnislos, stattdessen lässt er sich in Buenos Aires mit einer spießigen Frau namens Gekrepten ein. Weder sie noch sein Jugendfreund (bzw. Doppelgänger), der Argentinien nie verließ (und ironischerweise Traveler heißt) samt Partnerin Talita können Horacio im Prozess der Sinnsuche entscheidend behilflich sein, auch wenn sie ihm eine Arbeit in dem Zirkus vermitteln, in dem sie beide tätig sind. Als der Zirkusdirektor umsattelt und eine Irrenanstalt erwirbt, begleitet ihn Oliveira auch dorthin, und im Diskurs durchdringen sich zunehmend Wahn und (vermeintliche?) Realität, so dass der Schluss – Horacio schaut aus dem Fenster auf das Feld des aufgemalten Hüpfkastenspiels im Hof – völlig offen bleibt.

Den umfangreichsten Teil stellen nun jene angeblich „entbehrlichen" Kapitel des dritten Teils dar, in denen alle möglichen Textsorten von der Zeitungsmeldung bis zur philosophisch/naturwissenschaftlichen Reflexion, vom Werbetext bis zu Dialogfetzen zusammentreten. Eine durchgängige Linie liefern die literaturtheoretischen Überlegungen des Schriftstellers Morelli, eines *alter ego* des Erzählers. Im 62. Kapitel plant Morelli ein ‚totales' Buch, eine „Chemotherapie des Denkens" über das, was altmodisch ‚Psychologie' des Menschen heißt. Morelli schreibt dieses Werk nicht, doch greift CORTÁZAR dies in einem späteren Roman auf und spielt im Titel auf dieses Kapitel an (*62. Modelo para armar*, 1968).

‚Entbehr-liche' Kapitel

Rayuela zitiert nicht nur den Diskurs des zeitgenössischen Existentialismus, sondern nimmt Anteil an dem großen Projekt einer (wenn auch höchst problematischen, erfolglosen) Sinnsuche, die noch einmal mit der literarischen Moderne verbunden ist. Schreiben und Lesen sind für Morelli, für CORTÁZAR, für die Leser Akte gegen die Sinnlosigkeit, und zugleich Artikulationen eines unhintergehbaren Unbehagens an Kultur. Somit haben Kritiker gute Gründe, in der spielerischen Gestaltung des Diskurses sowie in der existentiellen Thematik Züge der klassischen Modernität festzustellen. Andere indes interpretieren *Rayuela* als „novela del metadiscurso, de la intertextualidad, deconstrucción e introspección" (A. de Toro) und damit als konsequent postmodern. Dafür spricht (neben der Dichte und der Auswahl der Intertexte wie MUSIL, JOYCE) vor allem der Gestus des postmodernen Sinnverlusts. Die ringend gewonnene Artikulation dieser Sinnproblematik und deren Übersetzung in einen radikalen Experimentaldiskurs machen *Rayuela* zur ‚Synthese der *nueva novela hispanoamericana*' (K. Garscha) und zum Vorbild einer ganzen Generation von „Erben *Rayuelas*", bewusst experimentell arbeitender Autoren der Hochzeit des sog. Boom (wie G. CABRERA INFANTE mit *Tres tristes tigres*, 1967).

Literarischer Text und Sinn

Berg (1991) Garscha (1994); Ingenschay (1997); Lagmanovich (1975); Niepolt (1994); A. de Toro (1991).

Literatur

6 Juan Rulfo (1918–1986, Mexiko)

1 Zwischen Jalisco und der Welt

Leben

Juan RULFO wird in San Gabriel in Jalisco, einem der nördlichen Zentralstaaten Mexikos, geboren. Während des gegen die Kirchenpolitik der Regierung ausbrechenden gegenrevolutionären *cristero*-Aufstandes büßt die Familie ihren Besitz ein; RULFO verliert in den Unruhen 1926 den Vater. 1932 stirbt die Mutter. Einige Jahre bleibt RULFO in einem Waisenhaus in Guadalajara, dann geht er nach Mexiko-Stadt. Nach einem frühzeitig abgebrochenen Jurastudium arbeitet er in verschiedenen Berufen und bereist als Angestellter der Einwanderungsbehörde ganz Mexiko. Ab 1962 ist er in leitender Funktion am Instituto Nacional Indigenista tätig. Sein literarisches Werk wird mit mehreren Preisen ausgezeichnet. Zahlreiche Reisen führen ihn nach Südamerika, Asien und Europa.

Werk

Dem Umfang nach ist das Werk des Mexikaners als eher ‚schmal' zu bezeichnen. Der Erzählungsband *El llano en llamas* erscheint 1953. 1955 wird *Pedro Páramo* publiziert und bald (ebenso wie die Erzählungen) in zahlreiche Sprachen übersetzt. Dieser (auch verfilmte) Roman eröffnet die Ära der weltliterarischen Wirkung lateinam. Literatur. 1980 veröffentlicht RULFO das Filmdrehbuch *El gallo de oro y otros textos para cine*. Das Romanprojekt mit dem Titel *La cordillera* gibt der Autor eigenen Aussagen zufolge auf, weil „los personajes no me funcionaban, eran demasiado acartonados, les faltaba vida."[10]

Einordnung

Die Präsenz von (scheinbar) irrealen, zeitlos anmutenden Erzählsituationen innerhalb eines realistischen und natürlichen Handlungskontexts hat die Zuordnung des Romans *Pedro Páramo* zum → Magischen Realismus begründet. (Borsò 1994:218) RULFO gilt als Formbildner der *Nueva Novela Hispanoamericana*. Viele Autoren, u. a. → GARCÍA MÁRQUEZ, betonen den großen Einfluss der Schreibweise des Mexikaners auf den eigenen Stil. RULFOS Roman *Pedro Páramo* wie auch seine Erzählungen rechnet man nicht dem → mexikanischen Revolutionsroman zu; sie sind aber geprägt vom nachrevolutionären Desillusionierungsprozess in Mexiko. Die Texte RULFOS erfassen insbesondere die Mentalität der mexikanischen Landbevölkerung und werden nicht selten in Verbindung mit der Essaysammlung *El laberinto de la soledad* (1950) von Octavio PAZ gelesen. Tatsächlich üben die genannten Essays und

---

10 Juan E. González (1981): „Entrevista con Juan Rulfo." In: *Revista de Occidente* 9, S.113.

RULFOS Werk in gewisser Weise eine die gegenseitige Interpretation stützende Funktion aus.

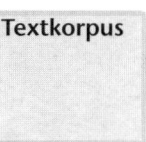

2 El llano en llamas

17 Erzählungen[11] sind in dem Erzählungsband vereint. Die Geschichten von wenigen Seiten Umfang sind im Ambiente des mexikanischen Dorfes bzw. der ländlichen Region (im südlichen Jalisco) angesiedelt und weisen thematische ‚Verwandtschaften' sowie stilistische und strukturelle Gemeinsamkeiten auf.

Textkorpus

Armut („Es que somos muy pobres") und Allgegenwart des Todes („¡Diles que no me maten!", „No oyes ladrar los perros"), Monotonie der Lebensabläufe („Luvina") und archaisches Gewohnheitsrecht (z. B. Blutrache in „El hombre"), das Versagen staatlicher Institutionen („Nos han dado la tierra", „El día del derrumbe") und kirchliche Doppelmoral („Anacleto Morones", „Macario") sowie Schuldkomplexe („Talpa") sind Komponenten eines unausweichlichen Schicksals der Protagonisten. Diese rekonstruieren das Geschehen, versuchen sich zu erinnern und reflektieren emotionslos ihre unabänderliche Situation oder aber wehren sich vergeblich gegen das Verhängnis („¡Diles que no me maten!"). In „El hombre" bindet eine doppelte Blutrache die Figuren des Verfolgers und des Verfolgten. Zeit- und Handlungsebenen sind so miteinander verknüpft, dass auch diese sich zu ‚verfolgen' scheinen, was letztlich zur Verwischung der Identitäten beider Figuren führt.

Themen

Einige Erzählungen sind historisch eingrenzbar auf die mexikanische Revolution („El llano en llamas") bzw. die Zeit unmittelbar danach (Zeit der *cristero*-Aufstände in „La noche que lo dejaron solo"). Auffällig ist die starke satirische Note in „El día del derrumbe": Nach einem schweren Erdbeben ‚fällt' der rhetorisch zu Hilfe eilende Gouverneur als eigentliche Katastrophe im Dorf ‚ein'; seine Beköstigung und die nachfolgende Schlägerei verursachen offensichtlich größere Schäden als die fast vergessene Naturkatastrophe, an die sich die beiden Erzählfiguren nur mühsam erinnern.

Räumliche und zeitliche Koordinaten sind oftmals nur vage beschrieben und verweigern so den Texten die Fixpunkte eines konkreten, klar abgesteckten Handlungsablaufes. ‚Plötzlich' scheint die Erzählung zu beginnen, weil eine Stimme zu reden

---

11 Seit 1970 sind, dem Wunsch des Autors entsprechend, die Erzählungen „La herencia de Matilde Arcángel" und „El día del derrumbe" mit in die Sammlung *El llano en llamas* aufgenommen. In einigen Editionen fehlt „Paso del Norte".

anfängt (vgl. „Acuérdate", „Paso del norte"). Latent oder offensichtlich wird Erinnerungsarbeit geleistet; auffällig sind die zahlreichen Vergewisserungsstrategien, Aufforderungen (*¡Acuérdate!, debes acordarte, me acuerdo bien* usw.) Wiederholungen, Rückfragen. Das Gedächtnis gerät so zum übergreifenden ‚Protagonisten': Es lenkt die Rekonstruktion von Ereignissen, Kritik, Schuldverarbeitung, Gewissenskonflikten etc. und bringt die marginalisierte, vom schriftlichen Diskurs ausgeschlossene mexikanische Landbevölkerung ‚zur Sprache'. Damit erfüllt RULFOS mündlicher Stil eine geschichts- und sozialkritische Funktion. Viele narrative Elemente und Motive der Erzählungen finden sich im Roman *Pedro Páramo* wieder.

3 Pedro Páramo

Allá abajo

Pensaba en ti, Susana. En las lomas verdes. Cuando volábamos papalotes en la época del aire. Oímos allá abajo el rumor viviente del pueblos mientras estábamos encima de él, arriba de la loma, en tanto se nos iba el hilo de cáñamo arrastrado por el viento. ‚Ayúdame, Susana.' Y unas manos suaves se apretaban a nuestras manos. ‚Suelta más hilo.'
„El aire nos hacía reír; juntaba la mirada de nuestros ojos, mientras el hilo corría entre los dedos detrás del viento, hasta que se rompía con un leve crujido como si hubiera sido trozado por las alas de algún pájaro. Y allá arriba, el pájaro de papel caía en maromas arrastrando su cola de hilacho, perdiéndose en el verdor de la tierra."
„Tus labios estaban mojados como si los hubiera besado el rocío."

Handlung

Juan Preciado kehrt nach Comala zurück, um den letzten Wunsch der Mutter zu erfüllen, nämlich vom Vater Landbesitz zurückzufordern. Comala aber erweist sich als ein Dorf der Toten, in dem auch Juan Preciado stirbt. Etwa in der Mitte des Romans wechselt die Perspektive vollständig: das bisher Erzählte und der weitere ‚Handlungsverlauf' erscheinen aus der Perspektive des toten Juan, dessen Stimme (wie auch die der anderen Toten) aus dem Grab heraus spricht, fragt, kommentiert. Der leibliche Vater Juan Preciados ist Pedro Páramo. Durch eine ebenso geschickte wie rücksichtslose Strategie entledigt er sich aller Schulden (und revolutionsbedingten Konflikte) und steigt zum mächtigen Grundbesitzer und Kaziken der Region auf. Doch die gewonnene Macht versagt angesichts seiner größten Sehnsucht: Die Liebe zu Susana San Juan bleibt unerfüllt. Nach dem Tod ihres geliebten Florencio verschließt sich Susana San Juan; im Dorf gilt sie als verrückt. Zwar gelingt es Pedro Páramo, sie (wiederum dank brutaler Intrigen) auf sein Gut Media Luna zu holen, doch dort fällt Susana San Juan bald in Agonie und stirbt. In seiner Trauer lässt Pedro Páramo Tag und Nacht die Glocken läuten; dies wird in der Region als Einladung zum Fest missverstanden. Wütend weiht Pedro Páramo in einem letzten Aufbegehren der Macht Comala dem Untergang, bevor er selbst untergeht[12] und ‚verfällt': „Dio un golpe seco contra la tierra y se fue desmoronando como si fuera un montón de piedras."[13]

Die Handlung des Romans ist als kohärente Geschichte nicht erzählbar. *Pedro Páramo* setzt sich aus 70 Textsegmenten zusammen, die teils nur wenige Zeilen, teils einige Seiten umfassen. Der rekonstruierbare Zusammenhang konkurriert mit der prononcierten ‚Unabhängigkeit' einzelner Passagen oder Stimmen. Eine Vielfalt oftmals schwer oder nicht zuzuordender Stimmen konstituiert den Text, in dem sich Gegenwart und Vergangenheit, Lebendige und Tote, Erinnerung und atmosphärische Stimmungen beständig überlagern. Juan Preciado, Pedro Páramo und Susana San Juan erfüllen jeweils protagonistische Funktionen im Roman, der darüber hinaus von den Stimmen der (toten) Dorfbewohner bevölkert ist. Juan Preciados Suche nach Erkenntnis der Vergangenheit, Pedro Páramos unerfülltes Begehren und Susana San Juans allmähliches „desvivirse" im Wahnsinn bilden leitmotivische Grundfiguren des Textes.

Struktur

Die Suche Juan Preciados nach dem Vater verkörpert die Suche nach Erkenntnis des Vergangenen, das sich nur bruchstückhaft erschließt. Auf seiner Reise durch das Totenreich werden die Stimmen der Dorfbewohner zu Führern durch das Jenseits, ebenso wie Juan Preciados Erfahrungen den Leser durch den Roman ‚führen'. Daraus resultiert der Vergleich des Romans mit Handlungsteilen und Struktursegmenten der *Divina Commedia* von DANTE und mit der Tradition der Totengespräche (LUKIAN) aus antiker Zeit. Ebenso sind biblische Motive (verlorenes Paradies, Inzest, Seelen im Fegefeuer u. a.) präsent. → Carlos FUENTES hat für *Pedro Páramo* auf das Konglomerat griechisch-universaler Mythologeme (Odysseus, Telemachos, Ödipus u. a.), ihre Vermischung mit indigenen magischen Vorstellungen und die aus der schöpferischen Veränderung der Mythen resultierende Modernität des Romans aufmerksam gemacht. Die zahlreichen Analogien und weltliterarischen wie mythologischen Bezüge fügen sich indessen nicht zu einem festen

Motive und Intertexte

---

12 Pedro Páramo wird offenbar von dem sturzbetrunkenen Abundio Martínez, dem er finanzielle Unterstützung für die schwerkranke Frau verweigert, niedergestochen. In der Erzählperspektive aber stellt sich sein Ende gleichzeitig als allmählicher Verfall dar: „Estaba acostumbrado a ver morir cada día alguno de sus pedazos." (Juan RULFO, [8]1992: *Pedro Páramo*. Madrid. Cátedra, S.193)
13 Ibid. 195.

Interpretationsschema unter der „Oberfläche" des Textes.[14] Vielmehr werden auch diese Motive zu weiteren ‚Stimmen' neben den anderen.

Stimme und Schrift

Den Roman erfüllt eine Spannung zwischen dem Medium der Schriftlichkeit einerseits und dem narrativen Stimmen‚gewirr' andererseits: Die Dialoge, monologischen Fantasien, Seufzer und *murmullos* formieren einen Diskurs der Mündlichkeit.[15] So tauchen z. B. im Verlauf einer in dritter Person erzählten Sequenz plötzlich Stimmen auf, die sich nicht gleich bestimmten Figuren zuordnen lassen. Dies produziert – während der Lektüre des Textes – das Gefühl, auf die Stimmen *hören* zu müssen. Die Interpolationen werden erst durch die regelmäßige Wiederholung typographischer Konstanten erkennbar: Juan Preciados durch die Mutter vermittelte Erinnerungen sind immer kursiv gesetzt, die Erinnerungen Pedro Páramos an Susana San Juan erscheinen in Anführungszeichen usw.; hinzu kommen aber reine Monolog- bzw. Dialogsegmente ohne jede Interpunktion. Deren „nicht feststellbarer Ursprung lässt sie wie Echos erscheinen" (Borsò 1994:231). Gleichzeitig lenken zahlreiche ‚Pausen', auf Rede und Gegenrede reduzierte Dialoge und die nur von Dauerregen oder brütender Hitze begleitete Stille die Aufmerksamkeit auf die Stimmen. Während Kommentare, Fragen, Antworten und Befehle in den Dialogen auf minimale Äußerungen reduziert werden, relativiert sich die sprachliche Kargheit etwas in den monologischen Erinnerungen und Traumfantasien (z. B. von Juan Preciados Mutter, in Pedro Páramos Erinnerungen an die Kindheit oder in Susanas Tagtraumerinnerungen an Florencio). In diesen Monologen aber bleiben die Figuren/Stimmen auf sich selbst begrenzt, d. h. sie kommunizieren nicht mit anderen Figuren, von denen sie wiederum nur gehört werden. Dadurch kommt die Einsamkeit als quasi atmosphärische Größe zur Geltung. Unter dem archaisch-ländlichen Sprachmodus verbirgt sich ein komplexes Geflecht von Erzähltechniken, D. K. Gordon spricht von der paradoxalen *complejidad sencilla* der Sprache (bei Borsò 1994:241). Die auf den ‚Stimmen' (der Bevölkerung Comalas) basierende Geschichte kann auch als soziales und moralisches Gedächtnis gelesen wer-

---

14 Vgl. hierzu U. Link-Heer: „Juan Rulfo: Pedro Páramo." In: Roloff/Wentzlaff Eggebert (1992, Bd.1), 266–278. In der Namenssymbolik von Pedro (klanglich nahe zu piedra = Stein) und Páramo (Ödland) spiegelt sich sowohl das Schicksal des Kaziken als auch das des Ortes Comala, der ebenfalls symbolisch aufgeladen ist. Mit Comala wird im mexikanischen Wortschatz (aztekischen Ursprungs) eine Tonschale bezeichnet, in der man Mais röstet, Tortillas bäckt usw. Der Ortsname assoziiert die höllische Gluthitze im Gegensatz zum nur noch erinnerten grünen Paradies, das der Ort einst war.

15 Vgl. hierzu insbes. Borsò 1994:221ff.

den, das den offiziellen Geschichtsdiskurs unterläuft sowie Tyrannei und Kazikentum, *machismo* und *soledad* anklagt.

Die erste Auflage sowohl der Erzählungen *El llano en llamas* als auch des Romans *Pedro Páramo* verkauft sich nur schleppend. Doch bald löst der Roman, ähnlich wie *Cien años de soledad* von GARCÍA MÁRQUEZ, eine umfangreiche und lang anhaltende literaturwissenschaftliche Diskussion aus und bringt eine kaum noch überschaubare Sekundärliteratur hervor. Wie andere komplexe Romane mit einem dichten Netz an Verweisungen, eröffnet der Roman *Pedro Páramo* ein weites Feld möglicher Deutungen. Grundsätzlich lassen sich zwei (teils auch verknüpfte) Tendenzen erkennen: eine historisierende Richtung, die den Text mit revolutionären und postrevolutionären Erfahrungen in Mexiko in Verbindung bringt, und jene, bereits erwähnte, auf universale Mythen zurückgreifende Interpretation. Vittoria Borsò hebt den mythenkritischen Eingriff in den monumentalen historischen Diskurs von Revolution und Kazikentum (Borsò 1994:271) hervor, Julio Ortega betont: RULFO „utiliza el discurso privilegiado de la modernidad (novela) para representar el mundo más tradicional de todos." (Ortega 1991:100)

Rezeption und Wertung

Blanco Aguinaga (1955); Borsò (1994); González Boixo (1992); Link-Heer (1992); Ortega (1991); Schmidt (1996); Wolff (1978).

Literatur

7 Carlos Fuentes (*1928, Mexiko)

1 Wegbereiter und bedeutender Vertreter des Boom

Als Sohn einer Diplomatenfamilie 1928 in Panamá geboren, wächst FUENTES in Quito, Montevideo, Santiago de Chile, Buenos Aires, Rio de Janeiro und in Washington auf. Erst 1944 lässt er sich in Mexiko-Stadt nieder, wo er an der bekannten UNAM trotz seiner literarischen Interessen Rechtswissenschaften studiert. Nach einem kurzen Aufenthalt im schweizerischen Genf, wo er promoviert, übernimmt er in Mexiko verschiedene Verwaltungsfunktionen, vor allem aber beginnt er zu schreiben. 1955 erscheint eine erste Sammlung von Kurzgeschichten, *Los días enmascarados*, und ab 1959 dann erste ‚große' Romane. Seitdem Octavio PAZ in seiner berühmten Essaysammlung *El laberinto de la soledad* (1950) die Frage nach der mexikanischen Identität ins Zentrum seiner Reflexion gesetzt hat, findet FUENTES hier Anküpfungspunkte; auch sein Werk kreist um die Geschichte und die Eigenart Mexikos, um das Faszinosum der mythischen präkolumbianischen Welt, um die Verletzungen des Landes durch den Kolonialismus und um das Verhältnis zur „madre España".

Ein bewegtes Leben

1959 heiratet der Autor die populäre Schauspielerin Rita MACEDO. In dem Jahrzehnt, das diese Ehe besteht, nimmt FUENTES' Bekanntheit stark zu; er engagiert sich für die sozialen Bewegungen der 60er Jahre. Auch als er sich nach dem sog. „Fall PADILLA" im Jahre 1971 von Fidel CASTROS sozialistischer Revolution abwendet, bleibt ihm der Ruf eines „Salonmarxisten" anhaften. Aus Protest gegen das Studentenmassaker von Tlatelolco verlässt er Mexiko 1968 und nimmt für einige Jahre Wohnung in Paris; dorthin wird er dann Mitte der 70er Jahre als Botschafter seines Landes zurückkehren.

FUENTES' Ruhm

FUENTES, dem die USA aufgrund seiner politischen Position jahrelang ein Einreisevisum verweigert hat, wird mit Gastprofessuren an so renommierten Universitäten wie Harvard und Princeton betraut. Der Kosmopolit, der auch Berlin kennt und liebt, lebt zwischen London und Mexiko-Stadt; 1987 wird er mit der höchsten Auszeichnung für spanischsprachige Literaten, dem Premio Cervantes, geehrt. In den großen Tageszeitungen der Welt sind seine Artikel zu lesen, in denen er sich nicht nur literarisch äußert, sondern bereitwillig Themen wie Globalisierung, Internet und Postkolonialismus anschneidet.

FUENTES und die Theorie des Boom

Durch seine Abhandlung *La Nueva Novela Hispanoamericana* (1969) gilt FUENTES als einer der bedeutendsten Theoretiker des Boom; nach Aussage des chilenischen Romanciers José DONOSO ist FUENTES der rührige ‚Drahtzieher', der sich bei den bedeutenden Verlagshäusern der Welt unermüdlich für die Verbreitung der damals vollkommen unbekannten Literatur seines Kontinents einsetzt[16] – H.-O. Dill spricht von einer mexikanischen „Fuentes-Mafia" mit BUÑUEL und MONTERROSO (Dill 1999:322). Die Abhandlung über den neuen Roman setzt sich zum Ziel, die These des italienischen Kritikers Alberto MORAVIA vom „Tod des Romans" dadurch zu widerlegen, dass die erzählerische Kraft seiner lateinam. Beispielautoren den vergeblichen europäischen Erneuerungsversuchen im Feld der Narrativik gegenübergestellt wird. Besonders polemisch wendet sich FUENTES gegen den sozialistischen Realismus und gegen den franz. *nouveau roman,* den er als lächerliche Karikatur des kapitalistischen Realismus bezeichnet. Von exemplarischer Bedeutung sind für FUENTES demgegenüber die Romane jener Lateinamerikaner, die als Boom-Autoren in die Literaturgeschichte eingehen werden, insbesondere die Werke von → VARGAS LLOSA und → GARCÍA MÁRQUEZ. FUENTES' Programm scheint durch den Lauf der Literaturgeschichte

---

16 In seiner *Historia personal del „Boom"* (1972) schreibt DONOSO: „Carlos Fuentes ha sido uno de los factores precipitantes del boom; para bien o para mal, su nombre anda unido tanto con su realidad como con la leyenda de su mafia y de su farándula" (S. 61).

bestätigt, und sein Ruf als Praktiker und Theoretiker der neuen Erzählliteratur ist nach diesem langen Essay gefestigt.

2 Ein kolossales Werk

FUENTES' Schaffen umfasst über dreißig verschiedene Buchveröffentlichungen – Erzählbände, Romane, literatur- und kulturtheoretische Essays sowie fünf Theaterstücke (*Todos los gatos son pardos*, 1970; *El tuerto es rey*, 1970; *Los reinos originarios*, 1971; *Orquídeas a la luz de la luna* – ein Schauspielerinnen-Stück, das als sein bestes Drama gilt, 1982, und *Ceremonias del alba*, 1991).

FUENTES als Erzähler

Das narrative Werk FUENTES' hat sich zu einem komplexen Kosmos ausgeweitet, hinter dem, wie er selbst verschiedentlich erklärt, ein elaborierter (allerdings nicht nach der Chronologie geordneter) Plan steht. Der Vergleich mit den narrativen Totalentwürfen eines BALZAC, ZOLA oder PÉREZ GALDÓS wird gelegentlich bemüht. Sein Romanerstling *La región más transparente* (1958), ein an der innovativen Avantgarde des frühen 20. Jhs. (bes. an James JOYCE) orientierter → Großstadtroman, enthält bereits mehrere der Charakteristika seiner späteren Werke: Es wird die Frage nach dem politischen Schicksal Mexikos gestellt, des Landes, das als erstes seine Hoffnungen auf eine umfassende Revolution gesetzt hat. Daneben tritt eine Betonung des musikalischen, die Form der Sonate aufgreifenden Konstruktionsprinzips. Die Handlung – auf die Stadt als ‚kollektiven Protagonisten' zentriert – enthält schon im Kern die apokalyptischen Visionen späterer Werke, und im Zentrum steht schon hier die Reflexion der *Mexicanidad* und des *mestizaje* (thematisch bereits in den symbolischen Namen der zentralen Figur Teódula Moctzuma und ihres Sohnes Ixca Cienfuegos).

In welchem Maße die Revolution, die nie endet, sondern durch eine jahrzehntelang herrschende Partei „institutionalisiert" wird, die ‚Identität' der Mexikaner zu einer problematischen macht, behandelt FUENTES in *La muerte de Artemio Cruz* (1962). Literaturkritiker haben diesen Roman als Höhepunkt der zahlreichen Werke zum Thema der mexikanischen Revolution bezeichnet. Zwei Stränge treten zusammen: die sehr privaten Erinnerungen des im Sterben liegenden Protagonisten Artemio Cruz, und eine Gesamtdarstellung aller Phasen der Revolution. Wenn der sterbende Artemio sein Leben Revue passieren lässt, tauchen alle Stationen des Lebens und Leidens auf – von der ersten Verliebtheit und dem zeitgleichen politischen Schwung über das Abbröckeln seiner Ideale in den Wirren der revolutionären Spätphase hin zu seinem dann folgenden sozialen Aufstieg zum Großgrundbesitzer und Zeitungsmagnaten.

La muerte de Artemio Cruz: Die Thematik der Revolution

Experimentalstil

So spannend diese Lebensgeschichte des Revolutionsgewinnlers auch sein mag, liegt doch die innovative Leistung in der Machart des Romans. Dessen *histoire* wird nicht linear entfaltet, sondern muss vom Leser aus den 38 fragmentarischen Kapiteln konstruiert werden. Diese weisen eine regelmäßig gegliederte Abfolge der Erzählperspektive auf: es folgen einander *yo- tú-* und *él-*Passagen. Jede *él-*Passage ist wie ein Tagebucheintrag mit einem Datum versehen, wobei diese Zeitangaben von einer Rückblende ins 19. Jh. bis zur Erzählgegenwart von 1955 reichen.

Den einzelnen Erzählperspektiven sind spezifische Funktionen zuzuordnen: Die *yo-*Passagen betreffen stets die Gegenwart des im Sterben liegenden Protagonisten, sein Siechtum, seine reduzierten Kontakte; die *él-*Teile schildern die eigentlichen Rückblenden auf zwölf Tage der Vergangenheit, und die *tú-*Passagen liefern die kritische Reflexion der existentiellen, sozialen, privaten und eben auch ‚nationalen‘ Probleme. Stellenweise nimmt der Diskurs einen lyrisch gefärbten, eindringlichen Gestus an.

Ein Vorläufer des historischen Romans

Man hat darauf hingewiesen, dass *La muerte de Artemio Cruz* 52 Jahre nach Beginn der mexikanischen Revolution (1910) erscheint, und dass der Protagonist im ersten Erinnerungsfragment 52 Jahre alt ist. Die Zahl verweist auf einen präkolumbianischen Zeitzyklus; so verbindet FUENTES die historische Behandlung der Revolution mit der mythischen Vergangenheit seines Landes. Artemio Cruz' Opportunismus entheroisiert mit seiner privaten auch die revolutionäre ‚nationale‘ Vergangenheit (und damit die Geschichte); in der Betonung der subjektiven Dimension des Historischen erweist sich *La muerte de Artemio Cruz* als ein Vorläufer des neuen historischen Romans.

Werke der 60er Jahre

Solch eine neue Konzeption des Historischen (oder eher des Posthistorischen?) kommt auch in *Cambio de piel* (1967) zum Tragen. In dem durch eine uneindeutige Parallel- und Rahmenhandlung offen gehaltenen Plot geht es vordergründig um zwei Paare, die auf einer Autofahrt von Mexiko-Stadt nach Veracruz in der einst mächtigen, heute verelendeten Azteken-Stadt Cholula Station machen. Eine neutrale Erzählinstanz (Freddy Lambert) beobachtet sie anscheinend, er ist möglicherweise Mitglied einer Motorrad-Gang, möglicherweise Insasse einer Nervenklinik. Die vier Touristen (unter ihnen der sudetendeutsche Architekt Franz, der am Bau von Konzentrationslagern beteiligt war) besinnen sich im Angesicht der geschichtsmächtigen präkolumbianischen Ruinen auf historische Ereignisse personaler und überpersonaler Art. In der Dichte der Erinnerung treten die Massaker an der indianischen Bevölkerung Mexikos und die Judenvernichtung in Theresienstadt und Auschwitz zusammen zu einem Diskurs der Unentrinnbarkeit, der historischen Traumatisierungen, welche sich mit den privaten Obsessionen und dem Psychoterror des Alltags mischen. Dies schlägt sich nieder in der Form der Collage, wie sie den Stil der *beat generation* kennzeichnet. Für Ch. Helmuth gehört *Cambio de piel* (wie der fast zeitgleiche Roman *Zona sagrada*, 1967) einer Übergangsphase an zwischen FUENTES' frühen modernistischen und seinen späten postmodernen Werken.

In *Terra nostra* (1975) sind kultureller und historischer *mestizaje* noch stärker zu der apokalyptischen Vision eines „transhistorischen Karnevals" (McHale) verdichtet. Anfangs- und Endkapitel des mit über 900 Seiten wahrlich monumentalen Romans spielen jeweils im Sommer und zu Silvester des Jahres 1999 in Paris. Von dort aus geht die Handlung dieses totalen Romans zurück in das Spanien Philipps II. und zum Bau des Palastklosters El Escorial. In kühnen transhistorischen Bögen und gewagten intertextuellen Setzungen springt die Erzählung zwischen den Studentenmassakern von 1968 und der Conquista, zwischen historischen Personen und literarischen Figuren. Zu dieser (postmodernen) Vermengung oder Gleichsetzung von Literatur und Geschichte in FUENTES' Werk vermerkt der spanische Kritiker und Romancier Juan GOYTISOLO:

Johanna die Wahnsinnige verwandelt sich in Mariana von Österreich und schließlich sogar in die Kaiserin Charlotte von Mexiko; die Entdeckung und die Eroberung Amerikas fallen zeitlich mit dem kastilischen Volksaufstand ... zusammen etc. Das Durcheinander ist umso größer, als diese symbiotischen Figuren mit den Zügen eines Phantombildes mit rein literarischen Schöpfungen wie Inés, Don Juan, dem Komtur oder der Celestina zusammenleben und auf der gleichen Ebene der romanhaften Realität behandelt werden. (...) Für Fuentes vermengen sich Geschichte und Literatur: die Geschichte kann als Literatur gelesen werden und die Literatur als Geschichte.[17]

Die Intertexte gehen gewagte Kombinationen ein, wenn CERVANTES KAFKAS *Verwandlung* wiedergibt, und wie in einem Puzzle verbindet der literarische *bricolage* die divergierendsten Gestalten und Ereignisse, bis sich zum Schluss – im Angesicht des Weltuntergangs am Silvestertag 1999 – die großen Protagonisten der lateinamerikanischen Romane (wie Horacio Oliveira aus → CORTÁZARS *Rayuela*, → BORGES' Pierre Menard, einer der Buendías aus → GARCÍA MÁRQUEZ' *Cien años de soledad* usw.) in Paris treffen; sie klagen den Völkermord durch die Geschichte hindurch an und entwerfen die Endzeitvision von Städten, die zu „museos de la basura" gewor-

Terra nostra: Literatur und Geschichte

---

17 Juan Goytisolo, „Terra Nostra", in ders. (1984): *Dissidenten*. dt. Übers. von J. A. Frank. Frankfurt/M.: Suhrkamp, 177–212, hier: 190.

den sind. So ist *Terra nostra* für H.-O. Dill „der metafiktionale, metanarrative Geschichtsroman der 70er Jahre" (Dill 1999:334) und damit das Paradigma des Postmodernen und des Posthistorischen schlechthin.

FUENTES und Spanien

Gringo viejo (1985) thematisiert wieder die mexikanische Revolution, wie sie von dem nordam. Schriftsteller Ambrose BIERCE erlebt wird, während der philosophierende Roman *La campaña* (1990) in die Zeit der Unabhängigkeitskriege von Spanien zurückgeht. Intensiv und nahezu obsessiv setzt sich Fuentes immer wieder mit dem Verhältnis zu Spanien auseinander. Fünf Jahre vor dem *Quinto Centenario* der sog. Entdeckung Amerikas schreibt FUENTES mit *Cristóbal Nonato* (1987) wieder ganz im Stil von *Terra nostra* einen lyrisch-essayistischen Roman, in welchem der noch ungeborene Kolumbus über die wechselvolle Geschichte Lateinamerikas reflektiert, auch über die Bedrohung der kulturellen Identität Mexikos durch die USA; denn die Handlung spielt 1992 in einem amorphen Tex-Mexiko, einem kulturellen Niemandsland, das sich von beiden Staaten losgesagt hat. Das Thema der Conquista kommt dabei zur Sprache. Es taucht nicht erst hier auf; schon in einem Essay des Bandes *Cervantes o la crítica de la lectura* (1976) spricht FUENTES von dem „Trauma der Conquista", welches das Verhältnis zwischen Lateinamerika und Spanien bestimmt, und in *El Naranjo, o los círculos del tiempo* (1993) unternimmt er eine geniale postkoloniale Verkehrung dieses Geschichtstraumas, wenn dort spanische Städte wie Granada von den in Andalusien gelandeten Azteken erobert und friedlich kolonialisiert werden.

Familien- und Landesgeschichte

In seinem bislang letzten Roman, *Los años con Laura Díaz* (1999), nimmt FUENTES nicht nur zahlreiche intertextuelle Anleihen bei den „großen" Autoren der klassischen Erzählliteratur auf (im Horizont stehen hier explizite und implizite Verweise auf Thomas MANN, BALZAC, PÉREZ GALDÓS usw.), sondern er versucht gleichzeitig selbst, ein umfassendes und faszinierendes Bild der mexikanischen Geschichte des 20. Jhs. zu geben, was ihm durch ein bis in die Details durchgehaltenes Stilbewusstsein gelingt. Der Ich-Erzähler filmt im ersten Kapitel in der heruntergekommenen nordamerikanischen Industriestadt Detroit ein Wandbild des mexikanischen Künstlers Diego RIVERA, auf dem in einer Ecke auch jene Laura Díaz, Enkelin einer im 19. Jh. aus Deutschland ausgewanderten Familie, porträtiert ist. Mit der Entfaltung ihrer symptomatischen Lebensgeschichte schreibt sich *Los años con Laura Díaz* ein in die Tradition der Familienromane, die gleichzeitig aber durch die Rahmenhandlung überstiegen wird.

Neben Octavio PAZ gilt FUENTES mit Recht als bedeutender Essayist Mexikos. Dabei kreisen seine Themen zunächst primär um literarische Fragen, wie in *La nueva novela hispanoamericana*, in *Cervantes o la crítica de la lectura* oder in den Literaturkritiken des Bandes *Geografía de la novela* (1993). Am deutlichsten verlässt er dieses Feld in *El espejo enterrado* (1999), wo er eine engagierte Röntgenaufnahme der hispanischen Kultur seit der Conquista liefert.

FUENTES als Essayist

FUENTES, der Grandseigneur unter den Literaten Lateinamerikas, ist nicht nur exzellenter Autor, dessen Werke trotz ihres höchsten Reflexionsniveaus weite Leserkreise faszinieren, sondern er selbst ist zugleich der Typus des modernen lateinam. Intellektuellen. Sollte nach GARCÍA MÁRQUEZ wieder einmal ein südamerikanischer Autor den Nobelpreis erhalten, wäre FUENTES der ideale Kandidat.

Donoso (1972); Giacoman (1971a); Helmuth (1997); Ingenschay (1997); Meyer-Minnemann (1978).

Literatur

8 Gabriel García Márquez (*1928, Kolumbien)

1 Jura und Journalismus

1928 in Aracataca (Kolumbien) geboren, wächst Gabriel GARCÍA MÁRQUEZ größtenteils bei seinen Großeltern auf, deren Einfluss auf sein späteres Werk der Autor immer wieder betont. Das Jura-Studium (ab 1947) bricht er nach zwei Jahren ab und arbeitet künftig als Journalist bzw. Korrespondent und Redakteur verschiedener Zeitschriften (u. a. *El Universal*, *El Espectador*, *Prensa Latina*, *Alternativa*) und publiziert erste Erzählungen.

Leben

1955 ist er Korrespondent der Viermächtekonferenz in Genf, 1959 berichtet er über den Prozess gegen SOSA BLANCO in Havanna. Neben der Vielzahl seiner seit 1951 publizierten literarischen Texte schreibt er auch Drehbücher (u. a. gemeinsam mit Carlos → FUENTES) und zahlreiche dokumentarischer Texte. GARCÍA MÁRQUEZ engagiert sich politisch insbesondere in Mittelamerika und für Chile; berufsbedingte Reisen und politisches Asyl (1981 in Mexiko) führen ihn durch ganz Amerika und nach Europa. 1967 beendet er in Mexiko seinen berühmtesten Roman, *Cien años de soledad*, für den er 1982 den Nobelpreis verliehen bekommt.

Politik und Literatur

2 Aracataca wird Macondo: Die Fiktionalisierung der Tropen

Frühe Erzählungen und Kurzromane

Die ersten Erzählungen von GARCÍA MÁRQUEZ entstehen in der Phase der sogenannten *violencia* in Kolumbien. Die allgegenwärtige staatliche wie individuelle Gewalt zeigt bereits in den frühen Erzählungen und Romanen die Verbindung von historischer Erfahrung und mythischer Tragweite des literarisierten Geschehens. In *La hojarasca* (1955) erinnert die tragische Geschichte des Arztes (und Selbstmörders) an die Figur des Polyneikes aus der griechischen Mythologie[18], der ebenfalls nicht begraben werden darf. In beiden Fällen übertritt eine weibliche Figur das Verbot und entlarvt mit ihrer Menschlichkeit das moralische Versagen der gehorsamen Untertanen. Die Erzählung „Monólogo de Isabel viendo llover en Macondo"[19] enthält bereits grundlegende Motive des späteren Erfolgsromans *Cien años de soledad*. Der Kurzroman *La mala hora* (1962) besticht durch seinen Spannungsbogen zwischen den anonymen, öffentlich gemachten Denunziationen (*pasquines*) und der durch diese ausgelösten Atmosphäre von Angst und latenter Gewalt unter den Bewohnern eines kleinen Dorfes. In den Erzählungen der Sammlung *Los funerales de la Mamá Grande* (1962) fängt GARCÍA MÁRQUEZ das charakteristische Ambiente der Tropendörfer an Kolumbiens Karibikküste ein (vgl. bes. „La siesta del martes"). Die Schreibweise des Kolumbianers wird oft mit der FAULKNERS verglichen.[20] In den frühen Texten finden sich Einflüsse von KAFKA.

Macondo und das DORF

Haupthandlungsorte der Romane und Erzählungen sind entweder Macondo (u. a. *Cien años de soledad, La hojarasca, Los funerales de la Mamá Grande*) oder ein namenloses Dorf (u. a. *La mala hora, Crónica de una muerte anunciada*, 1981, *El coronel no tiene quien le escriba*, 1958). „Hat das mythische Macondo eine Geschichte, so spiegelt das DORF gleichsam zeitlos das karibische Dorf der Gegenwart als solches, gewissermaßen das Dorf als Zustand, eben als DORF." (Dill 1993:98) Vor allem das legendäre Macondo – für den Autor eher ein *estado de ánimo* als ein Ort – ist zum Sinnbild lateinam. Geschichte und Gegenwart avanciert. Das DORF bündelt die Problematik von *violencia*, politischer Unter-

---

18 Vgl. Tragödien von AISCHYLOS und EURIPIDES.

19 Die Erzählung ist ursprünglich Teil von *La hojarasca* (1955) und erscheint gesondert 1975 in dem Band *Ojos de perro azul*, der Erzählungen des Autors aus den Jahren 1947 bis 1955 vereint.

20 Dafür spricht eine Reihe von Vergleichsmomenten: die Begründung eines mythischen Gemeinwesens, *Macondo* (GARCÍA MÁRQUEZ), *Yoknapatawpha* (FAULKNER), die ländlich-tropische Atmosphäre im Zeichen von Gewalt und Vereinsamung, magische Komponenten, das Weiterschreiben des Ortes bzw. der Figuren in nachfolgenden Texten etc.

drückung und Fremdenhass vor allem in sozialen und politischen Antagonismen. Die Armut des Obersten in *El coronel no tiene quien le escriba* (1958), der vergeblich auf die Gewährung seiner Pensionsansprüche wartet, kontrastiert mit der Figur des liberalen Sabás, der sich mit dem örtlichen Machthaber arrangiert und so einstige Ideale verrät. Der Oberst verweigert sich den trüben Geschäften und politischen Intrigen und setzt, um mit seiner Frau wirtschaftlich (und moralisch) überleben zu können, alle Hoffnung in einen Kampfhahn, der so zum Symbol des Widerstands gegen Korruption und Machtmissbrauch erhöht wird.

3 *Cien años de soledad* (1967) – Hundert Jahre Einsamkeit

Muchos años después, frente al pelotón de fusilamiento, el coronel Aureliano Buendía había de recordar aquella tarde remota en que su padre lo llevó a conocer el hielo. Macondo era entonces una aldea de veinte casas de barro y cañabrava construidas a la orilla de un río de aguas diáfanas que se precipitaban por un lecho de piedras pulidas, blancas y enormes como huevos prehistóricos. El mundo era tan reciente, que muchas cosas carecían de nombre, y para mencionarlas había que señalarlas con el dedo.

Romanbeginn

Der Roman erzählt die Geschichte und Vorgeschichte Macondos, der legendären Gründung des kleinen paradiesischen Ortes, in dem es zunächst keine Toten gibt. Die Familie Buendía mit dem Gründungspaar Ursula Iguarán und José Arcadio und den familiären Verzweigungen der Nachfahren bilden ein Geflecht, das mit jeder weiteren Generation immer schwerer zu überblicken ist und angesichts der ähnlichen oder identischen Namen verschiedener Figuren und ihrer Beziehungen untereinander bei der Lektüre für Verwirrung sorgt. Die Zeichnung der Figuren ist markant, fällt aber psychologisch sehr knapp aus. Ihre Lebensläufe sind mit dem Namen vorgeprägt. José Arcadios erscheinen vor allem als Tatmenschen, Aurelianos als introvertierte Charaktere. Abgesehen von der Urmutter der Familie, Ursula, haben die weiblichen Figuren entweder ein glückliches (quasi verwandtschaftliches) Liebesverhältnis, aber keine soziale Anerkennung (Pilar Ternera), oder führen eine unbefriedigende und fruchtlose Ehe ohne direkte Nachfahren.

Figuren

Wirklichkeit und Wunder	Magisch-realistische Elemente zeigen sich in erster Linie in der Konfrontation rationaler Erfahrungstatsachen mit übernatürlichen Erscheinungen. Die unerhörtesten Dinge geben in Macondo kaum Anlass zur Verwunderung.[21] Ein aus rationaler Sicht eher klassisch-christliches Wunder wie die Himmelfahrt Remedios' der Schönen erschüttert in der Welt des Romans niemanden und wird mit praktischen Erwägungen (über den Verlust der mit ‚gen Himmel aufgefahrenen' Bettwäsche) ironisch konterkariert. Hingegen stellt die Behauptung José Arcadios, des patriarchalischen Forschers, die Erde sei rund wie eine Orange, eine unerhörte Provokation des gesunden macondinischen Menschenverstandes dar. Diese erzählperspektivische ‚Verwechslung' von natürlichen Zusammenhängen und wunderbaren Ereignissen in der Sichtweise der Dorfbewohner Macondos hält sich durch alle Phasen seiner hundertjährigen Geschichte: angefangen bei den sporadischen Besuchen der Zigeuner im Ort, über die Zeit der Bürgerkriege mit ihrem Protagonisten Coronel Aureliano Buendía („...promovió treinta y dos levantamientos armados y los perdió todos") bis hin zur widersprüchlichen Modernisierungsphase unter dem Diktum des nordamerikanischen Kapitals (Bananenplantagen), einer Zeit, die zugleich den Anfang des Endes, des Untergangs Macondos eröffnet.
Inzest und Prophezeiung	Aureliano Babilonia, der in inzestuöser Beziehung mit seiner Tante Amaranta Ursula eine glückliche Liebe lebt, zeugt das todgeweihte Kind, das der Weissagung gemäß mit einem Schweineschwanz geboren wird. Im Schlusskapitel gelingt es Aureliano, die Manuskripte und damit das Schicksal Macondos, seiner Bewohner und das Geschehens des Moments zu entziffern. Die letzten Worte beschreiben und generieren zugleich den Untergang in einem Wirbelsturm, der alles hinwegfegt. Die Historie des Ortes und der Familie vollenden sich in einem tragischen Zyklus.
Wirkung	Der außerordentliche Erfolg des Romans beruht einerseits auf der reichen Fantasie und einer ironisch-distanzierten und zugleich unbeirrbar nahen Erzählweise. Zum anderen gibt er ein unendliches Spektrum an möglichen Deutungen, Interpretationen und Assoziationen frei. Die Literatur zu dem Roman ist inzwischen kaum noch zu überschauen. Ein verbreitetes Interpretationsmuster verknüpft den Roman eng mit dem fatalen Geschichtsverlauf Lateinamerikas und fasst die Einsamkeit als Metapher der Marginalisierung des Kontinents. Ein anderes Modell weist dem

---

21 Volkening betont, dass „contar maravillas con una gran desenvoltura, cual si fueran pan y mermelada" die einzige Gemeinsamkeit zwischen GARCÍA MÁRQUEZ und (dem von dem kol. Autor sehr bewunderten) Kafka sei (Volkening 1998:85).

Text mit seinen biblischen Elementen (Gründung, Prophezeiung, Plagen, Apokalypse) einen universalen, menschheitsgeschichtlichen Sinn zu. Die thematisierte Unfähigkeit zu Liebe, Solidarität und Gemeinsamkeit wird auch als ein ökologisch orientiertes Warnbild gedeutet: Wenn die Menscheit so weitermacht wie bisher, dann ist sie dem Untergang geweiht. In diskurskritischer Lektüre vermag *Cien años de soledad* als „Märchenroman" den europäisch-nordamerikanischen Fortschrittsglauben zu problematisieren (Roloff 1995). Die prinzipielle Offenheit des Romans für viele Leseweisen und Denkmuster, seine irdische Weisheit und das intertextuelle Spiel mit anderen Romanen begründen das anhaltende Leserinteresse.

4 Zwischen politischer Reportage und Fiktion

Relato de un náufrago (1970) vermittelt ein authentisches Ereignis zur Zeit der Militärdiktatur von ROJAS PINILLA in Kolumbien: 1955 überlebt der schiffbrüchige Luis Alejandro VELASCO, Besatzungsmitglied des kolumbianischen Zerstörers „Caldas", auf einem Boot und wird zunächst als Held gefeiert. Doch seine späteren Aussagen, die GARCÍA MÁRQUEZ als Journalist von *El Espectador* aufzeichnet und dann in Fortsetzungen in der Zeitung publiziert, lösen einen politischen Skandal aus. Velasco wird aus der Marine entlassen und *El Espectador* in Folge der Enthüllungen geschlossen. 15 Jahre später entschließt sich der Autor, inzwischen weltberühmt, der erneuten Publikation in Buchform zuzustimmen und widmet den Text VELASCO, dem inzwischen der Vergessenheit anheim gefallenen „compatriota anónimo que debió padecer diez días sin comer ni beber en una balsa para que este libro fuera posible".[22]

Ein Fall aus der Vergangenheit

So wie Anfang der 60er Jahre für die kubanische Revolution, engagiert sich GARCÍA MÁRQUEZ nach dem Militärputsch 1973 in Chile für die politisch Verfolgten (*Chile, el golpe y los gringos*, 1974). In *Las aventuras de Miguel Littín clandestino en Chile* (1986) dokumentiert er eine brisante illegale Filmaktion während der Militärdiktatur.

Chile 1973

---

22 Mit diesen Worten schließt GARCÍA MÁRQUEZ seine Vorbemerkung, „La historia de esta historia" zur Publikation des Romans (vgl. *Relato de un naufrago*, La Habana: Arte y Literatura, 1981, 15).

Gewalt und Ehre	*Crónica de una muerte anunciada* entsteht 1981 nach einem selbst auferlegten Schreibboykott.[23] Die erzählte Zeit des Romans umfasst nur eineinhalb Stunden, die Zeit, die dem Protagonisten Santiago Nazar vom Erwachen bis zur seiner Ermordung verbleibt. Ein ebenso klassischer wie anachronistischer Ehrbegriff löst den Konflikt aus: In der Hochzeitsnacht erkennt Bayardo San Román, dass seine Braut Angela Vicario nicht mehr Jungfrau ist. Ihre Brüder rächen die Tat, indem sie den von ihr Beschuldigten töten. Im machistisch-patriarchalischen Ambiente gilt aber nicht der getötete Santiago Nazar, sondern der Ehemann Bayardo San Román als das einzige wirkliche Opfer. Die Erzählspannung dieses Romans, in dessen erstem Satz die Tat vorweggenommen wird, beruht darauf, dass die zu jedem Zeitpunkt durch Eingreifen der wissenden Dorfbewohner vermeidbare Tat dennoch geschieht. Die fatalistische Handlungslosigkeit erinnert an die klassische Tragödienstruktur und zeigt zugleich eine spezifische Seite der *violencia* auf.

Zeit-problematik	Die meisten Texte, ob sie erzählerisch dicht gedrängt oder eher weit ausholend deskriptiv Atmosphären einfangen, lassen einen durchdachten Umgang mit Zeitstrukturen erkennen. In *El amor en los tiempos del cólera* (1985) entwirft der Autor die „Utopie einer Liebessehnsucht" (Borsò 1994) und thematisiert in der Liebesgeschichte des beständig werbenden und immer wieder von der Witwe Fermina Daza abgewiesenen Verehrers Florentino Ariza die Problematik des Alterns und der Vergänglichkeit. Wenn die beiden, hochbetagt, schließlich doch zueinander finden, so wird nicht nur der Beweis für die Macht der Liebe und ausdauernde Leidenschaft erbracht, sondern auch Zeugnis abgelegt von gesellschaftlichen Konventionen und Zwängen, die die Erfüllung des Begehrens oftmals nur durch den Rückzug in die Isolation ermöglichen. Die Vorliebe des Autors für präzise Angaben in der Fiktion überlagert sich mit grenzenloser Fabulierlust und mit einer Zeitgestaltung, die zuweilen mit der Technik PROUSTs verglichen wird.

Macht und Ideal	*El general en su laberinto* (1989) schildert die letzten Lebensmonate von Simón BOLÍVAR, einem der beiden Protagonisten der Unabhängigkeitsbewegung in Lateinamerika. Der Traum eines geeinten föderalistischen Südamerika ist angesichts der partikularen Interessen der von der spanischen Kolonialmacht befreiten Länder geplatzt. Der historische Held BOLÍVAR erscheint in GARCÍA MÁRQUEZ' Roman als vereinsamte, enttäuschte und kranke Gestalt, der Befreier gefangen in einem Labyrinth aus gescheiterten Idealen, politischen Intrigen und wirtschaftlich wie sozial

---

23 Aus Protest gegen den Militärputsch von PINOCHET 1973 in Chile erklärt GARCÍA MÁRQUEZ, erst wieder zu schreiben, wenn der Diktator gestürzt ist.

zerrütteten Ländern. Dem Ende der Befreiungskriege folgt nicht die panamerikanische Integration, sondern eine nicht enden wollende Kette von Bürgerkriegen mit wechselnden Machtkonstellationen zwischen Konservativen und Liberalen. In den Kontext historischer Themen gehört auch der → Diktatorenroman *El otoño del patriarca* (1975).

Im Anschluss an frühere Reportagen wagt sich GARCÍA MÁRQUEZ mit *Noticia de un secuestro* (1996) an das wohl ehrgeizigste Projekt seiner journalistischen Arbeiten, die Rekonstruktion von Geiselnahmen durch die kolumbianische Rauschgiftmafia, die mit diesen Aktionen Ende 1990 die Regierung des Landes unter Druck zu setzen versucht. Großes Einfühlungsvermögen und dokumentarische Präzision führen im Ergebnis der Recherchen zu einem Text mit literarischen Qualitäten.

Violencia in den 90ern

In *Doce cuentos peregrinos* (1992) sind (zwischen 1976 und 1982 datierte) Geschichten zusammengefasst, die „in der Fremde", nämlich in europäischen Städten wie Barcelona, Madrid, Rom, Genf, Paris oder auf Sizilien angesiedelt sind. Die Erzählungen handeln von vergifteten Engländern, einem verschwundenen Bräutigam, einer lebensmüden Prostituierten, einer ermordeten deutschen Gouvernante, einem (verzweifelten) gestürzten mittelamerikanischen Präsidenten u. a. und kreisen zumeist um die Thematik des Todes in der gewohnten grotesken Überzeichnung von Lebenswegen und -situationen, wie sie, so die Erfahrung des Autors seit seiner Kindheit, nur die Wirklichkeit bereitzuhalten vermag.

Späte Erzählungen

Die Grenze zwischen literarischem und journalistischem Œuvre ist, trotz klarer Gattungsgrenzen, für die Texte von GARCÍA MÁRQUEZ nicht leicht zu ziehen. Politische, historische und im engeren Sinn literarische Recherchen, umfängliche Lektüren und nicht zuletzt der mündliche Diskurs (von den magischen Erzählungen der Großmutter bis zu den Berichten von Augenzeugen) bilden ein riesiges Reservoir für den Grenzgang zwischen Phantasie und Wirklichkeit. Allzu spitzfindigen Auslegungen seiner Texte, vor allem seines Romans *Cien años de soledad* begegnet GARCÍA MÁRQUEZ mit Ironie. Gern spielt er mit den Erklärungsbedürfnissen von Kritikern. Im Vordergrund stehen jedoch die Lust am Erzählen und ein lebenslanges politisches und literarisches Engagement für Lateinamerika.

Schriftsteller, Publizist, Kritiker

La increíble y triste historia de la cándida Eréndira y de su abuela desalmada (1972), *Crónicas y reportajes* (1976), *Obra periodística* (1981), *Del amor y otros demonios* (1994) u. a. Zur Zeit arbeitet GARCÍA MÁRQUEZ an seinen Memoiren.

Weitere Werke

Literatur	Dill (1993); García Núñez (1995); Janik (1978; 1992b); Koenigs (1985); McGuirk/Cardwell (1987); Palencia-Roth (1983); Roloff (1995); Strosetzki (1992); de Toro (1986); Vargas Llosa (1971); Volkening (1998).

9 Mario Vargas Llosa (*1936, Peru)

1 Autor, Literaturkritiker, Politiker und Intellektueller

Leben	1936 im südperuanischen Arequipa geboren, wächst Mario VARGAS LLOSA infolge der Scheidung seiner Eltern bei den Großeltern auf, bis sich die Eltern des Zehnjährigen versöhnen und gemeinsam mit ihm nach Lima ziehen. Er besucht dort zwei Jahre lang die Kadettenanstalt Leoncio Prado, nimmt dann ein Philologiestudium an der San Marcos-Universität auf, das er später in Madrid fortsetzt und mit einer Dissertation über den Lyriker Rubén DARÍO abschließt. Bevor er sich ausschließlich dem Schreiben von Romanen, Essays und Theaterstücken zuwendet, verfasst VARGAS LLOSA auch literaturtheoretische Arbeiten (s.u.). In den Jahren nach seinem Studienabschluss lebt und arbeitet er zunächst in Frankreich und nimmt dann Lehraufträge an verschiedenen Universitäten in Europa und den USA wahr. Zu Beginn der 70er Jahre wohnt er in Barcelona, bevor er 1974 in sein Heimatland Peru zieht, um sich dort nach dem Ende der Militärdiktatur auch politisch zu engagieren. Die politische Position VARGAS LLOSAS wechselt: Verteidigt er bis Ende der 60er Jahre die kubanische Revolution Fidel CASTROS, so rückt er (in der Folge der sog. PADILLA-Affäre um den zur Selbstkritik gezwungenen kubanischen Lyriker Heberto PADILLA) radikal von allen sozialistischen Modellen ab.
Präsident-schafts-kandidatur	Er engagiert sich für eine westliche, liberal-bürgerliche und stark marktwirtschaftliche Politik („THATCHERismus"); inzwischen als Literat zu hohem Ansehen gekommen, bewirbt er sich bei den Wahlen von 1990 um das Amt des Staatspräsidenten, unterliegt jedoch gegen FUJIMORI. VARGAS LLOSA lebt zwischen Lima, London und Madrid; seit 1993 besitzt er einen spanischen Pass. Auf Einladung des Berliner Wissenschaftskollegs verbringt der Romancier insgesamt 2 Jahre in Deutschland. Als kritischer Streiter für eine ‚liberale' (und das heißt für ihn antisozialistische) Welt- und Marktordnung publiziert VARGAS LLOSA soziologische Essays in führenden Tageszeitungen (bes. in El País), daneben auch Literaturkritik.

2 Ein vielschichtiges Werk

In den ersten Jahrzehnten seines Schreibens widmet sich der Autor intensiv der Literaturtheorie und -kritik (*La novela*, 1966); das Spektrum seiner Themen reicht dabei von der lateinam. Gegenwart zurück zur mittelalterlichen Literatur (so zu *Tirant lo Blanc*, einem Ritterroman des Katalanen Joanot MARTORELL aus dem 15. Jh., vgl. *Carta de batalla por Tirant lo Blanc*, 1991). Besonders zwei Bücher VARGAS LLOSAS haben die Aufmerksamkeit der Öffentlichkeit auf sich gezogen: eine Studie über den damals noch von ihm bewunderten kolumbianischen Kollegen mit dem Titel *García Márquez. Historia de un Deicidio* (1971), sowie seine Untersuchung zur Romanpoetik des franz. Realisten FLAUBERT, *La orgía perpetua. Flaubert y Madame Bovary* (1975). Mit dem Begriff des *deicidio* (,Gottesmordes') wird auf den Romancier selbst verwiesen, der – als Angehöriger der Familie des Luzifer – Gott und die göttliche Weltordnung durch die Kreation eines eigenen (diskursiven) Universums ersetzt, wie → GARCÍA MÁRQUEZ dies in *Cien años de soledad* (1967) vorvollzogen hat. Von FLAUBERT indes übernimmt der peruanische Autor die Reflexion der *illusion référentielle*, die den Roman konstituiert (vgl. *La verdad de las mentiras. Ensayos sobre literatura*, 1990). Nach Meinung mancher Literaturwissenschaftler spiegelt sich die intensive Beschäftigung mit den theoretischen Voraussetzungen von literarischem Schaffen in seinen Romanen, die ihrerseits als poetologische Reflexion lesbar sind (dazu Penzkofer 1995).

Literaturkritik

Beim Versuch einer Systematik des umfangreichen Werks von VARGAS LLOSA lassen sich drei Phasen unterscheiden: eine der frühen Werke (vor 1970), eine ,leichte' Zwischenphase (70er Jahre) und letztlich die Rückkehr zu ,ernsten' Themen. Sein in Spanien prämierter Debut-Roman *La ciudad y los perros* (1963) zieht in Peru den Zorn weiter Kreise auf sich, man verbrennt das Werk öffentlich und kritisiert seinen Verfasser, weil er angeblich ein allzu negatives Bild der peruanischen Gesellschaft gezeichnet habe. Der Roman erzählt von dem sadistischen Umgang, den die jungen Männer in einer Kadettenanstalt untereinander pflegen, von der Grausamkeit ihrer Vorgesetzten und der Kälte und Gewalt der Limenser Gesellschaft. All dies basiert offensichtlich auf den biografischen Erlebnissen VARGAS LLOSAS während seiner Zeit in Leoncio Prado. Der eigentliche Durchbruch gelingt dem peruanischen Romancier dann mit *La casa verde* (1966), dem (nach GARCÍA MÁRQUEZ' *Cien años de soledad* und → CORTÁZARS *Rayuela*) wohl bedeutendsten Werk der Literatur des Boom.

Frühe Romane im Zeichen des Boom

La casa verde	Im typischen Gestus der narrativen Experimente der 60er Jahre verzichtet der Text auf jede einheitliche Handlungs- und Erzählperspektive. Vielmehr lassen sich die Fragmente der Geschichte um das „grüne Haus", ein Bordell, das Anselmo in der Urwaldstadt Piura gründet, fünf verschiedenen Handlungssegmenten zuteilen:

A: Handlung um die Nonnen in der Missionsstation Santa María de Nieva, die (mit Hilfe von Soldaten) Indio-Mädchen einfangen, um sie zu christlicher ‚Zivilisation' zu zwingen. Eines der Mädchen ist die Kazikentochter Bonifacia, welche später, nach ihrer Ehe mit dem Sergeanten Lituma, als Prostituierte im grünen Haus arbeitet.

B: Handlung um den Abenteurer Fushía, der zwielichtige Geschäfte mit den Indios betreibt, bis er sich krank und verlassen auf eine Leprastation zurückzieht.

C: Handlung um Don Anselmo, dessen Bordell nach der Hetzkampagne eines Priesters abgebrannt wird (um später von seiner Tochter wieder neu gegründet zu werden).

D: Handlung um den Kautschukhändler (und Politiker) Julio Reátegui und den von ihm gefangen genommenen Kaziken Jum (der sich sich als Vater jener in A erwähnten Bonifacia erweist; dies sei nur erwähnt als ein Beispiel für die Verzahnung der Stränge untereinander.)

E: Handlung um den Sergeanten Lituma (s. oben Bonifacia) und seine lebensfrohen Macho-Freunde, die Stammgäste der *Casa verde* sind. (Vgl. Scheerer 1991:23–28).

Systematik des Aufbaus	Diese Stränge verteilen sich systematisch auf die vier großen Teile (und den Epilog) des Romans, der nur auf den ersten Blick völlig unübersichtlich zwischen den Zeit- und Geschehensebenen zu springen scheint. Scheerer schreibt:

Die Geschichten begegnen dem Leser in Form von Fragmenten, die einander abwechseln und in ihrem wiederholten Auftauchen zu wiedererkennbaren Handlungssträngen zusammenwachsen. Nach und nach stellt sich heraus, daß das vermeintliche Chaos eine bestimmte Ordnung aufweist. So ist das erste Fragment in jedem Kapitel stets für die Handlung A reserviert, das zweite Fragment der Handlung B, das dritte der Handlung C und so weiter. (...)
Die Suche nach den Zusammenhängen der Handlung ist jedoch nur eine, und nicht die schwierigste der dem Leser abverlangten Entzifferungsaufgaben. (Scheerer 1991:25–27)

Die Fragmente der fünf Handlungsstränge sind nicht nur vermischt, sondern auch noch in sich völlig achronologisch, was die zeitliche Orientierung erschwert. Parallele oder überkreuzte ‚analeptische' Dialoge, teleskopische Montagen, Bewusstseinsstrom,

Verschmelzung von objektiven und subjektiven Perspektiven, Standpunktwechsel – all dies kompliziert die Lektüre (trotz einer meist einfachen Syntax). Auf der Ebene der Handlung wird so der Eindruck von Zirkularität, Fatalität und Frustration vermittelt, und beim Leser stellt sich ein Gefühl der Totalität und der Simultaneität der Aktion ein.

Neben diesen so eigenwilligen Stilexperimenten, die *La casa verde* zu einem der prototypischen Romane des Boom gemacht haben, ist die implizite, durchaus pointierte Kritik am Kolonialismus zu betonen. Der Roman lässt den Schluss zu, dass zumindest bis weit ins 20. Jh. hinein das Schicksal sämtlicher Bevölkerungsteile Perus entscheidend von den spätkolonialistischen Strukturen geprägt wird. *La casa verde* ist ein Roman ohne positiven Helden (wie es, von wenigen Ausnahmen abgesehen, bei VARGAS LLOSA generell kaum je um Einsicht in individualpsychologische Motive geht). Auch in der Opposition zwischen den Städten (Piura, Santa María de Nieva, Iquitos) und der *selva* gibt es keine Zuteilung positiver Werte. Vielmehr ist der Gegensatz von ‚Zivilisation‘ und ‚Barbarei‘, der seit Domingo Faustino SARMIENTO im 19. Jh. die kulturtheoretischen Überlegungen in Südamerika bestimmt, *ad absurdum* geführt angesichts der allenthalben herrschenden Unzivilisiertheit. Damit lässt sich *La casa verde* zugleich als eindringliche Klage über die sozialgeschichtliche Entwicklung des Subkontinents lesen.

Auch VARGAS LLOSAS folgender monumentaler Roman *Conversación en la catedral* (1969) beschäftigt sich mit der Geschichte Perus, nämlich mit der Depression während der Diktatur des Generals ODRÍA.

Kolonialismuskritik

Nach den zugleich experimentellen und sozialkritischen frühen Romanen scheint Vargas Llosa in den 70er Jahren sein stilistisches Register zu wechseln; er wendet sich der Produktion von Unterhaltungsliteratur zu. Die beiden Romane *Pantaleón y las visitadoras* (1973) und *Tía Julia y el escribidor* (1977) sind durch Humor und Ironie, streckenweise auch durch eine gewisse Tragikomik gekennzeichnet. Der letztere weist eine deutlich autobiographische Dimension auf, schildert er doch die Ehe des Protagonisten Varguitas mit der ein gutes Jahrzehnt älteren *tía Julia* (und damit einen offensichtlich authentischen Sachverhalt, denn der Autor vermählte sich 1954 mit der geschiedenen Julia Urquidi, seiner angeheirateten Tante[24]). Im Romantext alternieren zwei Hand-

Eine heitere Zwischenphase

---

24 Julia URQUIDI ihrerseits scheint über die Enthüllungen ihres Ex-Mannes so wenig glücklich, dass sie unter dem Titel *Lo que Varguitas no dijo* (1983) eine Art Gegendarstellung veröffentlicht.

lungsstränge: die autobiographische Darstellung des jungen Mario, der später Schriftsteller wird (und nach Paris zieht), und die Figur des Hörspielautors Pedro Camacho samt seinen absurden *radionovelas*. Mario bewundert zunächst den aktiven ,Vielschreiber', um später Zeuge seiner zunehmenden geistigen Verwirrung zu werden. Unwichtig ist, dass auch die Figur des Pedro wahrscheinlich ein ,reales' Vorbild hat, wesentlich dagegen, dass sie die Integration von neun *telenovelas* in den Romandiskurs ermöglicht. Voll Ironie, doch mit ernstem literaturtheoretischem Hintergrund, wird anhand dieser Geschichten die Wertbeständigkeit der Kunst der Wertlosigkeit schnelllebiger Populärkultur entgegengesetzt und die Frage nach der ,Wahrheit' der Fiktion heiter aufgerollt.

Mythos und Politik

Seit den 80er Jahren kehrt VARGAS LLOSA zurück zu ,ernsten', oft politischen Themen. In *La guerra del fin del mundo* (1981) behandelt er die Ereignisse um eine Gruppe Aufständischer, die in einer entfernten Ecke des nordöstlichen brasilianischen *Sertão* um einen charismatischen Führer geschart gegen die ferne Zentralregierung rebellieren; als Intertext dient Euclides DA CUNHAS Essay *Os Sertões* (1902). In *Historia de Mayta* (1984) ,rekonstruiert' der Erzähler die Geschichte eines weltfremden trotzkistischen Revolutionärs, der (unter dem Eindruck der Ereignisse in Kuba 1959) in der peruanischen Provinz Anfang der 60er Jahre mit einer Handvoll unzuverlässiger Desperados die Revolution anzetteln will. In minutiösen Details werden seine (politischen und menschlichen) Motive, sein Handeln, sein Scheitern nachgezeichnet.

3 Zivilisationskritik

El hablador

Von spezifischer Bedeutung unter kulturtheoretischen Gesichtspunkten ist *El hablador* (1987). VARGAS LLOSA greift hier auf die (seiner Meinung nach gescheiterte) Tradition des → indigenistischen Romans zurück, um die Bedeutung autochthoner Mythen darzustellen und die Frage der peruanischen Identität neu zu thematisieren. Stilistisch wieder durch polyphones Erzählen gekennzeichnet, wirft der Roman inhaltlich die Frage nach der Repräsentation fremder kultureller Welten auf. Es alternieren zwei Erzählstränge: ein erster mit der Perspektivik und der Selbstreflexion des Autors VARGAS LLOSA, und ein zweiter aus dem Blickwinkel des titelgebenden Geschichtenerzählers. U. a. durch die Informationen von Schweizer Ethnologen rekonstruiert dieser Ich-Erzähler, dass sein (umfassend gebildeter, dem jüdischen Großbürgertum entstammender und so schon ,multikultureller') Jugendfreund Saúl Zuratas („Mascarita") als *hablador* (,Geschichtenerzähler') unter den *machiguenga*-Indios lebt. Deren von oraler Kommunikation geprägte Welt baut auf völlig anderen als den westlichen Verstehenskategorien auf. Mascarita erweist sich als Grenzgänger zwischen den Kulturen. Er vertritt die Kultur des Oralen, während Vargas Llosa dem Reich der Schrift (und mit Anspielungen auf Kafka auch dem der Intertextualität) verhaftet bleibt. Aus der Vertrautheit mit autochthoner indianischer Kultur heraus kann Saúl seine Zivilisationskritik artikulieren:

¿Nos dan derecho nuestros autos, cañones, aviones y Coca-Colas a liquidarlos porque ellos no tienen nada de eso? ¿O tú crees en lo de ,civilizar a los chunchos', compadre? ... ¿Qué se gana con eso? ... Que se conviertan en zombies, en las caricaturas de hombres que son los indígenas semi aculturados de las calles de Lima.

Der Ich-Erzähler dagegen verbindet mit der Skepsis des Zivilisationskritikers die Hoffnungslosigkeit des ,Postmarxisten':

En el nuevo Perú, inspirado en la ciencia de Marx y Mariátegui, las tribus amazónicas podrían, simultáneamente, modernizarse y conservar lo esencial de su tradición y sus costumbres dentro de ese mosaico de culturas que constituiría la futura civilización peruana. ¿Creíamos, de veras, que el socialismo garantizaría la integridad de nuestras culturas mágico-religiosas? ¿No había bastante pruebas de que el desarrollo industrial, fuera capitalista o comunista, significaba fatídicamente el aniquilamiento de aquéllas? ¿Había una sola excepción en el mundo a esta terrible, inexorable ley? Pensándolo bien ... éramos tan irreales y románticos como Mascarita con su utopía arcaica y antihistórica.

Dass man in *El hablador* des Autors expliziteste Abwendung von der einstigen politisch linken Position gesehen hat, wundert nicht. Mit der (zumindest partiellen) Aufwertung mündlicher Traditionen, mit der interkulturellen Mischung, dem Verlust sicherer Werte auf allen Seiten und der Zwitterposition zwischen Roman und Esssay wird gerade *El hablador* als Inbegriff einer postmodernen Schreibart gewertet (s. dazu versch. Beiträge in Morales Saravia 2000).

Eine wiederum recht eindeutig politische (in diesem Fall gegen die maoistische Befreiungsbewegung *Sendero luminoso* gerichtete) Position verbindet sich mit einer Kriminalhandlung in *Lituma en los Andes* (1993); vom Protagonisten wie von der narrativen Technik her knüpft der Autor hier an *La casa verde* an.

Den politischen Themen steht ein anderer Schwerpunkt gegenüber: Vargas Llosa ist auch Autor von zwei erotischen Romanen. Der erste, *Elogio de la madrastra* (1988), schildert das Skandalon einer Beziehung zwischen der bürgerlichen 40-jährigen Gattin Lucrecia, die sich von ihrem kindlichen frühreifen Stiefsohn ver-

Erotische Zwischen-spiele

führen lässt. In *Los cuadernos de Don Rigoberto* (1997) wird diese Geschichte fortgesetzt; dem geschickten Knaben gelingt es, durch eine von ihm erfundene erotische Korrespondenz das getrennte Elternpaar Lucrecia und Rigoberto wieder zu vereinen. Die beiden Charakteristika sind einmal die langen erotischen Fantasien Rigobertos, die das gesamte Spektrum ‚gewagter' Sexualitäten (am Rand des Pornografischen) durchspielen, und ferner der Bezug auf die Welt der Malerei. Sind es in *Elogio de la madrastra* Vignetten von (meist erotischen) Gemälden, die eingangs der Kapitel schon den Bezug zum sexuellen Thema verdeutlichen, so stellt in den *Cuadernos de Don Rigoberto* die Welt des österreichischen Malers Egon SCHIELE eine erotische Bezugsgröße bereit.

Weitere Werke

Romane: *Los jefes* (1959), *Los cachorros* (1967), *¿Quién mató a Palomino Matero?* (1986); der jüngste Roman, *La Fiesta del Chivo* (2000), ist im Kontext der → Diktatorenromane behandelt. Einige Theaterstücke: *La Señorita de Tacna* (1981), *Kathie y el hipopótamo* (1984), *La Chunga* (1986). Die bedeutendste Essaysammlung des Autors ist *Contra viento y marea* (3 Bde, 1983/90).

Literatur

Giacoman/Oviedo (1971b); Morales Saravia (2000); Penzkofer (1995); Scheerer (1991).

3 KAPITEL

Entwicklung hispanoamerikanischer Literatur in regionalen Räumen

1 Mittelamerika

1 Kulturhistorische Gemeinsamkeiten

Historischer Überblick

Das Kernland der frühen Hochkulturen (Azteken, Maya) befindet sich im heutigen Mexiko sowie im angrenzenden nördlichen Guatemala, Honduras und Belize (bis 1981 brit. Kolonie). Die aus den Provinzen des Vizekönigreichs hervorgehende zentralam. Föderation (1824) zerbricht im Verlauf des 19. Jhs. an den andauernden politischen Konflikten zwischen Liberalen und Konservativen. Politische wie kulturelle Hegemonie gehen von Mexiko bzw. Guatemala aus. Panama gehört bis 1903 zu Kolumbien. Die indigene Bevölkerung ist in Guatemala am stärksten (ca. 45%), ihr Anteil in Costa Rica hingegen gering. Das 20. Jh. ist durch den dominanten Einfluss der USA in Politik und Wirtschaft (Panama-Kanal, Fruit Companies, konfliktreiche *border-line* zu Mexiko) gekennzeichnet. Zahlreiche Diktaturen und (teils indianische) Guerrilla- und Protestbewegungen bestimmen die innenpolitische Geschichte Mittel- bzw. Zentralamerikas.

Literarischer Überblick

Mit politischen Wirkungen auf dem gesamten Subkontinent und bis in die 2. Hälfte des 20. Jhs. hinein bildet die mexikanische Revolution 1910–16 einen historischen Höhepunkt und liefert in Mexiko ein zentrales literarisches Sujet. Weitere literarische Kardinalthemen resultieren aus dem konfliktreichen Zusammenleben der verschiedenen Bevölkerungsgruppen, der kolonialen Vergangenheit sowie der neo- und postkolonialen Folgen wirtschaftlicher Ausbeutung und politischer Abhängigkeit. Im Mittelpunkt stehen Identitätsdiskurse, deren Thematisierung in Literatur und Essay die Suche nach den (prä-) kolonialen Wurzeln der (National-) Kultur mit der Situation und den Befindlichkeiten in der Gegenwart verbindet. Erst im späten 20 Jh. tritt die Frage nach einer positiv „verbindlichen" Identität zurück, und zunehmend behaupten sich postmoderne Diskurse, die die (National-) Geschichte, kulturelle Mythen und traditionelle Positionen der Geschlechter dekonstruieren bzw. literarisch parodieren. Die Literaturen der „kleinen" Länder stehen nicht selten im Schatten der Boom-Autoren der 60er und 70er Jahre. Bei genauerer Betrachtung fällt ein großer Anteil von Autorinnen in der Region ins Auge.

Weitere Kapitel
→ Miguel Angel Asturias, → Juan Rulfo, → Carlos Fuentes, → mexikanischer Revolutionsroman, → Essay

2 Mexiko

Avantgarde

Die mexikanische Literatur des 20. Jhs. konstituiert innerhalb des lateinam. Subkontinents eine der vielfältigsten mit umfangreichem Textkorpus. In der Essayistik werden grundlegende Beiträge zur Diskussion der Identitätsproblematik geliefert (Vasconcelos, Paz, Pacheco). Die → Avantgarde bildet Schulen (*estridentistas* mit dem federführenden Maples Arce, später Novo, Villaurrutia bei den *contemporáneos*), gründet Zeitschriften (u. a. *Horizonte, Ulises, Contemporáneos*) und nimmt in lyrischen Sprachspielen europäische sowie fernöstliche Anregungen auf.[1]

Revolution

Die Literarisierung der Revolution erfolgt in zwei Phasen: In der ersten (*novela de la revolución*) verbinden sich dokumentarische Nähe und bereits kritische Bewertungen (Azuela). Mit wachsender historischer Distanz entstehen literarisch innovative Romantexte (*literatura revolucionaria*), die die Revolution als gescheitert darstellen (Yáñez, Rulfo, Fuentes). Komplexe Repräsentationen mexikanischer Geschichte greifen das Vorfeld der Revolution auf und beziehen metafiktionale Reflexionen ein. Literarische Vorwegnahmen magisch-realistischer Strukturen (García Márquez, Asturias) in *Los recuerdos del porvenir* (1963) von Elena Garro bzw. satirische Texte wie *Los relámpagos de agosto* (1964) von Jorge Ibargüengoitia machen die stark veränderte Herangehensweise an den „Dauerbrenner Revolution" deutlich. Ebenso werden die Mythen der Revolution wie auch der „postrevolutionären" mexikanischen Gesellschaft der ersten Jahrhunderthälfte aus feministischer Perspektive dekonstruiert. (Poniatowska, Mastretta, Esquivel; → Frauenliteratur).

Jahrhundertmitte

Nach einer ästhetizistischen Phase der Abkopplung von sozialer Problematik in der Lyrik (*poesía pura*) bringt die Erfahrung des Spanischen Bürgerkriegs zwangsläufig einen Politisierungsschub für Autoren wie Octavio Paz mit sich. Seine Essaysammlung *El laberinto de la soledad* (1950) löst die (auch) postmoderne Diskussion über die *mexicanidad* und den Begriff der Identität schlechthin aus. Mit *Libertad bajo palabra* (1949) wirft er später vor allem Fragen des Kulturkontakts und der interkulturellen Kommunikation auf, während in den 60er und 70er Jahren in *Blanco* (1967) und *El mono*

---

1 José Juan Tablada experimentiert mit dem japanischen Kurzgedicht *haiku* und viuseller Poesie.

gramático (1974) mystische und erotische Themen unter fernöstl. Vorzeichen und dann sprachphilosophische Fragestellungen dominieren. Formbildend und von grundlegendem Einfluss für die *Nueva Novela* ist das schmale Werk Juan RULFOS: Vor allem *Pedro Páramo* (1955) hat den Zyklus der modernen, weltweit rezipierten lateinam. Literatur der 50er, 60er und 70er Jahre eröffnet. Juan José ARREOLA, Meister der Kurzgeschichte Kafkaesken Zuschnitts (*Confabulario*, 1952), prägt die nachfolgende Schriftstellergeneration. Das Massaker von Tlatelolco 1968 bringt für die Intellektuellen eine große Ernüchterung mit sich und bezeichnet künftig einen Einschnitt in der Literaturgeschichte *(cultura/literatura posttlatelolco)*. José REVUELTAS ist mit *Los días terrenales* (1949) stärker politisch engagiert (Gefängnis im Kontext der Studentenbewegung) und liefert mit *El apando* (1969) eine Parabel gesellschaftlichen Niedergangs.

Post-Tlatelolco-Generation

Mit einer literarischen ,Vorgeschichte', die bis in spätavantgardistische Zeiten zurückreicht, kann der Literaturnobelpreisträger[2] Octavio PAZ vor allem als politisch wie literarisch engagierter Intellektueller dieser Generation gelten. Hier seien außerdem stellvertretend Texte von Juan VILLORO (*Ucronías* 1990), experimentelle Lyrik von Marco Antonio MONTES DE OCA (*Poesía semoá*, 1953-70) und Jaime SABINES (*Recuento poemas*, 1962) genannt. Eine kaum überschaubare Zahl an Autoren und die Diversifizierung der Themen und Stilrichtungen, die nicht mehr traditionell mexikanisch orientiert sind, verdeutlichen auch, dass die kulturelle Hegemonie der bisherigen literarischen Elite gebrochen ist. Sogenannte Subkulturen manifestieren sich, zu denen auch die *literatura de la Onda*[3] (Gustavo SAINZ, José AGUSTÍN) gezählt werden kann, die bereits vor 1968 offensive Antworten auf die etablierte *Nueva Novela* und das kulturelle Phänomen der → Boom-Literatur in Lateinamerika gibt.

Differenzierung in der zweiten Jh.-hälfte

Einer der wichtigsten Autoren und Vertreter des Boom ist Carlos FUENTES. Mit (post-)modernen Erzählstrukturen greift er Themen auf, welche von den kulturellen Folgen der mexikanischen Revolution bis zu denen der westlichen Zivilisation reichen. Rosario CASTELLANOS wird in der Jh.-mitte mit neoindigenist. Texten und innovativen magisch-realist. Erzählstrukturen zur Gründerfigur einer Erzählrichtung, die auch Autoren und Autorinnen nachfolgender Generationen prägt. Dem französischen *nouveau roman*

---

2 Er erhält 1990 den Nobelpreis und zuvor, im Jahre 1984, den Friedenspreis des Börsenvereins des deutschen Buchhandels.

3 Die *Onda* konstituiert einerseits ein soziales Phänomen, dessen Höhepunkt im Rockfestival von Avándaro 1971 zu sehen ist. Als literarische Phase beginnt sie 1964 mit *La tumba* von José AGUSTÍN und endet etwa 1972.

verwandte Strukturen finden sich bei Josefina VICENS und Salvador ELIZONDO (*Farabeuf*, 1965). GARCÍA PONCE, VILLORO, MONSIVÁIS, PITOL, PETTERSON, MOLINA, PUGA, SAMPERIO u. v. a. erweitern mit experimentellen, polyphonen Texten den bisherigen literarischen Diskurs. Im klassischen Exilland[4] Mexiko sind Themen der jüdischen Diaspora präsent (J. E. PACHECO: *Morirás lejos*, 1967). PACHECO ist ein Vielschreiber, der in nahezu allen Gattungen zu Hause ist und sich u. a. auch der wenig thematisierten kindlichen Perspektive zuwendet. Homero ARIDJIS kehrt mit der Literarisierung der Judenvertreibung in Spanien 1492 zu historischen Themen zurück (*Vida y tiempos de Juan Cabezón de Castilla*, 1985). Er streift den KOLUMBUS-Stoff, den Herminio MARTÍNEZ mit satirisch-boshaftem Vorzeichen und dem Slang der *Onda* in *Las puertas del mundo* (1992) als *Biografía hipócrita del almirante* präsentiert. Fernando DEL PASO entwirft in *Noticias del Imperio* (1987) einen neuen Blick auf die mexikanische Geschichte. Eine Vielzahl von Schriftstellerinnen und Schriftstellern in allen Landesteilen widmet sich regionalen Themen bzw. kosmopolitischen Fragestellungen. Besonders interessant erscheinen Grenzkulturen, wie die *borderline-culture* im Grenzgebiet zwischen Mexiko und USA. Die Zuordnung zu *einer* Nationalliteratur ist problematisch. Die Texte der *borderculture* thematisieren das (traditionelle) Problem kultureller Identität wiederum als offenen Konflikt:

Are neither hispana india negra española
Ni gabacha, eres mestiza, mulata, half-breed
Caught in the cross-fire between camps
While carrying all five races in your back
Not knowing which side to turn to, run from[5]

3 Guatemala, El Salvador, Honduras

Guatemala Guatemala ist eines der wenigen Länder Lateinamerikas mit einer ausgeprägten literarischen Tradition seit der Kolonialzeit. Im ausgehenden 19. Jh. finden sich realistische (R. A. SALAZAR) und naturalistische Tendenzen (E. M. SOBRAL). Maximo SOTO HALL begründet die *novela antiimperialista* (*El problema*, 1899; *La sombra de la Casa Blanca* 1927). In modernist. Zeit ragt Enrique GÓMEZ CARRILLO heraus, der die meiste Zeit seines Lebens in Paris verbringt und nachfolgende Generationen beeinflusst. Die guatemaltekische Literatur ist vor allem in den erzählenden Genres (Roman,

---

4 Auf der Flucht von den faschistischen Diktaturen Francos und Hitlers gehen zahlreiche Intellektuelle nach Mexiko.
5 Gloria ANZALDUA (1987): *Borderlands / La Frontera*. San Francisco: Aunt Lute Books, 194.

Kurzgeschichte, Chronik, → Regionalroman usw.) stark entwickelt. Rafael Arévalo Martínez' Erzählung „El hombre que parecía un caballo" fehlt in kaum einer einschlägigen lateinam. Anthologie der Gattung. Die Erneuerung der Kurzerzählung erfolgt vor allem durch Augusto Monterroso, der mit → Borges und Arreola verglichen wird.

Zwischen Diktatur und Revolution

Vor allem die Diktaturen von Estrada Cabrera und Ubico hinterlassen literarische Spuren bei den guatemaltekischen Schriftstellern (Wyld Ospina, Asturias, → Diktatorenroman). Zahlreiche Autoren sind gezwungen ins Exil zu gehen. In der Folge der (naturalistisch/avantgardistisch orientierten) Generation von 1920 (Brañas, Herrera, Vela u. a.) behauptet sich politisch engagierte Erzählliteratur (Monteforte Toledo, Galich). Literarische Gruppen wie „Acento" und „Grupo Saker-ti" unterstützen die Revolution von 1944. Nach der US-amerikanischen Invasion reagiert die *generación comprometida* mit kämpferischer Lyrik (O. R. Castillo). Weitere literarische Gruppen bilden sich bis in die 80er Jahre (*Nuevo Signo* 1967, *Moira, Editorial Rin-78* in den 70er Jahren, *Rial Academia* 1987). Charakteristisch für die Literatur ab den 70er Jahren ist u. a. eine, teils kritische, Bewertung der Guerrilla (Flores, Morales), z. B. aus feministischer Perspektive bei Ana María Rodas (*Poemas de la izquierda erótica*, 1973). Arturo Arias, einer der erfolgreichsten Autoren der Gegenwart, (*Itzam na*, 1981), verwendet einen der mexikanischen *Onda* ähnlichen Stil.

El Salvador

Im Unterschied zu Guatemala gibt es kaum literarische Strömungen oder Gruppenbildungen. Lyrik dominiert als literarische Gattung. Der Modernist Francisco Gavidia gilt als Begründer moderner salvadorianischer Literatur. Kostumbristische Literatur (A. Ambrogi, J. M. Peralta Lagos) folgt der modernistischen Phase. Salarrué (d. i. Salvador Salazar Arrué) ist durch seinen magisch-realistischen Stil (*El Cristo negro,* 1922) und regionalistische, technisch ausgefeilte Kurzgeschichten (*Cuentos de barro,* 1933) auch international bekannt. Claudia Lars (d. i. Carmen Brannon), deren Lyrik auch mit der von Gabriela Mistral verglichen wird, vertritt im Gegensatz zu den engagierten Texten von P.G. Rivas eher die Position der *poesía pura.* Nach avantgardistischen Experimenten (A. Rosales y Rosales, A. Guerra-Trigueros, Zeitschr. *Patria*) verarbeitet die Generation der 48er Revolution die Repression durch die Diktatur vor allem in lyrischen Texten (A. Gamero, O. Escobar Velado, P. G. Rivas). Lydia Nogales (d. i. Raúl Contreras), zieht sich mit mysteriös-modernistischen Reminiszenzen aus sozialem und politischem Engagement zurück und polarisiert die salvadorianischen Schriftsteller in die Lager von (politisch) engagierter und sich selbst genügender Literatur. Hugo Lindo umgeht mit Science-Fiction soziale und politische Fragestellungen. Auf der ‚Gegenseite' agiert Roque DALTON (u. a. *Taberna y otros lugares,* 1969) gleichermaßen intensiv in der Literatur wie im bewaffneten Kampf. Der prominente *guerrillero* wird 1975 von einer maoistischen Fraktion der Organisation[6] ermordet, der er sich ein Jahr zuvor angeschlossen hat. In der 2. Hälfte des Jhs. machen sich Claribel ALEGRÍA (Lyrik, Roman und Testimonal-texte) und Manlio ARGUETA einen Namen. Sein Roman *Un día en la vida* (1980) vermittelt eine tiefgehende psychologische Analyse der Bürgerkriegsfolgen für die Bevölkerung.

Honduras

Das Land steht kulturell im ‚Schatten' Guatemalas. Bildungseli-ten orientieren sich außerdem traditionell an Mexiko. Froylán TURCIOS fördert mit der Gründung von lit. Zeitschriften zu Beginn des 20. Jhs. das kulturelle Leben. Neben modernist. Tendenzen (J. R. MOLINA: *Tierras, mares y cielos,* 1911) und ersten Romanen (Lucila GAMERO DE MEDINA: *Blanca Olmedo,* 1903) ist die erste Jahrhunderthälfte vor allem durch kostumbrist. Texte gekenn-zeichnet (V. CÁCERES LARA, M. A. ROSA), deren Handlungsrahmen im ländlichen und städtischen Milieu angesiedelt sind. Das femi-nistische Selbstbewusstsein von Clementina SUÁREZ (*Corazón sangrante,* 1930) wirkt in späteren Generationen nach. Vorrangiges soziales Thema bildet die Situation auf den Bananenplantagen der Fruit Companies (P. NAVAS DE MIRALDA, M. CARÍAS REYES, Lyrik von J. A. CASTELAR). Literarisch innovative Techniken finden sich im Stadtroman über Tegucigalpa *Una función con móbiles y tente-tiesos* von CARÍAS ZAPATA. Den Krieg mit El Salvador 1969 the-matisieren J. ESCOTO und E. BÄHR. Die Lyrik (BARRERA, CÁRCOMO, später SOSA, ACOSTA) entwickelt sich im Umfeld einer politisierten Avantgarde (Diktatur von Tiburcio CARÍAS ANDINO, 1933–49), enthält Elemente der *poesía negrista* und thematisiert in der 2. Jh.-hälfte die polit. Realität des Landes, wobei ironische Untertöne zunehmen (Luis QUESADA: *Las cosas por su nombre,* 1978) und ver-stärkt Autorinnen zu Wort kommen (RAMOS, ONDINA SABONGE).

4 Nicaragua, Costa Rica, Panama

Nicaragua

Der modernist. Dichter Rubén DARÍO (*Azul,* 1888; *Cantos de vida y esperanza,* 1905) gilt als die herausragendste lit. Persönlichkeit des Landes (→Modernismo, → Lyrik). Er hat mit der Verbindung von innovativer Metaphorik, französischen Stilerfahrungen (Symbo-lismus, Parnass) und metrischer Virtuosität (136 Strophentypen) die künftigen Dichtergenerationen Lateinamerikas geprägt und

---

6 Es handelt sich um das *Ejército Revolucionario del Pueblo* (ERP), dessen Mitglieder vor allem radi-kalisierte Christen und ehemalige Christdemokraten sind.

nachhaltigen Einfluss auf die spanische Literatur der Zeit ausgeübt. Auch die Avantgarde verzeichnet in Nicaragua mit J. CORONEL URTECHO, J. PASOS (1915–1947) und P. A. CUADRA (*1912) namhafte Autoren. CUADRA nimmt in *Poemas nicaragüenses* (1934) Folklore, Legenden, präkolumbische Mythen und Populärsprache auf. Der ‚Gesprächston‘ seiner Texte findet sich in den 60er Jahren bei Ernesto CARDENAL (und URTECHO) wieder im hybriden Konzept der exterioristischen Poesie (*El estrecho dudoso*, 1966). Während CUADRA später zum glühenden Verfechter eines traditonellen Christentums wird, öffnet sich CARDENALs Dichtung im Kontext der Theologie der Befreiung einer revolutionär-christlichen Botschaft (*Epigramas*, 1961). CARDENAL repräsentiert wie kein anderer Dichter die nicaraguanische Lyrik der 2. Jh.-hälfte. Der Sieg der Sandinistischen Befreiungsfront (FSLN) über die SOMOZA-Diktatur 1979 zeigt in paradigmatischer Weise noch einmal die für Lateinamerikas Geschichte typische enge Verquickung von literarischem und politischem Engagement: Zahlreiche Schriftsteller sind Kämpfer der Widerstandsbewegung und übernehmen in der Sandinistischen Regierung politische Ämter: so Sergio RAMÍREZ (*¿Te dio miedo la sangre?*, 1977), Tomás BORGE und Ernesto CARDENAL. Lizandro CHÁVEZ ALFARO literarisiert bereits 1963 in *Los monos de San Telmo* die sandinistische Guerrillabewegung und erfasst in *Trágame tierra* (1969) die konfliktreiche Entwicklung des Landes im 20. Jh. Revolutionärer Pathos (mit teils didaktischer Note), feministisches Engagement und lyrische Innovation sind nach 1979 bei Schriftstellerinnen wie M. NAJILI (*Augurios*, 1981), A. I. GÓMEZ und vor allem Gioconda BELLI (*La mujer habitada*, 1988) zu entdecken. Die Erfahrungen von Diktatur und Befreiungsbewegung haben auch eine über die Landesgrenzen hinaus rezipierte Testimonialliteratur hervorgebracht (Omar CABEZAS: *La montaña es algo más que una inmensa estepa verde*, 1982; Tomás BORGE: *La paciente impaciencia* 1989). Zahlreiche lateinam. Autoren identifizieren sich mit der letzten erfolgreichen Revolution Lateinamerikas im 20. Jh., so GARCÍA MÁRQUEZ, → CORTÁZAR (*Nicaragua tan violentamente dulce*, 1983) und Antonio SKÁRMETA (*La trama*, 1981).

Costa Rica

Die „amerikanische Schweiz" verkauft ihr Image eines patriarchalischen, (vergleichsweise) friedliebenden, arbeitsamen und gesetzestreuen Landes vor allem zu touristischen Werbezwecken. In der Literatur polemisieren seit Beginn des Jhs. bis in die 30er Jahre die kosmopolitisch orientierten Modernisten (A. J. ECHEVERRÍA, F. GUARDIA) mit den kostumbristischen Verfechtern regionalistischer Richtung (M. GONZÁLEZ ZELEDÓN, C. GAGINI). Im Regionalroman (*Mamita Yunai*, 1941, von C. L. FALLAS) werden die sozialen Folgen wirtschaftlicher Monokulturen angeklagt. Gegen ländlich kolloquialen Stil und entsprechende Thematik wendet sich Yolanda OREAMUNO mit der Forderung, sich in der Literatur der Stadt und den psychischen Folgen der Technikentwicklung zuzuwenden. In *La ruta de su evasión* (1949) bedient sie sich der JOYCEschen Bewusstseinsstromtechnik. Frauen nehmen eine großen Platz unter den Autoren des 20. Jhs. ein (M. I. CARVAJAL, L. GONZÁLEZ, L. RAMOS, später C. NARANJO, A. ROSSINI, T. LOBO u. a.).

Zweite Jahrhunderthälfte

Nach einer literarisch wenig produktiven Phase infolge des Bürgerkriegs 1948 dominieren urbane Themen. In der Lyrik stehen afrokaribische Dichtung (Q. DUNCAN, E. BERNARD), Gefühlslyrik (A. CHASE), exterioristische Dialog-Poesie (L. DOBLES) und genderspezifische Themen (A. Istarú) nebeneinander.

Panama

Nach modernist. Anfängen im 20. Jh. ist dank des Engagments von Roger SINÁN (d.i. Bernardo DOMÍNGUEZ ALBA) die Avantgarde präsent mit der Publikation von *Onda* (1929). SINÁN bedient alle Gattungen und hat mit *Plenilunio* (1947) einen Roman mit metafiktionaler, auf die konstruktive Aktivität des Lesers ausgerichteter Technik geschrieben. Die US-amerikanische Invasion 1989 löst literarische Proteste in der Lyrik aus (R. OVIERO, M. OCHOA, B. PERALTA). Erst verhältnismäßig spät in der 2. Jh.-hälfte vermögen sich erzählende Gattungen dauerhaft neben der Lyrik zu behaupten (C. TOMÁS). Die Themen sind breit gefächert: von anfänglich eher ländlicher Thematik (G. ROJAS SUCRE), Anklage der Fruit Companies (J. M. SÁNCHEZ, C. A. CANDANEDO), dem sog. ‚Kanal-Roman' (J. BELEÑO) bis hin zur Problematisierung der Stadt (P. RIVERA u. a.). Auch hier nehmen, wie in anderen lateinam. Nationalliteraturen, gegen Ende des Jhs. entmythisierende und parodistische Tendenzen zu (R. PERNETT Y MORALES, *Estas manos son para caminar*, 1977).

Literatur

Aguirre (1998); Arbeitskreis Mexiko-Studien (1998); Arias (1998); Bonilla (1961); Domínguez Michael (1997); Guillén (1985); Jaramillo Levi (1999); Salinas Paguada (1991); Umaña (1986; 1990; 1992); Zavala/Araya (1995).

2 Karibik

1 Zur politischen Entwicklung der karibischen Inselstaaten

Für die Betrachtung der Literatur der drei karibischen Inselstaaten Kuba, Puerto Rico und der Dominikanischen Republik sind die spezifischen historischen und politischen Entwicklungslinien von Relevanz. Während die sog. Entdeckung Amerikas damit beginnt, dass Kolumbus den Boden einer Karibikinsel betritt, dauert die koloniale Vorherrschaft Spaniens gerade in dieser Region am längsten. Später als alle anderen Teile Lateinamerikas, können sich Kuba und Puerto Rico erst nach dem Krieg zwischen Spanien und den USA (1895–1898) von ihrem Mutterland lossagen. Im Falle Kubas bleibt die neu gewonnene staatliche Unabhängigkeit durch das Interventionsrecht der Vereinigten Staaten („Platt Amendment") eingeschränkt. Von diesem Recht wird mehrfach Gebrauch gemacht, und bis zur kubanischen Revolution von 1959 wird Nordamerika einen bedeutenden Einfluss auf Wirtschaft, Politik und Kultur des Inselstaates behalten.

Auch die Dominikanische Republik, die bereits 1865 die Selbstständigkeit erreicht, wird acht Jahre lang besetzt. Der zunehmende wirtschaftliche Einfluss Nordamerikas vermag indes die sozialen und ökonomischen Probleme der Karibik nicht zu lösen, nicht einmal in Puerto Rico, jenem Land, das nach 1898 von den Nordamerikanern besetzt bleibt und einen Sonderstatus als den USA frei assoziierter Staat („Estado Libre Ascociado") behält.[7]

> **Geschichtlicher Abriss**

So unterschiedlich die Entwicklungen der drei Staaten im einzelnen auch sind, so haben sie mehr gemeinsam als die späte Unabhängigkeit und die Auseinandersetzung mit den USA als neuer Hegemonialmacht. Den Schriftstellern und Intellektuellen kommt schon im Zuge des Unabhängigkeitsstrebens im 19. Jh. eine bedeutende Rolle zu, was sich meist in den Werken niederschlägt (Pflege des → Essays als literarische Gattung). Aufgrund des hohen afroamerikanischen Bevölkerungsanteils stellen sich die Problematik der Sklavenbefreiung und in der Folge die der sozialen Integration der Schwarzen in allen Inselstaaten besonders vehement.

Die geografischen, klimatischen und bes. die historischen Parallelen haben zwar keine homogene Identität, doch ein spezifi-

> **Gemeinsamkeiten**

---

7 Seit 1917 genießen die Puertorikaner in den USA Bürgerrecht, seit 1952 ist das Land assoziiertes Mitglied der Vereinigten Staaten. Die Unabhängigkeitsbewegung hat keine Chance auf eine Abstimmungsmehrheit. Für die aus der Assoziierung unbestreitbar resultierenden Vorteile zahlt das Land mit einer äußerst hohen Emigrantenquote und unbefriedigten Gleichstellungswünschen.

sches karibisches Selbstgefühl geprägt, welches bis in die Epoche der Befreiungsbewegungen des 19. Jhs. zurückgeht. Freilich schließt der karibische Raum auch Teile des Festlands ein, doch herrscht gerade auf den Inselstaaten (neben Formen des „Bruderzwists" zwischen dem frankophonen Haiti und der Dominikanischen Republik) der Eindruck vor, einen historischen und kulturellen Raum zu teilen. Die Bewegung des Panantillismus um den puertorikanischen Dichter Luis LLORÉNS TORRES (*La canción de las Antillas*, um 1913) und seine *Revista de las Antillas* ist allerdings episodisch geblieben.

Diktaturen und Revolution

Ab ca. 1930 herrschen in Kuba und in der Dominikanischen Republik Diktatoren mit Unterstützung der Vereinigten Staaten (z. B. Fulgencio BATISTA bzw. Rafael TRUJILLO); sie treiben zahlreiche Schriftsteller ins Exil (so in der Dominik. Rep. Miguel ALFONSECA und Juan BOSCH). In Kuba siegt 1959 nach sechsjährigem Kampf die antidiktatorische Befreiungsbewegung unter Fidel CASTRO; der „karibische Sozialismus" wird für lange Jahre ein Modell und Hoffnungsträger nicht nur der sog. Dritten Welt. Die kubanische Revolution proklamiert selbstbewusst eine neue, ‚authentische', vom kapitalistischen Massenkonsum emanzipierte Kultur und Ästhetik. Neben einer beispiellosen Alphabetisierungskampagne erfolgt eine starke staatliche Förderung der Literatur durch zahlreiche neue Literaturpreise, durch eine Restrukturierung des Verlagswesens (Casa de las Américas) und durch die „Volkserziehung" in den sog. *talleres literarios*. Zensurmaßnahmen schränken allerdings bald diese neuen Möglichkeiten ein (nach der Devise Fidel CASTROS „dentro de la revolución: todo; fuera de la revolución: nada"). Der ersten Auswanderungswelle einiger Schriftsteller und besonders großbürgerlicher Bevölkerungsanteile am Beginn der Revolution folgt seit den 70er Jahren der Exodus von Intellektuellen, der 1980 mit der Auswanderung Tausender Kubaner in die USA einen Höhepunkt findet. Der „Fall Padilla" spaltet Anfang der 70er Jahre die internationale intellektuelle Welt; der Lyriker Heberto PADILLA wird von den politischen Behörden zu einer Selbstkritik gezwungen, gegen die sich auch linke, mit der kubanischen Revolution bis dahin sympathisierende Autoren und Denker wenden.

Die ökonomische Isolierung der Insel bringt diese zunächst in die Abhängigkeit der Sowjetunion; nach deren Zerfall in den 90er Jahren durchlebt Kuba eine durch die nordam. Boykottpolitik verschärfte Phase der wirtschaftlichen Not („Período especial").

Begründer der Entwicklungen des 20. Jhs. sind Autoren, welche die politische und literarische Selbstständigkeit der karibischen Staaten entscheidend prägten, in Kuba etwa der Essayist, Kultur- und Literaturkritiker und Lyriker Domingo DEL MONTE. Sein Pendant als Wegbereiter einer eigenständigen Kultur in Puerto Rico ist der Politiker und Universalgelehrte Eugenio María DE HOSTOS.

Gründungsfiguren

Bereits vor dem → Modernismo, wird in der Karibik die → Lyrik besonders gepflegt, so von dem in Kuba wegweisenden José María HEREDIA. In Puerto Rico gilt Lola RODRÍGUEZ DE TÍO als die große Figur der romantischen Lyrik. Ihr Landsmann Alejandro TAPIA Y RIVERA gründet die Theaterkultur seines Landes; mit allen Gattungsformen vertraut, liegt seine stärkste Seite in der Lyrik. Manuel ALONSOS Konzept des *criollismo* bleibt bis ins 20. Jh. hinein einflussreich.

Das Theater Kubas wird zu einer verbreiteten volkstümlichen Kulturinstitution, das oft Unterhaltungsfunktion innehat; als Autoren von Dramen sind heute vor allem José Jacinto MILANÉS und Gertrudis GÓMEZ DE AVELLANEDA bekannt.

Zweifellos aber ist die Narrativik die am stärksten präsent gebliebene literarische Gattung. Im Roman suchen die Autoren und Autorinnen einerseits Anschluss an die schreibtechnischen und konzeptuellen Vorgaben Europas, an Romantik und Realismus, füllen diese aber mit unverwechselbaren autochthonen Themen. Ein großes Sujet bestimmt dabei die Diskussion und die Literatur: die Sklavenemanzipation.

Erzählliteratur

Aufgund der unmenschlichen Dimensionen der Sklaverei in der Karibik[8] gewinnt dieses Thema eine politische und zugleich tiefe menschliche Dimension. Die bekanntesten kubanischen Werke der *novela abolicionista*, des ‚Anti-Sklavenromans‘, sind *Francisco* (1839 verfasst, 1880 ersch.) von Anselmo SUÁREZ, *Cecilia Valdés o La Loma del Angel* (1. Version von 1839, Endfassung in New York 1882; → Großstadtroman) von Cirilo VILLAVERDE und *Sab* (1841) von Gertrudis GÓMEZ DE AVELLANEDA. Die auffälligen Zeitsprünge zwischen Abfassung und Veröffentlichung deuten bereits auf die Brisanz der Thematik im damaligen Kontext hin. Die in Kuba sehr populäre Verfasserin von *Sab*, „die AVELLANEDA", verbringt zwar die meiste Zeit ihres Lebens in Spanien, avanciert aber dennoch durch ihr sentimental-kritisches Werk zur Symbolfigur eines neuen Fühlens und Denkens. *Sab* thematisiert die (unerfüllte)

Novela abolicionista

---

8 Unbeschadet des Verbots der Leibeigenschaft durch England 1833, hob Spanien erst 1873 (für Puerto Rico) bzw. 1880 (für Kuba) die Sklaverei auf.

Liebe eines schwarzen Mannes zu einer weißen Frau, deren Familie er vor dem finanziellen Ruin rettet. Dennoch wird sie einen anderen Mann, einen Weißen, heiraten. 1844 wird der Roman in Kuba von der Zensur verboten, weil er subversive Gedanken über das System der Sklaverei auf der Insel enthalte und der Moral und den guten Sitten entgegenstehe. Nicht nur die Liebe eines Schwarzen zu einer Weißen ist hier das große Skandalon, sondern insgesamt der sozialromantische Gestus, der neben der schwärmerischen Liebe die Freiheit des Individuums besingt (und dabei alle Register der romantischen Klischees vom ‚Edlen Wilden' bis zum Selbstmord durch Gift zieht). Die *novela abolicionista* strahlt noch weit ins 20. Jh. (vgl. Lino NOVÁS CALVO, *Pedro Blanco, el negrero*, 1933).

3 Die Literatur in Puerto Rico und der Dominikanischen Republik im 20. Jh.

Novela com-prometida

Der Eintritt ins 20. Jh. steht in der Karibik politisch im Zeichen der Selbstständigkeit, ästhetisch im Zeichen des Modernismo. Doch nach einer Zwischenphase des ‚dekadenten' *fin-de-siècle*-Romans taucht die *novela comprometida* auf, deren Romanpoetik meist naturalistischen Konzepten folgt. In Puerto Rico gilt Manuel ZENO GANDÍA als Spätnaturalist (insbes. wird sein Roman *La charca*, 1894, in Bezug zur Romantheorie von ZOLA gesetzt). Im Umfeld des späten Naturalismus schreiben auf den Antilleninseln besonders politisch engagierte Autoren: in Kuba der sozialistische Gewerkschafter Carlos LOVEIRA (*Generales y doctores*, 1920) und Enrique SERPA (*Contrabando*, 1938), in Puerto Rico der kommunistische Funktionär César ANDREU IGLESIAS (*Los desterrados*, 1956) sowie Enrique A. LAGUERRE, der bekannteste Vertreter der „Generación del 30". Sein umfangreiches Werk gehört zwei unterschiedlichen Schaffensperioden an. Das Frühwerk kreist um Themen des ländlichen Lebens und literarisiert Szenen aus dem Alltag der *jíbaros* (der puertorikanischen Kleinbauern); der Einfluss des → Regionalromans ist hier spürbar (*La llamarada*, 1935; *La resaca*, 1949; *Los dedos de la mano*, 1951). Ab Ende der 50er Jahre entdeckt LAGUERRE die Großstadt als Thema, gleichzeitig gewinnt sein Stil stärker experimentellen Charakter (*Cauce sin río*, 1962; *Infiernos privados*, 1986; *Los gemelos*, 1992).

Nueva novela histórica und Gegenwartsroman

Der neue historische Roman bildet auch in Puerto Rico in den letzten Jahrzehnten einen kleinen Post-Boom (etwa bei Guillermo A. BARALT und Fernando PICÓ). Afrokaribischer Thematik wendet sich Edgardo RODRÍGUEZ JULIÁ zu (u. a. *La renuncia del héroe Baltasar*, 1981). In jüngster Zeit häufen sich Beispiele für eine ‚postmoderne' Experimentalität (etwa bei Luis Rafael SÁNCHEZ, *La importancia de llamarse Daniel Santos*, 1988) oder für den Aufbruch des paternalistischen Diskurses durch die Thematisierung von Homosexualität bei Magali GARCÍA RAMIS (*Felices días, tío Sergio*, 1986;) und Manuel RAMOS OTERO (*El cuento de la Mujer de Mar*, 1979). Feministische Themen und weibliche Körpererfahrung werden von puertorikanischen Autorinnen wie Rosario FERRÉ (*Papeles de Pandora*, 1976), Ana Lydia VEGA oder Carmen LUGO FILIPPI literarisiert.

Der dominikanische Literaturwissenschaftler Pedro PAIX begründet in seiner Studie *La narrativa yugulada* (1981) das Fehlen einer nennenswerten Narrativik in seinem Land mit der jahrzehntelangen Unterdrückung und der folgenden Unterentwicklung. Der Politiker und Essayist Juan BOSCH, Gegenspieler des Diktators TRUJILLO, hat mit *La mañosa* (1936) einen politischen Roman vorgelegt. Erwähnenswert aus jüngerer Zeit ist Aída CARTAGENA PORTALATÍNS *Escalera para Electra* (1969; die Autorin ist auch Literaturwissenschaftlerin). Gegenwärtig lebt eine starke dominikanische Gemeinde in der New Yorker South Bronx, wo der Roman geschrieben wurde, der als der interessanteste seines Landes gilt, Viriato SENCIÓNS *Los que falsificaron la firma de Dios* (1992).

Narrativik der Dominikanischen Republik

Der Essay, der schon im 19. Jh. eine bedeutende Rolle gespielt hat, wird weiterhin gepflegt. In der Dominikanischen Republik sind Pedro HENRÍQUEZ UREÑA, (*Seis ensayos en busca de nuestra expresión*, 1928) und Juan BOSCH, (*El pentagonismo sustituto del imperialismo*, 1967) zu erwähnen.

Andere Gattungen

In der puertorikanischen Lyrik finden wir im Umfeld der → Avantgarde den *Diepalismo* (nach J. I. de DIEGO PADRÓ) und die Dichtungen von Luis PALÉS MATOS, später das sehr idiosynkratische Werk von Julia DE BURGOS. Gerade in der Dominikanischen Republik ist die Lyrik die wesentliche Gattung, welche nach einem Generationsschema einteilbar ist in „Poetas Independientes" (40er Jahre, Manuel DEL CABRAL, Pedro MIR), „Poesía Sorprendida" (Aída CARTAGENA PORTALATÍN, Gatón ARCE mit surrealistischen Experimeten im Sinne der *écriture automatique*), „Generación del 48" mit existentialistischer Ausrichtung (Marcio VELOZ MAGGIOLO) und „Generación del 60" (Jeannette MILLER). Nach TRUJILLOS Tod dann entsteht die „Joven Poesía", in der schreibende Frauen eine große Präsenz aufweisen und das afrokaribische Erbe stark ins Bewusstsein tritt.

Vorreiter-rolle der Lyrik

Die Vorreiterrolle, die schon im 19. Jh. und im Modernismo die Lyrik bei der Prägung des ästhetischen Ausdrucks übernimmt, verstärkt sich in der Folgezeit. Unter den Dichtern, die entscheidend den literarischen Diskurs bis zur Gegenwart prägen, seien nur Nicolás GUILLÉN, Begründer der „Poesía negrista"; und LEZAMA LIMA als Hauptvertreter des „Grupo trascendentalista" genannt.

Klangexperimente im Roman

Der „máximo novelista" Kubas, → CARPENTIER, beginnt in den 30er Jahren, die afrokubanischen Klang- und Sprachexperimente, die in der Lyrik benutzt werden, auch in die Narrativik einzubringen. Diesem Trend folgt auch Enrique LABRADOR RUIZ, der seinen Romanen den programmatischen Titel *novelas gaseiformes*, („gasförmige Romane') gibt. RUIZ' Werke (*El laberinto de si mismo*, 1933, *Cresival*, 1936, *Anteo*, 1940) wenden sich entschieden ab von allen realistischen Tendenzen; sie erfordern eine Mitarbeit des Lesers, wie sie später bei → CORTÁZAR wieder auftaucht. Obwohl Autodidakt, sind die Einflüsse der Europäer, die den Romandiskurs erneuert haben, unleugbar: der Bewusstseinsstrom eines JOYCE oder die beklemmende Fantastik eines KAFKA.

Orígenes und die Folgen

Unter den kubanischen Autoren der Vor- und Nachrevolutionszeit ragen drei bedeutende Autoren heraus, die alle Lyrik geschrieben haben: Virgilio PIÑERA, Cintio VITIER und José LEZAMA LIMA. Diese drei sind beteiligt an der legendären Lyrikzeitschrift *Orígenes*, die LEZAMA LIMA 1944 ins Leben rief (bis 1956). Während sich PIÑERA als Romancier (*La carne de René*, 1952), Kurzgeschichtenautor und vor allem als Erneuerer der dramatischen Literatur einen Namen gemacht hat, gilt VITIER als bedeutender Literaturkitiker (*Lo cubano en la poesía*, 1957). Ein weiterer bekannter *Orígenes*-Mitarbeiter ist der Lyriker Eliseo DIEGO.

LEZAMA LIMA

Der bedeutendste (und lange umstrittenste) Autor dieser Zeit ist aber ohne Zweifel LEZAMA LIMA. Er debütiert und arbeitet als Lyriker (*La muerte de Narciso*, 1937) und wird binnen kurzem zu einer maßgeblichen Figur der kubanischen Kulturszene. In seinen Essays widmet er sich unter anderem der Bestimmung des Neobarocken als einer zentralen Kategorie der lateinam. Kultur und Kulturtheorie (Sammeltitel *La expresión americana*, postum 1993). Ein einziges umfangreiches narratives Werk (abgesehen von dessen fragmentarisch gebliebener Fortsetzung, *Opiano Licario*, postum 1977) bildet das Zentrum seiner bahnbrechenden literarischen Arbeit: *Paradiso* (1966). Reich an autobiographischen Verweisen, nimmt das Erzählwerk die Geschichte von der Kindheit und Jugend des Protagonisten José Cemí zum Vorwand, um einen gewaltigen sprach- und ideenmächtigen „Totalroman" zu produzieren, der nicht nur mit intertextuellen Verweisen auf die Literatur und Philosophie des Abendlandes gespickt ist, sondern auch in der ihm eigenen suggestiven neobarocken Metaphernwut erotische (insbes. homoerotische) Themen und Bilder diskursiviert. In seiner Wirkung auf die Zeitgenossen und die nachfolgenden schreibenden Generationen hat LEZAMA LIMA mythische Dimensionen erreicht; so in der Autobiographie des später exilierten Autors Reinaldo ARENAS oder in dem viel beachteten Film *Fresa y chocolate* (1993).

SARDUY und ARENAS

An LEZAMA LIMAS Poetik des Neobarocken, auch an das (bei ihm noch verhalten gefeierte) Tabuthema der Homosexualität knüpft später insbes. Severo SARDUY an (*De donde son los cantantes*, 1967, *Cobra*, 1972, *Colibrí*, 1984), ein Autor, der gleichzeitig während seines langen Aufenthalts in Paris von der poststrukturalen *TelQuel*-Bewegung (bes. von Roland BARTHES) geprägt wurde, sowie Reinaldo ARENAS (*El mundo alucinante*, 1969, *El palacio de las blanquísimas mofetas*, 1975), der 1980 Kuba über den Hafen von Mariel verlässt und in den USA einen Teil seiner verschollenen Werke neu schreibt. In seiner ‚Autobiographie‘ *Antes que anochezca* (1992; erfolgreich verfilmt 2000) rechnet er sehr hart mit Fidel CASTRO und dem kubanischen Sozialismus ab.

CABRERA INFANTE

Ein weiterer Experimentalautor ist CABRERA INFANTE, der sich nach Verlassen der Insel immer wieder in äußerst schroffer Weise gegen das Kuba CASTROS wendet (*Mea Cuba*, 1992); sein Prestige als Autor im Umfeld des Boom verdankt er dem Experimentalroman *Tres tristes tigres* (1967).

Nach der Revolution: Revolutionsroman

Neben der eher experimentell ausgerichteten Narrativik entsteht durch die Revolution ein Spektrum neuartiger Schreibweisen (vom Kriminalroman über Frauenliteratur bis zu den ‚revolutionären‘ Paradigmen). José SOLER PUIG schafft mit *Bertillón 166* (1960) den Prototyp der sog. Sierra-Maestra-Literatur, die den Freiheitskampf in den Bergen verarbeitet (ebenso: Manuel PEREIRA, *El comandante Veneno*, 1977). Neben diesen typischen Berichten über den Befreiungskampf kreiert man staatlicherseits die Gattung der *novela testimonio*, des Testimonialromans, der von Miguel BARNET theoretisch (in den Essays des Bandes *La fuente viva*, 1983) und praktisch bearbeitet wird. Die *novela testimonio* beruht auf den Aussagen ‚einfacher Menschen‘ aus dem Volk, das bisher keine Stimme gehabt hat und nun im Schriftsteller sein Sprachrohr findet. Bahnbrechender Text dieses verbreiteten Genre wird der Bericht eines alten Schwarzen, der noch die Sklavenbefreiung erlebt hat

(*Biografía de un cimarrón*, 1966, ferner *La canción de Rachel*, 1969, *La vida real*, 1984)[9].

Jesús Díaz und Zoé Valdés	International haben zwei Personen Aufsehen erregt, die in unterschiedlicher Weise ihre Kritik an Castros Kuba artikuliert haben: der linksintellektuelle Filmregisseur und Autor Jesús Díaz (*Las iniciales de la tierra*, 1987, *Las palabras perdidas*, 1992) und die in Frankreich lebende Zoé Valdés, die sich in der Folge Lezama Limas sieht und in ihren leichten, erotischen (wenn auch nicht feministischen) Romanen (*La nada cotidiana*, 1995, *Te di la vida entera*, 1996) Castro für das Scheitern ihrer Ideale verantwortlich macht.
Neueste Tendenzen	Gegenwärtig ziehen zwei in Spanien publizierte kubanische Autoren lebhaftes Interesse auf sich: erstens der Kriminalautor Leonardo Padura Fuentes, der nach *Máscaras* (1995) mit *Paisaje de Otoño* (1998) einen Krimi über einen Exilanten vorlegt, der ermordet an der Playa del Chivo in Havanna aufgefunden wird; ferner der nach dem Muster Bukowskis zum großstädtischen *marginado* stilisierte Pedro Juan Gutiérrez (*Trilogía sucia de la Habana*, 1998, *El Rey de La Habana*, 1999, *Animal tropical*, 2000).
Essayistik	Auch in Kuba floriert das ganze Jahrhundert hindurch neben der politischen Essayistik die literarische, insbesondere in Zeitschriften wie *Cuba Contemporánea* (1913–1927), *Revista de Avance* (1927–1930) und *Orígenes* (1944–1956). Neben den ethnologischen Arbeiten von Fernando Ortiz (*Los negros esclavos*, 1916; *El engaño de las razas*, 1946) findet man Gesellschaftskritik z. B. bei Juan Marinello (*Creación y revolución*, 1973) und Kultur- und Literaturkritik bei Carpentier, Roberto Fernández Retamar (*Calibán*, 1979) und José Antonio Portuondo (*La emancipación literaria de América*, 1975).
Das Exil	Die kultur- und literaturwiss. Diskussion über das kubanische Experiment und seine Wirkungen ist bis in die 90er Jahre hinein viel zu stark von ideologischen Prämissen beeinflusst geblieben, und dies aufgrund der starren Haltung sowohl der linientreuen inselkubanischen als auch der polemischen, ungeduldigen Stimmen aus Miami. Dass es von Vorteil ist, die kubanische Literatur als eine ‚multikulturelle‘ aufzufassen, die heute nicht nur auf der Insel, sondern auch in New York, Miami, Madrid und London geschrieben wird, wird allmählich auch in Havanna erkannt.

---

9 In der Literaturwiss. ist ein Streit darum entbrannt, wie ‚authentisch‘ die Theorie Barnets ist. Barnet, ein ausgebildeter Ethnologe, bekundet die Existenz von Tonbandinterviews. Doch nun wird vermutet, dass der Anteil der Fiktion in der *novela testimonio* allein entscheidend ist; ferner wird die ‚ideologische Vorbildlichkeit‘ des ‚historischen‘ Cimarrón (namens Esteban Montejo) in Zweifel gezogen (vgl. dazu den Beitrag von Monika Walter in Reinstädler/Ette 2000). Der Stoff des *Cimarrón* ist von Hans Werner Henze zu einer Oper verarbeitet worden.

Casanova (1986); Foster (1982); Franzbach (1984); Le Riverand (1984); Menton (1975); Reinstädler/Ette (2000); Sommer (1983); Vázquez Díaz (1994).

Literatur

3 Zwischen Festlandskaribik und Andenregion

Vergleichbare historische Erfahrungen, kulturelle Merkmale, politische und sozioethnische Strukturen kennzeichnen die (auch dem karibischen Kulturraum zugehörigen) Länder Kolumbien und Venezuela. Ebenso bilden die Andenländer Peru, Ecuador und Bolivien ein kulturgeschichtliches Areal. Die inkaische Hochkultur erstreckt sich südlich bis nach Mittelchile. Nach der Zerstörung des Inka-Reiches durch die spanischen Eroberer haben sich aufgrund der geographischen Gegebenheiten in schwer zugänglichen Gebirgs- bzw. Urwaldzonen intakte Indio-*comunidades* relativ lange behaupten können. Daraus resultiert die (regional begrenzte) Vitalität indigener Kulturen auf dem Subkontinent im 20. Jh. Die Diskrepanz zwischen einer mäßigen wirtschaftlichen Entwicklung von Haupt- bzw. Handels- und Küstenstädten und dem kaum erschlossenen Binnenland verschärfen die soziokulturellen Kontraste innerhalb der Länder. Nach der Loslösung von Spanien zu Beginn des 19. Jhs. brechen konföderale Strukturen relativ schnell auseinander (Großkolumbien) und ziehen Grenzkonflikte bis weit über die Mitte des 20. Jhs. hinaus nach sich. Politische Instabilität, wirtschaftliche Abhängigkeit und das Zusammenleben verschiedener Ethnien konstituieren ein vielfältiges Themenreservoir für die Literatur. In der ersten Jahrhunderthälfte koexistiert eine starke regionalist. Literatur mit der produktiven Avantgarde. Ab den 50er Jahren entwickelt sich die *Nueva Novela*, der eine in Themen und Stilrichtungen diversifizierte Literatur ab den 70er Jahren folgt.

Regionaler Überblick

1 Nördliches Südamerika

Die Konflikte zwischen liberalem und konservativem Lager erschüttern das Land seit dem 19. Jh. („Krieg der tausend Tage", 1899–1902). Ab der Mitte des 20. Jhs. herrschen in der Phase der sog. *violencia* bürgerkriegsähnliche Zustände. Die Ermordung des linksliberalen Präsidentschaftskandidaten J. E. GAITÁN 1948 löst den Terror aus, der bis in die Mitte der 60er Jahre (starke Guerillabewegungen) anhält. Folge und zugleich Ursache weiterer Gewalt sind die Drogenkartelle (Medellín, Cali) ab den 80er Jahren.

Kolumbien

Violencia- **Literatur**	Bereits im → Regionalroman *La Vorágine* (1924) von J. E. Rivera spielen Gewalterfahrung und -bereitschaft der Protagonisten, nicht zuletzt auch die ‚gewalttätige' Natur, eine zentrale Rolle. Die allgegenwärtige *violencia* ab Ende der 40er Jahre hinterlässt einen tiefen Eindruck in der kolumbianischen Gesellschaft und gibt der *literatura de la violencia*[10] ihren Namen: Innerhalb der Strömung lassen sich traditionelle Erzählmodelle mit testimonialen Elementen (D. Caicedo: *Viento seco*, 1954; E. Caballero Calderón: *El cristo de espaldas*, 1952 u. a.) von existentialistischen (A. E. Mejía: *Marea de ratas*, 1960) und solchen unterscheiden, die, vermittels multiperspektivischer und fragmentarisierender Erzählmodi (F. Ponce de León: *Cara o sello*, 1966) und psychoanalytischen Erklärungsmustern (M. Zapata Olivella: *Detrás del rostro*, 1963) den narrativen Diskurs der ersten Jh.-hälfte ablösen. Die großen literarischen Synthesen des Phänomens liefert G. Alvarez Gardeazábal (u. a. *La tara del papa*, 1971, *Condores no entierran todos los días*, 1972). Ebenso wird → García Márquez mit *La mala hora* (1962) zu den Vertretern der *violencia*-Literatur gerechnet.
Grupo de *Barranquilla*	Die regionalgeographische Vielfalt und wirtschaftliche Entwicklung Kolumbiens zu Jh.-beginn hat mehrere kulturelle Zentren neben Bogotá hervorgebracht.[11] Der *grupo de Barranquilla* (Cepeda Samudio, → García Márquez, G. Vargas, A. Fuentemayor, F. Buitrago u. a.) repräsentiert die karibische Küstenregion. Die Autoren orientieren sich an modernen Erzähltechniken (Einflüsse von Faulkner, Joyce, Kafka, Hemingway, Woolf u. a.). Die Texte ordnen sich z. T. in die *violencia*-Literatur ein und erfüllen u. a. literaturgeschichtliche Erneuerungsfunktionen der Avantgarde. Cepeda Samudio thematisiert mit dem Massaker auf der Plantage einer Fruit Company 1928[12] in *La casa grande* (1962) ein historisches *violencia*-Thema mit der Collage vielfältigster Texttypen in scheinbar chaotischer Struktur, welche wiederum als Gesellschaftszustand gelesen werden kann. Fanny Buitrago arrangiert in der Parodie von Kitschroman, Massenmedien und Schönheitswahn (*Los amores de Afrodite*, 1983) ein (kritisch-feministisches)

---

10 Die Angaben zum Textkorpus schwanken zwischen 40 und ca. 80 Romanen (vgl. hierzu Paschen 1994:371). Entscheidend ist, ob nur Romane, die die unmittelbaren Ereignisse der *violencia* literarisieren, in die Strömung einbezogen werden oder auch Romane, die generell latente strukturelle Gewalt thematisieren (vgl. ebd.).

11 Aus Platzgründen können die entsprechenden Regionen hier nicht eingehend behandelt werden. Vgl. zur Orientierung hierzu den nach 5 Großregionen strukturierten Lexikon-Eintrag von Robert L. Sims bei Verity Smith, 1997: 206–209.

12 Vgl. hierzu auch die Darstellung in *Cien años de soledad* von → García Márquez: Der Autor führt im Romandiskurs vor, wie das Massaker praktisch aus der offiziellen Historiographie verschwindet, so dass sich nur wenige Jahrzehnte später niemand mehr daran erinnert bzw. der Mord als Hirngespinst abgetan wird.

Bild verinnerlichter Erfolgsmythen in der kolumbianischen Gesellschaft.

Der spärlichen modernistischen (J. A. SILVA)[13] Phase folgt eine ebenfalls gering entwickelte und eher gemäßigte Avantgarde (einzige Ausnahme: Luis VIDALES mit *Suenan timbres*, 1926). Die Gruppe *Los Nuevos* (1925) propagiert poetische Formenstrenge, auch *Piedra y cielo* zu Beginn der 40er Jahre ist wenig innovativ. León de GREIFFS poetische Ich-Maskeraden zwischen Selbstinszenierung und Problematisierung des modernen Subjekts können ebenfalls nicht als avantgardistischer Tabubruch gelten. Dieser wird erst durch die *nadaistas* (G. ARANGO: *Manifiesto Nadaista*, 1958) eingelöst: Provokationen der Öffentlichkeit, befreiter Sex, Drogen und Chaos stiften die Werte einer sich allerdings schnell erschöpfenden Gegenkultur. 1977 verarbeitet Andrés CAICEDO im Stadtroman *¡Que viva música!* Jugendkultur der 60er Jahre, die sich mit Rockmusik, Salsa und Drogen identifiziert.

Von Avantgarde bis Nadaismo

Fehlende *kontinuierliche* literarische Traditionen und unterentwickelte kulturelle Vermittlungsinstitutionen (Verlagswesen etc.) erklären die geringe literarische Präsenz Kolumbiens innerhalb Lateinamerikas in der ersten Jh.-hälfte. Diese Situation wird u. a. auch für die mangelnde literarische Qualität der *violencia*-Romane verantwortlich gemacht. Vor diesem Hintergrund gerät → GARCÍA MÁRQUEZ' Roman *Cien años de soledad* (1967) zur literaturgeschichtlichen Zäsur. Das fiktionalisierte Macondo fungiert künftig nicht nur als Symbol lateinamerikanischer Befindlichkeit, sondern als Fokus für die nachfolgende Literatur. Ähnlich wie → BORGES in Argentinien stiftet → GARCÍA MÁRQUEZ ein Paradigma, mit dem sich Autoren beinahe zwingend auseinander setzen. Der (*Post-*) *Macondismo* zeitigt sowohl einen Boom magisch-realistischer Schreibweisen als auch den parodistischen Umgang mit der klassischen Vorlage (vgl. GARDEAZÁBAL: *El bazar de los idiotas*, 1974; AGUILERA GARRAMUÑO: *Breve historia de todas las cosas*, 1975).

Macondismo

Bereits in den 20er und 30er Jahren bringt Tomás CARRASQUILLA historische Themen und die ländliche Peripherie zur Sprache. In der zweiten Jahrhunderthälfte sind es vor allem der auch als Lyriker bekannte Alvaro MUTIS, F. CRUZ KONFLY sowie GARCÍA MÁRQUEZ, die im neuen historischen Roman eine literarische *re-escritura* der offiziellen Geschichtsschreibung unternehmen. Zur Sprache kommt hierbei auch eine entheroisierte Sicht des *libertador*, Simón BOLÍVAR.

Historischer Roman

---

13 José Asunción SILVA (1864–96) schreibt mit *De sobremesa* (1896) einen der wichtigsten modernist. Romane in Lateinamerika.

Venezuela	Die Diskrepanz zwischen modernen Wirtschaftssektoren auf der Grundlage der Erdölindustrie und vernachlässigten ländlichen Gebieten ist besonders groß. Den Gegensatz von zivilisatorischem Anspruch auf Modernität und dem Erbe historischer ‚Barbarei' hat R. GALLEGOS (später Staatspräsident) in *Doña Bárbara* (1929) überdeutlich gezeichnet (→ Regionalroman). Aus der Industrialisierung resultierende Konflikte (R. DÍAZ SÁNCHEZ, *Mene*, 1936) konkurrieren mit der literarischen Repräsentation venezolan. Regionallandschaften. Insgesamt ist in der ersten Jh.-hälfte die narrative Tradition mit kostumbristischen und einigen modernistischen Texten (R. BLANCO FOMBONA, M. DÍAZ RODRÍGUEZ) gering entwickelt. Abgesehen von Arturo USLAR PIETRI, der intensiven Kontakt mit der europäischen und lateinamerikanischen → Avantgarde in Paris unterhält und das Konzept des → magischen Realismus als spezifisch lateinam. Diskurs propagiert, sind Avantgardisten kaum präsent. In der Literatur dominiert die Diskussion venezolanischer Identität: J. R. POCATERRAS engagiert sich für marginalisierte Bevölkerungsgruppen, Teresa de la PARRA (d.i. Ana Teresa PARRA SANOJO) leistet bereits in den 20er Jahren eine kritische Darstellung der Frau in der Gesellschaft (*Diario de una señorita que escribió porque se fastidia*, 1924). Erst ab der Jh.-mitte bilden Lyrik (V. GERBASI, J. LISCANO, E. MONTEJO) und Erzählliteratur (USLAR PIETRI, OTERO SILVA, G. MENESES u. a.) einen stabilen Kanon aus.
Stadt-literatur	Unter den Autoren des Stadtromans hat sich vor allem Salvador GARMENDIA, Mitglied der literarischen Gruppe um die Zeitschrift „Sardio" und Organisator spätavantgardistischer Ausstellungen („El techo de la ballena"), einen Namen gemacht. Mit 7 Romanen (*Los pequeños seres*, 1959; *La mala vida* , 1968 u. a.) und zahlreichen Erzählbänden ist er äußerst produktiv. Im Mittelpunkt der Romane stehen Protagonisten, denen der Lebenssinn zunehmend fragwürdig erscheint und die sich in der Groß- oder Provinzstadt auf die Suche nach Alternativen zu ihrer Entfremdung begeben. Der literarisierte Handlungsraum erweist sich stets als „fragmentación de una ciudad, combinada [...] a la memoria de los lugares" (Delprat 1999: 248). Die Fragmentarisierung erstreckt sich über den Stadtraum hinaus sowohl auf die Psyche der Figuren als auch auf eine metafiktionale Ebene, auf der GARMENDIA den Schreibprozess selbst einbezieht (*La mala vida*, 1968). Ebenso gehören Romane von A. GONZÁLEZ LEÓN (u. a. *País portátil*, 1969) und L. BRITTO GARCÍA (*Abrapalabra*, 1979) zur venezolanischen Stadtliteratur.
Diktatur und Gewalt	Die Diktaturen von GÓMEZ (1908-35) und PÉREZ JIMÉNEZ (1948-58) haben dem Land im 20. Jh. mehrere Jahrzehnte militärischer *violencia* und politischer Unterdrückung beschert. In die Strö-

mung des Diktatoren-Romans schreibt sich u. a. USLAR PIETRI mit *Oficio de difuntos* (1947) ein. Auch Miguel OTERO SILVA (inhaftiert unter GÓMEZ 1928 und 1930–36 im Exil) macht die Erfahrung der Diktatur zum Thema in *La muerte de Honorio* (1963). Die Gespräche der Gefangenen in der Zelle fungieren, ähnlich wie in dem 11 Jahre später publizierten Roman *El beso de la mujer araña* des Argentiniers PUIG, als psychisch-kulturelle Überlebensstrategie: Das Geschichtenerzählen ermöglicht es, dem Gefängnis und der Folter per Imagination zu entfliehen. In *Cuando quiero llorar, no lloro* (1970) stellt OTERO SILVA Gewalt als individuelles Schicksal und Nachwirkung der langjährigen Diktaturen in Venezuela dar und interpretiert sie zugleich als historische Konstante der Menschheitsgeschichte.

OTERO SILVA, USLAR PIETRI, F. HERRERA LUQUE und D. ROMERO widmen sich historischen Themen unter dem Vorzeichen einer Entmythisierung bzw. der Umbewertung venezolanisch-lateinam. Geschichte. In USLAR PIETRIS *Las lanzas coloradas* (1931), einem Roman, der die Zeit der Befreiungskriege aufgreift, stehen noch die Kollektivgeschichte sowie die Abkehr von regionalistisch-kostumbristischen (hin zu magisch-realistischen) Erzählweisen im Vordergrund. Dagegen werden im neuen historischen Roman in der zweiten Jh.-hälfte vor allem psychologisch vertiefte Porträts, die intime, gleichsam verborgene Seite historischer Persönlichkeiten wie Francisco de MIRANDA (D. ROMERO: *Grand Tour*, 1987) oder Philipp von HUTTEN (HERRERA LUQUE: *La luna de Fausto*, 1983) zur Sprache gebracht. Dies trifft auch für die Literarisierung des „Spanienverräters" und „Freiheitsfürsten" LOPE DE AGUIRRE zu.[14] Gegen die ‚Geschichte der großen Männer' unternehmen Schriftstellerinnen eine weibliche *re-escritura* der „historia cotidiana, menuda, intrascendente"[15] (JAFFÉ, MATA GIL, MORIN, TORRES u. a.).

Nueva Novela Histórica

---

14 Vgl. *El camino de El Dorado*, 1947, von USLAR PIETRI, *Lope de Aguirre, príncipe de la libertad*, 1979, von OTERO SILVA. Die (historisch-literarische) Wandlung des Lope-de-Aguirre-Bildes vom „Tyrannen" zum „Freiheitsfürsten" ist dabei bereits historisch vermittelt und geht u. a. auf Simón BOLÍVARS *Decreto de guerra a muerte* (1813) (Lateinam. Literaturgeschichte 1995: 319f.) zurück.

15 Beatriz González Stephan: „La resistencia de la memoria: una escritura contra el poder del olvido." In: Kohut (1999), 125.

Indigene Bevölkerung

Mit Ausnahme Chiles ist der Anteil indigener Bevölkerungsgruppen in den Andenländern sehr hoch. Heterogene ‚Nationalkulturen' sind die Folge, deren hybride Struktur der Kulturtheoretiker und Literaturwissenschaftler Angel RAMA mit den Konzepten von Akkulturation und Transkulturation erfasst. Weiterhin werden zeitgenössische Strömungen des → Modernismo, der → Avantgarde und postmoderner Erfahrungen in unterschiedlichem Maße mit getragen.

Ecuador

In der Hauptstadt Quito und in der Hafenstadt Guayaquil an der Pazifikküste konzentrieren sich die kulturellen Aktivitäten des Landes, das 1944 im Grenzkonflikt Teile des Amazonastieflands an Peru verliert. Ecuador weist die höchste Bevölkerungsdichte Südamerikas auf. Sozialkritische Themen drängen seit Jh.-beginn modernistische Anklänge in der Literatur in den Hintergrund. Guayaquil verzeichnet in den 20er und 30er Jahren einige avantgardistische Aktivitäten (H. MAYO, A. GANGOTENA, verschiedene, kurzlebige Zeitschriften).

Grupo de Guayaquil

Die repräsentative Gruppe von Schriftstellern (ca. ab 1930: D. AGUILERA-MALTA, J. GALLEGOS LARA, E. GIL GILBERT, A. PAREJA DIEZCANSECO, J. de la CUADRA) macht mit einer Anthologie von Kurzerzählungen *Los que se van* (1930) und einem breiten Spektrum an Themen und Schreibweisen auf sich aufmerksam. Innerhalb der regionalistischen Erzählliteratur thematisieren sie vor allem die Identität des Bewohners der ecuadorianischen Küstenregion, des sog. *montuvio* (u. a. CUADRA, *Los sangurimas. Novela montuvia ecuatoriana*, 1934). Neben den sozialen Problemen auf dem Lande werden die politisch und ökonomisch motivierten Konflikte von Arbeitern bzw. sozialen Randgruppen, Prostituierten usw. in den Hafenstädten (PAREJA DIEZCANSECO, *El muelle*, 1933) literarisiert. Adalberto ORTIZ engagiert sich mit *Juyungo* (1943) gegen einen latenten Rassismus gegenüber Mulatten und der Bevölkerung afrikanischen Ursprungs.

Indigenismus

Die Anklage von Ausbeutung, Unterdrückung und nationaler Vernachlässigung der indigenen Bevölkerung erfolgt bei J. CARRERA ANDRADE noch eingebettet in bukolische Landschaftsschilderung. Dem idealisierten Landleben wird die entfremdete Stadt oberflächlich kritisch gegenüber gestellt (*La guirnalda del silencio*, 1926; *Boletines de mar y tierra*, 1930). Dieses Modell überwindet Jorge ICAZA mit schonungslosem Realismus und einer entscheidenden Erneuerung der Sprache im indigenistischen Roman: Mit *Huasipungo* (1934) liefert der Autor das Grundmodell der Konfliktbeschreibung wie der Romanstruktur im → Indigenismus. Später wendet er sich in *Cholos* (1938) und *El chulla Romero y Flores* (1958) der mestizischen Kultur, vor allem der Psychologie des sog. *cholo* zu.

Das experimentelle Konzept eines frühen Anti-Romans verfolgt Pablo PALACIO in *Débora* (1927) und, vermittels bizarrer Außenseiterfiguren, in *Un hombre muerto a puntapiés* (1927). Ein halbes Jahrhundert später führt J. E. ADOUM in *Entre Marx y una mujer desnuda* (1976) mit fragmentarisierenden und sprachspielerischen Erzähltechniken die Innovation des Diskurses im postmodernen Kontext weiter. Ivan EGÜEZ setzt in *La Linares* (1975) den Behauptungen offizieller Historiographie den mündlichen Diskurs des Volkes entgegen. In der Lyrik tragen J. C. ANDRADE und C. D. ANDRADE zur Modernisierung der Formen bei. U. ESTRELLA dekonstruiert in *Peatón de Quito* (1994) vermeintlichen Glanz und Gloria in der Nationalgeschichte, J. PAZO ist mit Populärlyrik erfolgreich. Autorinnen wie E. VITERI, M. CORYLÉ widmen sich genderspezifischen Themen und – innerhalb der Gruppe *Mujeres del Atico* – Kulturvermittlung und -sponsoring.

Erneuerung der Erzählliteratur

Die drei Großlandschaften *costa*, *sierra* und *selva*, vor allem die Kontrastgeografie von Pazifikküste und dem Andenhochland haben zu einer durch die Jahrhunderte getrennt verlaufenen kulturellen Entwicklung beigetragen, die sich erst allmählich etwa seit den 20er Jahren des 20. Jhs. infolge umfassender Emigrationsströme vom Hochland an die Küste relativiert. In den 80er und zu Beginn der 90er Jahre erschüttern die Aktionen der Terrororganisation *Sendero Luminoso* das Land.

Peru

Modernistische Lyriker wie José SANTOS CHOCANO, José María EGUREN (u. a. *Simbólicas*, 1911) oder der ‚frühe' César VALLEJO haben intensiv zur Lateinamerikanisierung des Modernismo beigetragen. SANTOS CHOCANOS Gedichtband *Alma América; poemas indo-españoles* (1906) evoziert in den indianisch-spanischen Traditionen eine harmonische Vision Lateinamerikas. Die modernistischen Erzählungen von Ventura GARCÍA CALDERÓN (*La venganza del Cóndor*, 1924) werden im indigenistischen Diskurs von → J. M. ARGUEDAS als verfälschende Darstellungen der Quechua-Kultur heftig angegriffen. Die sog. Postmodernisten (EGUREN, VALDELOMAR, Zeitschr. *Colónida*) erneuern die Lyrik in stilistischer Hinsicht und beteiligen sich an der kulturkritischen Diskussion.

Modernistische Präsenz

Der Verlust südlicher Provinzen an Chile im Ergebnis des Salpeterkriegs (1879–1884) intensiviert die Diskussion der nationalen Identität. Modernitätsbewusst reflektiert M. GONZÁLEZ PRADA die Situation des Landes und fordert in dem Essay *Nuestros indios* (1904) endlich die gesamte Realität des Landes wahrzunehmen, d. h. die bisher weitgehend ignorierten *indígenas* als (größeren) Teil

Intellektuelles Klima

der Nation anzuerkennen. Konfrontiert mit dem Konzept einer ultrakonservativen Hispanität einerseits (RIVA-AGÜERO), und der utopischen Glorifizierung indigener Vergangenheit andererseits (VALCÁRCEL), vollzieht J. C. MARIÁTEGUI in den *Siete ensayos de interpretación de la realidad peruana* (1928) eine bahnbrechende sozial- wie kulturkritische Bestandsaufnahme der Gesellschaft unter marxistischem Vorzeichen. Vielfältige Impulse (russische und mexikanische Revolution, Universitätsreformbewegungen, APRA-Gründung) politisieren die Literatur, die in der von MARIÁTEGUI begründeten Zeitschrift *Amauta* (1926–1930) eine (auch kontinental wahrgenommene) Plattform für literarische Publikation, kulturelle Diskussion und politische Polemik findet.

Avantgarde

César VALLEJO, der zu Beginn der 20er Jahre mit *Trilce* (1922) den Bruch zwischen eher modernistischer (vgl. *Los heraldos negros*, 1919) und avantgardistischer Lyrik vollzieht, ist Lateinamerikas herausragender Avantgardist, der sich keinem der vielfach begründeten „-ismen" anschließen wird und überdies starke Kritik am französischen „superrealismo" übt. In seinem ebenso ruhelosen wie kurzem Leben in ständiger existentieller Not erleidet er Gefängnis, politische Verfolgung und Ausweisung und hat von avantgardistischer Lyrik, über sozialkritische Prosa (*Tungsteno*, 1931) bis hin zu politischen Reportagen (*Rusia en 1932: reflexiones al pie del Kremlin*), Theaterstücken sowie Literaturkritik nahezu alle literarischen und publizistischen Gattungen bedient. 1936 solidarisiert er sich mit dem republikanischen Spanien (*España aparta de mí este cáliz*, 1937/38). Carlos OQUENDO DE AMAT (mit vergleichbar kurzer Biographie) hinterlässt ein innovatives schmales Werk (u. a. *Cinco metros de poemas*, 1927), das erst dank der Vermittlung durch → VARGAS LLOSA Ende der 60er Jahre rezipiert wird. Futuristische, surrealistische sowie ultraistische Avantgardedichtung entsteht in größerem Umfang von etwa 1915 bis in die Mitte der 40er Jahre, einziges Beispiel (,klassischer') avantgardistischer Erzählliteratur in Peru ist *Casa de cartón* (1927) von Martín ADÁN (d. i. R. de la FUENTE BENAVIDES).

Neoindige-nismus

Ciro ALEGRÍA, → José María ARGUEDAS und Eleodoro VARGAS VICUÑA repräsentieren gleichermaßen die regionale Vielfalt wie den Wechsel vom indigenistischen zum neo-indigenistischen Paradigma in der peruanischen Literatur. Ciro ALEGRÍA literarisiert die mehr mestizisch geprägte nordperuanische Andenregion. Sein wichtigster Roman, *El mundo es ancho y ajeno* (1941), schildert den klassischen Konflikt zwischen Großgrundbesitzer und Indiogemeinde. Deren Geschichte, ihre Bedrohung und Vertreibung, wird aus einer Perspektive berichtet, die in der Linie von PRADA und MARIÁTEGUI die kulturellen Folgen für die gesamte Nation im Blick hat. Im gleichen Jahr erscheint *Yawar Fiesta* von

ARGUEDAS; dieser Roman betont („umgekehrt') die kulturelle Stärke eines Quechua-Dorfes, das gegen den vermeintlich humanen und wohlmeinenden Erlass indigenistisch gesinnter Mestizen ihre „Fiesta des Blutes", eine indigenisierte Variante des ursprünglich spanischen Stierkampfes, durchsetzen. Zwei Dinge sind ARGUEDAS wichtig: die Lebendigkeit der Quechua-Kultur im 20. Jh. darzulegen und indigenistische Projekte zu kritisieren, die ohne Kenntnis indigener Kultur letztendlich die kulturelle Assimilation der Quechuas betreiben. VARGAS VICUÑA gelingt in *Taita Cristo* (1964) die Literarisierung konsequent indigener Weltsicht in der Begrenzung auf die Christusprozession in einem Dorf. ARGUEDAS geht mit seinem Spätwerk einen anderen Weg: Er thematisiert die kulturellen Folgen der Emigration aus dem Hochland in die wirtschaftlichen Zentren des Landes (Chimbote, Lima). Manuel SCORZA verbindet in seinem Romanzyklus *La guerra silenciosa* (1970–76) das Konzept heterogener Kulturen in Peru mit magisch-realistischen Erzählweisen.

Urbanität

Der lawinenartige Zustrom der Bevölkerung aus dem Hochland in die Küstenstädte, vor allem nach Lima, prägt ein vorrangiges Thema der → Großstadtliteratur (J. R. RIBEYRO, E. CONGRAINS MARTÍN). In *Patíbulo para un caballo* (1989) von Cronwell JARA macht der längst verfallene Zauber der einstigen Kolonialstadt einem neuen Gründungsmythos Platz: Die sozial marginalisierten *pobladores* erscheinen als Eroberer und Verteidiger der *barriada* Montacerdos am Rande Limas. Während A. BRYCE ECHENIQUE die Oberschicht aus kindlicher Perspektive ironisiert (*Un mundo para Julius*, 1970), erzählt Miguel GUTIÉRREZ in *La violencia del tiempo* (1992) mit der Familiengeschichte der Familie Villar zugleich die andere, nicht offizielle Geschichte Perus.

Regionalität vs. Kosmopolitismus

Mario VARGAS LLOSA, Perus Repräsentant der lateinam. → Boom-Literatur, bewegt sich virtuos zwischen politischem Engagement und literarischer Aktivität. Der mit zahlreichen Literaturpreisen bedachte Erfolgsautor beherrscht sämtliche Romantechniken von der sog. Höhenkamm- bis zur (ebenfalls sog.) Unterhaltungsliteratur. Sein Werk sowie seine umfänglichen romanpoetologischen Reflexionen werden als Ausdruck des „Western mainstream" (Higgins bei V. Smith: 649) angesehen. Komplementär hierzu ‚vertritt' J. M. ARGUEDAS die indigene Kultur und eine magisch-utopische Perspektive. Dies hat ihren Vergleich aus lit.-wiss. Perspektive herausgefordert.

Lyrik

Postmoderne Vielfalt und diskursive Erneuerung setzen sich in der Lyrik ab den 60er Jahren durch. Dabei wird die sog. Gesprächslyrik von E. CARDENAL (Nicaragua) ebenso rezipiert wie die Anti-Poesie von N. PARRA (Chile). Umgangssprachliche und vor allem ironische Untertöne sind stark ausgeprägt bei A. CISNEROS (*Comentarios reales*, 1964) und R. HINOSTROSA (*Contra natura*, 1971). Der guerrillero-Dichter Javier HERAUD wird bald nach seinem Tod mythologisiert. Carmen OLLÉ gestaltet (erotische) Körpererfahrung als weibliche Grenzerfahrung in der Sprache (*Noches de Adrenalina*, 1992). Die kritische Vermittlung eines weiblichen *desengaño* hat sie mit anderen Autorinnen gemein (Blanca VARELA, Giovanna POLLAROLO u. a.).

Bolivien

In der Folge des Salpeterkriegs verliert das an Bodenschätzen reiche Land die Küstenprovinz Atacama an Chile, im Chaco-Krieg (1932–35) mit Paraguay sterben ca. 50 000 Bolivianer beim Kampf um das Gebiet des Gran Chaco. Die Guerrillabewegung in den 60er Jahren findet in Ernesto CHE GUEVARA einen prominenten Führer (1967 ermordet). Die bis in die 80er Jahre nachfolgenden Militärregimes bremsen nicht nur den postkubanischen Optimismus auf revolutionäre Erneuerung im kontinentalen Maßstab, sondern haben auch negative Wirkung auf die Entstehungsmöglichkeiten von Literatur.

Überblick

Modernistische Tendenzen reichen vereinzelt bis in die Mitte des 20. Jhs. hinein (TAMAYO, *Epigramas griegos*, 1945). Avantgardistische Bewegungen sind (auch aufgrund des Chaco-Kriegs) kaum zu verzeichnen. Es dominiert eine radikal sozialkritische, regionalistische Literatur, die sich in den indigenistischen Diskurs einschreibt bzw. die Situation in den Bergwerken oder den Chaco-Krieg thematisch aufgreift. Die antihispanischen (teils als faschistisch bezeichneten) Untertöne F. TAMAYOS, das positivistische Denken A. ARGUEDAS' und die radikal-indigenistische Ideologie Fausto REINAGAS repräsentieren Aspekte einer in → Essay und Literatur geführten Diskussion um die nationale Identität und die Ursachen der sozialen wie politischen Krisen Boliviens. A. ARGUEDAS interpretiert geografische und biologistische Faktoren als Ursachengefüge eines Krankheitsbildes (*Pueblo enfermo*, 1909), in dem die indigene Kultur als Hindernis nationalen Fortschritts angesehen wird. C. MEDINACELI widmet sich unter dem Aspekt nationaler Identität der Literarisierung der *cholos*; die teils negativ gefasste Bezeichnung meint kulturell assimilierte Indios in den Städten bzw. städtische Mestizen, die marginalisiert sind oder auch ihre Kultur verleugnen, um sozial aufzusteigen.

Chaco-Literatur

Die Erfahrung des Krieges ist ein konstantes Themas in der bolivianischen Literatur des 20. Jhs. Als Begründer der *literatura del chaco* wird O. CERRUTO (*Aluvión de fuego*, 1935) angesehen, ebenso gehört A. CÉSPEDES, zu den Autoren, die beinahe zeitgleich zu den Kriegsereignissen schreiben (*Sangre de mestizos*, 1936). N. TABOADA führt das Thema bis in die 70er Jahre fort (*El signo escalonado*,

1975). Die Diskussion nationaler Identität und politischer Parteinahme hat die Chaco-Literatur mit dem Bergwerksroman und indigenistischen Texten gemein, wobei jede der genannten Strömungen zumeist Aspekte der anderen Richtungen in sich aufnimmt und die Grenzen zwischen den Subgattungen daher nicht absolut zu ziehen sind.

Mit seinem Roman *En las tierras del Potosí* (1911) verarbeitet J. MENDOZA zunächst eigene Lebenserfahrungen als praktizierender Arzt im Bergwerk. Von R. DARÍO wird er als „bolivianischer Gorki" bezeichnet (vgl. Strosetzki 1994:189). Dennoch ist seine soziale Erfahrung eher oberflächlich und ähnelt damit der „äußerlichen" Kenntnis indigener Kultur in indigenistischer Literatur. Etwa 70 Jahre später verdingt sich der Schriftsteller R. POPPE als Bergwerksarbeiter, um diese Distanz zu überwinden (*El paraje del tío*, 1985), und Domitila BARRIOS DE CHUNGARA wird mit der dokumentarischen Schilderung ihrer Lebenserfahrung über die Grenzen Boliviens hinaus bekannt. (*¡Si me permiten hablar! Testimonio de Domitila, una mujer de las minas bolivianas*, 1977). Während das Gros der Romane und Erzählungen die soziale Lage der Bergarbeiter zum Thema hat (daher auch die Bezeichnung als „andiner *Bergarbeiter*roman"), beschreibt Augusto CÉSPEDES in *Metal del diablo: la vida de un rey del estaño* (1946), biographisch nah an der Geschichte des nationalen Zinnmagnaten S. I. PATIÑO, den Aufstieg eines unbekannten Mestizen zum mächtigen Bergwerksbesitzer.

Bergwerks-
roman

Zu den genannten Themenbereichen kommen in der 2. Jh.-hälfte noch die Erfahrung der Guerillabewegung (R. PRADA OROPEZA, *Los fundadores del alba*, 1969) und die Problematik des Drogenhandels hinzu (T. GUTIÉRREZ VARGAS, *Mariposa blanca*, 1986). Auch hier wird die literarische Diskussion nationaler Identität, Geschichte und Entwicklung fortgesetzt. Pedro SHIMOSE bringt in seinem Gedichtband *Quiero escribir pero me sale espuma*[16] (1972) das Thema des politischen Exils zur Sprache.

2. Hälfte
des 20. Jhs.

3 Chile: Andenland des Cono Sur

Die im Vergleich zur übrigen Andenregion vergleichsweise frühe Industrialisierung zeigt auf der literarischen Bühne neben modernistischen (Luis Orrego LUCO) und avantgardistischen Texten eine stark ausgeprägte regionalistische Literatur. Das naturalistische Erbe ZOLAS und die Milieutheorie TAINES werden intensiv aufgenommen und literarisch umgesetzt (GREZ, BARRIOS, D'HAL-

Regionalis-
mus

---

16 Der Titel zitiert die Zeile eines Sonetts des peruanischen Avantgardisten César VALLEJO.

MAR). Texte, die die sozialen Probleme und kulturellen Eigenheiten bestimmter Regionen aufwerfen und sie mit ausführlichen Darstellungen von Landschaft und Mentalität verbinden, werden als *mundonovismo* (von F. Contreras begründet), *criollismo*, *regionalismo* oder auch *americanismo* bezeichnet. Mariano Latorre (*Zurzulita*, 1918) gilt als Chiles exemplarischer Regionalist (→ Regionalroman). Auch der oftmals im Bergarbeitermilieu (Baldomero Lillo: *Sub terra*, 1904; *Sub sole*, 1907) angesiedelte proletarische Roman gehört in weiterem Sinne zu dieser Strömung. Aus diesem naturalist.-regionalist. Kanon fällt Jenaro Prietos Roman *El socio* (1928) heraus, der eher Parallelen zum metafiktionalen Spiel in Texten von Pirandello, Wilde oder Unamuno[17] aufweist. Zahlreiche Autorinnen melden sich mit biographisch orientierter und Memoirenliteratur (I. Echeverría de Larraín, M. Cox de Stuven) zu Wort.

Generationen der Avantgarde

Die 27er Generation wird vom Begründer des *creacionismo*, Vicente Huidobro, angeführt (→ Avantgarde). Das Konzept der bzw. die Schritte hin zu einer autonomen Poesie finden sich in *Altazor* (1919–31) durch die einzelnen Gesänge hindurch beinahe lehrhaft entwickelt. Pablo Nerudas frühes avantgardistisches Œuvre, das mit *Residencia en la tierra* (1933) seinen Höhepunkt und Abschluss findet, gehört in diese Zeit, wie auch das Werk des aggressiver gestimmten Pablo de Rokha. In der nachfolgenden Generation wächst der Einfluss des Surrealismus (Gruppe um die Zeitschrift *Mandrágora*), und Nicanor Parra löst in der „Anti-Poesie" (*Poemas y antipoemas*, 1954) die tradierte Sprache des Lyrischen vermittels aller nur denkbaren Sprachmodi auf. Die spätavantgardistische Generation von 1957 (Lihn, Arteche, Arce) zeichnet sich im Kontext wachsender politischer Spannungen durch einen (selbst-) ironischen und skeptischen Ton aus.

Popularität der Lyrik

Huidobro und Parra konstituieren mit ihrer Lyrik jeweils Paradigmen innerhalb der lateinam. Avantgarde[18]. Das Werk von Gabriela Mistral (Nobelpreis 1945) und Pablo Neruda (Nobelpreis 1971) gründet auf den avantgardistischen Neuerungen und Tabubrüchen, greift aber hinsichtlich seiner metaphysischen Fragestellungen, humanistischen Universalität und tatsächlichen Popularität über die Exklusivität der Avantgarde hinaus. Beide thematisieren ein weites Feld, das von intimer Liebeslyrik, Ästhetik des Alltäglichen bis hin zur Landschaftsdarstellung und der

---

17 Vgl. Luigi Pirandellos (Italien) Theaterstück *Sechs Personen suchen einen Autor* (1921) und Miguel de Unamunos (Spanien) Roman *Niebla* (1914).

18 Im Falle von Huidobro muss auch auf die starken Beziehungen zur europäischen Avantgarde verwiesen werden, so wie sich insgesamt die Avantgarde weniger mit nationalen/kontinentalen als vielmehr mit universalen Koordinaten erfassen lässt.

metaphorisch dichten Reflexion lateinam. Geschichte reicht (→ Lyrik). Eine breite Rezeption erfährt auch die populäre Liedkultur von Violeta PARRA und ihrem Bruder Roberto, sowie von Victor JARA, der 1973 von den Militärs ermordet wird. In jüngster Zeit entsteht sog. Ethnolyrik von araukanischen Autor/innen wie Elicura CHIHUAILAF oder Leonel LIENLAF.[19]

Seit der Avantgarde (M. L. BOMBAL: *La última niebla*, 1934) sind in der Romanliteratur komplexe Erzähltechniken und neue Perspektivierungen erkennbar. Der sozial engagierte, politische wie historische Roman (ROJAS: *Hijo de ladron*, 1954; MARÍN, BRUNET, DROGUETT, COLOANE, TEITELBOIM, SUBERCASEAUX) erweist seine Modernität außerdem in der psychologischen Auslotung der Figuren. Somit entsteht eine solide literarische Basis für die nachfolgende Generation, die mit José DONOSO (*El obsceno pájaro de la noche*, 1970; *Casa de campo*, 1978) an der lateinam. Boom-Literatur teilhat bzw. zusammen mit Isabel ALLENDE (*La casa de los espíritus*, 1982), Diamela ELTIT, Alberto FUGUETS u. a. einen kleinen ‚eigenen chilenischen Boom' begründet, der stilistisch z. T. auch mit der mexikanischen *literatura de la onda* korrespondiert.

Entwicklung der Prosa

Der faschistische Putsch 1973 und die nachfolgende Militärdiktatur unter A. PINOCHET zwingt viele Autoren in langjähriges Exil (I. ALLENDE, A. SKÁRMETA, C. DROGUETT, O. SAAVEDRA SANTIS, J. DONOSO, C. OSSA, H. VALDÉS, J.A. EPPLE, P. DELANO, O. LARA u. v. a.). Die Thematisierung von Verfolgung und Terror sowie physischer wie psychischer Zerstörung des Individuums durch die Folter nehmen neben der Darstellung chilenischer Geschichte und insbesondere der dreijährigen Unidad-Popular-Regierung unter Salvador ALLENDE (1970–73) einen breiten Raum in Romanen, Erzählungen und Testimonialliteratur ein. Außerdem rücken im Zwiespalt zwischen notwendiger Anpassung an das Leben im Exilland (Gegenwart) und der ebenso lebenswichtigen Bewahrung der eigenen Vergangenheit in der Erinnerung interkulturelle Themen mit in den Vordergrund.

Exilliteratur

Abecia Baldivieso (2000); Alegría (1962); Bergenthal (1999); Brito (1994); Castañón Barrientos (1998); Escajadillo (1994); Escobar Mesa (1997); Hidalgo de Jesús (1992*)*; Kohut (1991; 1993; 1994; 1998; 1999); Liscano (²1995); Sacoto Salamea (2000); Wishnia (1999).

Literatur

---

19 Vgl. auch Erzählliteratur u. a. von Pedro PRADO, Lautori YANKAS u. a., die die Vernichtung bzw. Unterdrückung der Ureinwohner im Süden Chiles während und nach der Kolonialzeit, die Grenzkonflikte mit den Mapuche im 19. Jh. und die heutige Situation der araukanischen Indios zum Thema hat.

4 Argentinien, Uruguay, Paraguay

1 Schwarze Kapitel der Geschichte

Kriege

Die drei geografisch als Teile des Cono Sur hier gemeinsam abgehandelten Staaten weisen in Kultur und Geschichte starke Differenzen auf; sie haben seit ihrer Loslösung von Spanien ein ausgesprochen wechselvolles und durchaus nicht immer positives Schicksal durchlebt. Mit Erreichen der Unabhängigkeit enden die kriegerischen Auseinandersetzungen keineswegs: 1866–70 tobt der Krieg der Dreier-Allianz (Argentinien, Brasilien und Uruguay) gegen Paraguay, der dort 75 % der Bevölkerung vernichtet. 1932–35 konfrontiert der Chaco-Krieg Paraguay und Bolivien; in dem Krieg um die Islas Malvinas (Falkland Isles) zwischen Argentinien und Großbritannien geht es in den 80er Jahren vor allem um das Nationalprestige der involvierten Parteien.

Diktaturen

Wenige Jahrzehnte nach dem Ende der kolonialen Herrschaft kommt in Argentinien Juan Manuel DE ROSAS an die Macht, dessen totalitärer Polizeistaat jede Opposition und jede Gedankenfreiheit rigoros unterdrückt. ROSAS, der bis heute als Inbegriff der Diktatoren des ganzen Subkontinents gilt, dient, ebenso wie der paraguayische Machthaber José Gaspar RODRÍGUEZ DE FRANCIA, als Paradigma des in der südam. Literatur wichtigen → Diktatorenromans.

Violencia

Auch in der zweiten Hälfte des 20. Jhs. nimmt die Reihe der diktatorischen Regimes kein Ende; die Herrschaft des Generals Alfredo STROESSNER in Paraguay (1954–1989) stellt das am längsten dauernde Gewaltsystem in Südamerika überhaupt dar. In Uruguay bringt 1973 ein neofaschistischer Staatsstreich eine bis 1985 während Diktatur mit sich, in Argentinien wütet von 1976 bis 1983 eine grausame Militärherrschaft. Insgesamt fasst man diese Periode unter dem Begriff der *violencia* zusammen. Zahlreiche Autoren sind ins Exil gezwungen, Mitbürger verschleppt und ermordet worden. In Argentinien (wie in Uruguay) stellt sich heute die Problematik der Verschwundenen eindringlich. Vor der Zeit der Militärmachthaber liegt in Argentinien diejenige des national und populistisch ausgerichteten Peronismus; Schriftsteller und Intellektuelle, die dem Regime und der Partei PERÓNS[20] gegenüber kritisch eingestellt sind, finden sich erheblichen Sanktionen ausgesetzt.

---

20 General PERÓN muss zwar nach neunjähriger Regierungszeit 1955 für 18 Jahre ins Exil gehen, doch behält seine Partei auch während seiner Abwesenheit großen Einfluss.

2 Literaturgeschichtliche Grundlagen des 19. Jhs.: Das Thema der Identität (vor allem in Argentinien)

Jener der Unabhängigkeit folgende Prozess der Emanzipation und der Identitätsbildung favorisiert reflexive Genera (wie den → Essay). Innerhalb der narrativen Formen nimmt der Diktatorenroman eine spezifische Rolle ein. Entscheidender für die nationale Identitätsbildung sind aber zwei andere literarische Phänomene, die sich beide am Werk von Domingo Faustino SARMIENTO festmachen lassen: einmal die Frage nach der Stellung Argentiniens in der Welt und ferner die Bestimmung der eigenen Identität durch die Gaucho-Literatur.

Zivilisation vs. Barbarei

SARMIENTO, der Inbegriff eines Intellektuellen, Pädagoge, Journalist, gegen ROSAS engagierter Politiker, Botschafter, Minister, letztlich Staatspräsident, schreibt 1845 im Exil den essayhaften, wortgewaltigen Roman *Civilización y barbarie: Vida de Juan Facundo Quiroga*. Das Werk ist ein Gründungsbuch, welches drei Komponenten verbindet: naturwissenschaftliche und soziologische Betrachtungen über Argentinien seit der Unabhängigkeit, die (stark romantische) Erzählung vom Leben des tyrannischen *caudillo* Facundo aus der Provinz La Rioja und die kulturtheoretische Reflexion über die Ambiguität von zivilisierter und barbarischer Lebensform. Innerhalb dieser im Titel aufscheinenden Alternative ergreift der Autor dezidiert Partei für die (nach dem Muster der europäischen Aufklärung gedachten) Zivilisation, die er im Leben der Hauptstadt realisiert sieht, und gegen die ‚Barbarei' der ländlichen, rückständigen und kulturfeindlichen Regionen des Landesinneren, die zugleich auch die Domänen des Diktators ROSAS sind.

Die Bedeutung des Gaucho kann man sich nur vorstellen, wenn man an die Rolle des Cowboy im Norden Amerikas denkt. Der schweigsame, auf sich gestellte Mann, für dessen Funktion es kein Vorbild in der „alten Welt" gibt, wird Mitte des 19. Jhs. zu einem bevorzugten Thema der volkstümlichen Literatur; er steht dann Pate für das argentinische Nationalepos *El gaucho Martín Fierro* (José HERNÁNDEZ, 1872, zweiter Teil *La vuelta de Martín Fierro*, 1879).

Der Gaucho als nationaler Held

Eduardo ACEVEDO DÍAZ eröffnet in Uruguay die nationale Literaturgeschichte in den 80er Jahren des 19. Jhs. mit einer Romantetralogie über den Unabhängigkeitskrieg (Wiederauflagen in der 2. Hälfte des 20. Jhs.); auch hier nimmt der Gaucho eine zentrale Rolle ein. Noch weit bis ins 20. Jh. hinein werden Gaucho-Romane (als argentinische Variante des → Regionalromans) geschrieben, so von Ricardo GÜIRALDES (*Don Segundo Sombra*, 1926) oder von dem Vielschreiber Manuel GÁLVEZ (in seiner Trilogie über die Epoche ROSAS', bes. in *El gaucho de los Cerillos*, 1931). Die Diskussion

um diesen Literaturtyp geht bis zu → Borges (vgl. dessen Essays „El escritor argentino y la tradición"; „Martín Fierro"). Eine avantgardistische Kulturzeitschrift der 20er Jahre wird den Namen *Martín Fierro* tragen. Damit ist der Gaucho typischer Ausdruck dessen, was (zuerst von dem span. Denker und Schriftsteller Unamuno) als „argentinidad" bezeichnet wird.

3 Die argentinische Literatur in der 1. Hälfte des 20. Jhs.

Einwanderungswelle

Argentinien erlebt in der Zeit um die Jahrhundertwende eine enorme Einwanderungswelle; mit dem Land verbinden sich so große Hoffnungen, dass seine erwünschte wirtschaftliche Entwicklung oft mit der der nordam. Vereinigten Staaten verglichen wird.[21] In diesen Jahren prägt sich der spezifische Eigencharakter auch des kulturellen Lebens (erinnert sei an den Tango) aus. Dabei ist die argentinische Kultur, die keine autochthonen, indigenen Elemente aufweist, synkretistisch, also ein Produkt dessen, was die postkoloniale Kulturtheorie als „mestizaje" bezeichnet. (Zu den bedeutendsten Figuren dieser Kulturtheorie zählen auch Argentinier/innen wie Beatriz Sarlo, Walter Mignolo oder der in Mexiko tätige Néstor García Canclini.)

Literaturproduktion

Ruben Darío, der sich anfangs des Jahrhunderts länger in Buenos Aires aufhält, beeinflusst den argentinischen → Modernismo in seinen verschiedenen Schulen und Gruppen. Hauptvertreter der modernistischen Lyrik sind Enrique Banchs, Baldomero Fernández Moreno und vor allem der in allen Gattungen schreibende Autor und Philologe Leopoldo Lugones (Lyrik: *Lunario sentimental*, 1909). Seine Werke stehen am Übergang vom Modernismo zu den Bewegungen der → Avantgarde. Modernistische Prosa verfasst Enrique Larreta mit dem Roman *La gloria de Don Ramiro* (1908). Der bedeutendste Avantgardist, der starken Einfluss auf jüngere Autoren wie → Cortázar ausübt, ist Macedonio Fernández, der jede wirklichkeitsbezogene Literatur ablehnt; metaphysische Spielereien, Wechsel von Traum und Wachzustand und überhaupt ein ausgeprägter Subjektivismus kennzeichnen sein Werk, etwa das Textsortenkonglomerat *Papeles de Recienvenido* (1930) oder die Romanparodie *Una novela que comienza* (1941). Die Gruppe der Avantgardisten in Argentinien ist aufgespalten in den (sozial engagierten) *grupo Boedo* und den *grupo Florida*.

---

21 Bezeichnenderweise entsteht zu dieser Zeit auch eine Theorie, welche die kulturelle und ‚ethische' Überlegenheit Hispanoamerikas gegenüber dem ‚utilitaristischen' Nordamerika propagiert, die Theorie des sog. „Arielismus", nach dem Traktat *Ariel* (1900) des einflussreichen uruguayischen Essayisten José Enrique Rodó.

Eher der (nach einem Vorort der Hauptstadt benannten) Boedo-Fraktion gehört der Einzelgänger ARLT an. Ein argentinischer Literaturwissenschaftler hat das ABC der argentinischen Literatur mit ARLT, BORGES und CORTÁZAR besetzt. ARLT, Sohn armer deutschstämmiger Einwanderer, erlangt erst nach seinem Tod sehr große Popularität. Gegen die weltabgewandten Tendenzen der Avantgarde setzt er eine den gesellschaftlichen Problemen verpflichtete Literatur, die von dem ‚linken‘ Literaturwissenschaftler und Romancier David VIÑAS als Gegenpol zu der elitären Esoterik BORGES' gesehen wird. Andererseits stimmen beide Autoren darin überein, dass sie die Umgangssprache von Buenos Aires, das „lunfardo", literaturfähig machen wollen. Der gesellschaftskritische Roman *Los siete locos* (1929) erzählt die fantastisch anmutende Geschichte der Umsturzpläne des Protagonisten Erdosain samt der sechs weiteren „Verrückten", die, in Prostitution und Waffenhandel verstrickt, die moralische Dekadenz der argentinischen Bürgerklasse ausdrücken. Der Protagonist endet im Selbstmord, nachdem er seine Geliebte getötet hat. Eine Fortsetzung erfährt das Werk in *Los lanzallamas* (1931). Gegen Ende seines Lebens widmet sich ARLT dem → Theater, dessen Inhalte von der Groteske (*Africa*, 1938) bis zur ideologischen Positionsnahme (*La fiesta del hierro*, 1940) gegen Faschismus und Kapitalismus reichen.

Roberto ARLT (1900–1942)

Handlungsorte der Gaucho-Romane sind die riesigen Weideflächen des Landesinnern. In eine feindlich gewordene Pampa hinein setzt Benito LYNCH die degenerierten Protagonisten seiner Romane (*El inglés de los güesos*, 1924; *El romance de un gaucho*, 1933), die mit der Reflexion der bekannten Dichotomie SARMIENTOS das Thema hoffnungsloser Liebe verbinden. Ab den 30er Jahren taucht daneben aber auch verstärkt die Thematik der Stadt auf (vorher in der Lyrik BORGES'). Verschiedene Vertreter des → Großstadtromans wie Silvina BULLRICH (*Calles de Buenos Aires*, 1939) oder Leopoldo MARECHAL nutzen dieses Subgenre für reich orchestrierte erzählerische Experimente (bes. *Adán Buenosayres*, 1948); in Uruguay verarbeitet Enrique AMORIM mit *La edad despareja* (1937) die Stadtthematik.

Stadt und Land im Roman

Der nationale Eigenwert der Kultur des Immigrationslandes Argentinien wird zentrales Thema in verschiedenen Literaturzeitschriften seit dem Jahrhundertbeginn (*Martín Fierro*). Als Gegenentwurf dazu tritt die von Victoria OCAMPO 1931 gegründete und jahrzehntelang geleitete Zeitschrift *Sur* an, argentinische Autoren im Ausland bekannt zu machen und die je neuen Strömungen Europas in Argentinien zu verbreiten. BORGES, der schon früh in dem Ruf eines ‚Internationalisten‘ steht, arbeitet mit bei *Sur*.

In der Narrativik gehört Eduardo MALLEA zu den Autoren, die den argentinischen Eigencharakter literarisieren, u. a. in dem

Nationale Suche und Internationalismus

Roman *La bahía del silencio* (1940) oder in den autobiographischen Essays *Historia de una pasión argentina* (1937).

Höhe-
punkt der
Fantastik

Seit der Epoche des Modernismo wird in der Literatur des Cono Sur die fantastische Literatur gepflegt, so von Leopoldo LUGONES (*Las fuerzas extrañas*, 1906; *Cuentos fatales*, 1924), ferner auch von den Uruguayern Horacio QUIROGA (*El vampiro*, 1927) und Felisberto HERNÁNDEZ (*Nadie encendía las lámparas*, 1947). Jorge Luis BORGES gibt mit Bänden wie *Ficciones* (1944) und *El Aleph* (1949) diesem Genre eine neue Richtung, eine starke Suggestionskraft und eine bislang unerreichte Verbreitung. Neben BORGES ist dessen Freund und Mitstreiter Adolfo BIOY CASARES an dem Aufleben fantastischer und kriminalistischer Literatur beteiligt; beide edieren die Krimi-Reihe „El Séptimo Círculo", und BIOY CASARES schreibt unter dem Pseudonym H. Bustos Domecq die Kriminalparodie *Seis problemas para Don Isidro Parodi* (1942). Als sein Hauptwerk gilt *La invención de Morel* (1940), die sehr unterschiedlich interpretierbare Geschichte eines Mannes, der, auf eine vermeintlich unbewohnte Insel verschlagen, dort auf menschliche Wesen trifft und sich in eine junge Frau verliebt. Als er feststellt, dass diese ‚Menschen' nur maschinelle Projektionen Morels sind, unterstellt er sich selbst auch dem System der Erfindung Morels. Im Kontext der Konjunktur des Fantastischen sei auf CORTÁZAR und seine sehr bedeutenden Neuansätze verwiesen (*Final del juego*, 1956; *Todos los fuegos el fuego*, 1966).

50er und
60er Jahre

In den 50er Jahren veröffentlicht Manuel MUJICA LÁINEZ einen Zyklus von Romanen, die von Erzähltechnik und Thematik her an PROUSTS *A la recherche du temps perdu* erinnern (*Los ídolos*, 1953, *La casa*, 1954; *Los viajeros*, 1954; *Invitados en ,El Paraíso'*, 1957). Sein von einem schönen Jüngling handelnder Roman *Sergio* (1976) belässt das homoerotische Begehren im Bereich der Andeutung.

In den 60er Jahren gewinnen schreibende Frauen verstärkt an Bedeutung; neben Silvina BULLRICH und Beatriz GUINDO vor allem die seit den 50er Jahren in der politischen Linken aktive Marta LYNCH (*La alfombra roja*, 1962). In ihren späteren Romanen thematisiert sie neben der Desillusion im politischen Bereich scheiternde Beziehungen und Probleme wie das Altern (*La señora Ordóñez*, 1968).

Mit Julio CORTÁZAR, dem Verfasser des metaliterarischen Experimentalromans *Rayuela* (1963), kommt einer der wichtigsten Autoren des Booms der 60er Jahre aus Argentinien. Neben dem Begriff des Booms rekurriert die Literaturwissenschaft (seit → Carlos FUENTES' entsprechender Studie) auf denjenigen der „Nueva novela", um die schreibtechnischen Erneuerungen seit etwa 1950 zu bezeichnen. Manche Autoren, die solche ‚neuen Romane' schreiben, haben dennoch keinen Anteil an der Bewegung des Boom, wie etwa der meistgelesene Autor Uruguays, Mario BENEDETTI. Er ist kein typischer Vertreter der → Boom-Literatur, obwohl seine Romane (*La tregua*, 1960; *Gracias por el fuego*, 1965) diesem Phänomen ein Großteil ihrer internationalen Bekanntheit verdanken. BENEDETTI, der auch als Lyriker und Literaturtheoretiker einen guten Ruf genießt, schildert in *Primavera con una esquina rota* (1986) aus der Perspektive verschiedener Personen die Erfahrung von Unterdrückung, Folter und Exil.

> *Nueva novela,* **Boom und Post-Boom**

Im Zuge einer für den Post-Boom typischen Suche nach neuen narrativen Darstellungsformen entfernt sich Manuel PUIG am konsequentesten vom Paradigma des Magisch-Realen hin zu einer an der modernen Massenkultur und Medienwelt („radionovela", Kitschroman, Trivialfilm, Werbung usw.) orientierten Schreibart (→ Populärroman). In seinem stark autobiographisch durchsetzten Erstlingsroman *La traición de Rita Hayworth* (1968) nutzt PUIG, der selbst in Rom eine Filmhochschule besucht hat, die Interdiskursivität mit dem Medium Film: Sein in einer argentin. Kleinstadt aufwachsender jugendlicher Protagonist realisiert seine Identitätssuche im wesentlichen im Bezug auf die Welt Hollywoods.

> **Manuel PUIG**

In seinem wohl bekanntesten Roman, *El beso de la mujer araña* (1976) spielt das Kino eine tragende Rolle. Die Handlung: In einem argentin. Gefängnis sitzen im Jahre 1975 zwei sehr unterschiedliche Gefangene ein, Valentín, ein revolutionärer Aktivist, und Molina, ein tuntiger Homosexueller, der eigentlich den politischen Gefangenen aushorchen (und dafür früher freigelassen werden) soll. Statt dessen unterhält Molina seinen Mitgefangenen, indem er ihm ausführlich kitschige Filme erzählt, die seine Gefühls- und Gedankenwelt darlegen. Die „didaktische" Absicht des Romans wird in zusätzlichen (teils wissenschaftlichen) Anmerkungen zu Soziologie und Kulturgeschichte der Homosexualität greifbar. Am Ende kommt es zu einer Annäherung der beiden: Der harte Revolutionär lässt sich auf ein sexuelles Erlebnis ein, und der ‚weiche

> *El beso de la mujer araña*

Schwule' stellt sich in den Dienst der revolutionären Sache, was er bei seiner Freilassung mit dem Leben bezahlt.[22]

„Camp" und homosexuelle Ästhetik

Auch in den folgenden Romanen Puigs (u. a. *Pubis angelical*, 1979; *Sangre de amor correspondido*, 1982; *Cae la noche tropical*, 1988) tritt die Welt des zitierten, als Kunstform eingesetzten Kitschs ins Zentrum, welchen die nordamerikanische Kulturtheoretikerin Susan Sontag als „camp" bezeichnet. Puigs Öffnung des Romandiskurses auf die Populärkultur findet Parallelen bei etablierten (→ Vargas Llosa) und bei jüngeren Autoren; sein Tabubruch, innerhalb des südamerikanischen *machismo* Homosexualität zum Romanthema zu machen, stellt eine Pionierleistung dar, die künftig anderen Autoren die Behandlung von homosexueller Identität oder Ästhetik erlaubt (José Donoso, Severo Sarduy, Jaime Bayly u. v. a.). Die neue lateinam. Kulturtheorie (García Canclini, Monsiváis) widmet sich ausgiebig den von Puig literarisierten neuen massenmedialen Ausdrucksformen.

Auf Eva Perón als nationale Ikone des Landes, aber auch als Mythos der Musical- und Filmindustrie, gehen Abel Posse in *La pasión según Eva* (1995) und Tomás Eloy Martínez in *Santa Evita* (1995) in sehr unterschiedlichen Evita-Romanen ein. Paradigmen des „neuen historischen Romans" liefern diese Autoren damit noch nicht; dieser ist eher anzutreffen in Posses Conquista-Roman *Perros del paraíso* (1987) oder in Ricardo Piglias *Respiración artificial* (1980).

Die Verschwundenen und die neue politische Literatur

Puigs Literatur will (auch) gesellschaftliche ‚Aufklärung'; greifbarer wird diese Absicht bei den zahlreichen Autoren, die direkt auf die politische Unterdrückung Bezug nehmen. Der Romancier Osvaldo Bayer arbeitet lange aktiv bei der Hilfsorganisation „Madres de la Plaza de Mayo" mit; seine Erfahrung des Exils schildert Mempo Giardinelli in *Que solos se quedan los muertos* (1985), und das Trauma der Folter bringt David Viñas, der von 1976–1983 im Exil gelebt hat, in *Cuerpo a cuerpo* (1979) zum Ausdruck. Im zeitgenössischen argentinischen Theater widmen sich neben etablierten Regisseuren wie Eduardo Pavlovsky (mit dem Stück *Potestad,* 1985) junge experimentelle Theatermacher dieser Thematik.

---

22 Innerhalb der neueren Gay Studies wird Puigs Roman kontrovers diskutiert, weil er in erheblichem Maße stereotype Einstellungen und Vorurteile reproduziert. In Interviews hat Puig immer wieder seinen Wunsch betont, mit diesem Werk über das Leben homosexueller Menschen aufzuklären; ob das gelungen ist, scheint mehr als fraglich. Auf der Ebene der Geschichte dient die beiderseitige ‚Konversion' der Protagonisten sicher dazu, den Homosexuellen der exotischen Aura zu entkleiden. So erweist sich Puigs Roman als ein typisches literarisches Produkt der Frühphase der Schwulenbewegung.

5 Die Literatur in Paraguay

Paraguay: ein Land ‚ohne Literatur'

In Handbüchern wie Spezialwerken wird die Frage gestellt, warum Paraguay nur über eine so ausgesprochen schmale Literaturproduktion verfügt. Eher als dem hohen Anteil der Guaraní sprechenden Bevölkerung wird dieser Sachverhalt der gesellschaftlichen Gesamtentwicklung zugeschrieben, die Paraguay zu einem von (Bürger-) Kriegen und Diktaturen heimgesuchten, rückständigen Staat gemacht hat, dem jede kulturelle Infrastruktur fehlt. Der in Guaraní geschriebenen Literatur gilt das Interesse der Spezialisten (vgl. Bareiro Saguier: 1980), von den spanischsprachigen Autoren haben nur wenige internationale Bekanntheit erlangt.

Augusto ROA BASTOS

Unter diesen ist zunächst der Autor des Diktatorenromans *Yo el supremo* (1974), Augusto ROA BASTOS, zu nennen, der 1989 die höchste Auszeichnung spanischsprachiger Literaten, den Premio Cervantes, erhalten hat. Sein jahrzehntelanges Exil (in Argentinien und Frankreich) und die Aberkennung der Staatsbürgerschaft sind symptomatisch für das tragische Schicksal seiner Landsleute. Seit seinem ersten Roman *Hijo de hombre* (1960; veränderte Fassung 1983) wird ROA BASTOS dem Umfeld des → magischen Realismus und der *Nueva novela* zugerechnet. Der Roman, der eines der wichtigsten Zeugnisse der neueren lateinam. Literatur darstellt, mischt sozialgeschichtliche Beobachtung und autochthone Mythologie. Er ist komponiert aus neun zunächst unzusammenhängenden Episoden, die angeblich der Offizier Vera über einen langen Zeitraum hinweg aufgezeichnet hat. Auch als Lyriker und Essayist ist ROA BASTOS hervorgetreten.

Gabriel CASACCIA

Wie ROA BASTOS (und weniger bekannte paraguayische Autoren wie Rubén BAREIRO SAGUIER, Rodrigo DÍAZ-PÉREZ oder Lincoln SILVA), ist auch Gabriel CASACCIA ein Autor des Exils. In seinen großen Romanen (*La Babosa*, 1952; *La llaga*, 1964, *Los exiliados*, 1966) entwirft er minutiöse Negativbilder der paraguayischen Gesellschaft und ihrer zwischenmenschlichen Beziehungen, angesiedelt meist in der fiktiven Kleinstadt Areguá. Dort spielt auch sein ironischer, von schwarzem Humor gekennzeichneter letzter Roman *Los herederos* (1975).

Unter den zeitgenössischen Autoren Paraguays sind Moncho AZUAGA (*Celda 12*, 1991) und besonders René FERRER (*Los nudos del silencio*, 1988) zu erwähnen.

Die „Schweiz Südamerikas"

Die Bemerkungen zum geringen Entwicklungsstand der Literatur in Paraguay gelten für Uruguay nicht. Unter allen Ländern des Cono Sur verläuft die politische Entwicklung in Uruguay am ruhigsten. Zwei Parteien stehen sich traditionellerweise seit der Unabhängigkeit gegenüber: die Partei der ländlichen *Blancos* und die der *Colorados*, der städtischen Liberalen. Durch eine Absprache zwischen den Parteien herrscht bis 1958, dem Jahr des ersten Siegs der *Blancos*, ein lähmender politischer Stillstand. Die Diktatur der 70er Jahre stürzt viele Schriftsteller des Landes ungeahnt in eine schwere Lage.

Parallelen zu Argentinien

Der Entwicklungsgang der literarischen Ausdrucksformen in Uruguay weist von der Gaucho-Literatur (ACEVEDO DÍAZ) bis zum Modernismo, vom Boom (Mario BENEDETTI) bis zur politischen Gegenwartsliteratur deutliche Parallelen mit demjenigen Argentiniens auf. Unter den Modernisten sind zwei uruguayische Exzentriker zu erwähnen: der umstrittene elitär-faschistoide, von Schizophrenie und Größenwahn gezeichnete Julio HERRERA Y REISSIG (*Los parques abandonados*, 1901, Fortsetzung 1908) und die von ihrem Mann erschossene Delmira AGUSTINI, die „Fiera de amor" (so ein Titel aus ihrer Gedichtsammlung *Los cálices vacíos*, 1913).

Die drei bedeutendsten Literaten

Neben dem schon erwähnten bekanntesten uruguayischen Romancier Mario BENEDETTI haben zwei weitere Autoren internationale Aufmerksamkeit auf sich ziehen können: Felisberto HERNÁNDEZ und Juan Carlos ONETTI. Von HERNÁNDEZ werden besonders die der Fantastik zugerechneten Werke der Spätphase gelesen (*Nadie encendía las lámparas*, 1947, bis *La casa inundada*, 1960). Die hier artikulierten Fantasmagorien und (nicht nur sexuellen) Delirien kündigen sich subtil schon vorher an, als der Autor sich primär einem Diskurs der Erinnerung widmet (*Tierras de la memoria*, 1944).

Unter den Autoren der jüngeren Zeit kommt ONETTI eine Sonderstellung zu. Er begibt sich 1975 ins Exil; 1980 erhält er den Premio Cervantes. ONETTI ist ein Hauptvertreter der *Nueva Novela*; Thematisch verbindet er den Existentialismus in der Nachfolge SARTRES und CAMUS' mit der kulturtheoretischen Reflexion über die spezifische Entfremdung des Menschen in kulturell marginalen Lebensräumen. Ein solcher fiktiver Ort ist Schauplatz des sog. Santa-María-Zyklus (*La vida breve*, 1950; *El astillero*, 1961; *Juntacadáveres*, 1964). Geworfenheit des Menschen, Sinnlosigkeit und menschliche Niedertracht – potenziert durch die heruntergekommene Armseligkeit des Ortes – liefern das inhaltliche Skelett der sprachlich und konzeptuell komplexen und dichten Romane. Ein aus Santa María in die Großstadt gezogener Polizeikommissar dient als erzähltechnische Ordnungsinstanz des literarischen Kosmos in *Dejemos hablar al viento* (1979); im zweiten Teil des umfangreichen Werks kehrt der Kommissar nach Santa María zurück, um in einem Akt der Rache die Stadt anzuzünden.

In Uruguay erlebt der neue historische Roman eine Blüte; Alejandro PATERNAIN (*Crónica del descubrimiento*, 1980) und Tomás DE MATTOS (*Bernabé, Bernabé*, 1988) sind dessen Hauptvertreter.

In der uruguayischen Literatur des 20. Jhs. kommt zwei Frauen besondere Bedeutung zu: Armonía SOMERS und Cristina PERI ROSSI. SOMERS' Erzählwerke weisen einen zynischen, unversöhnlichen Ton auf; Vorreiter für den gegenwärtigen Romandiskurs wird sie inbesondere dadurch, dass sie als erste die Unterdrückung der Frau thematisiert (seit *La mujer desnuda*, 1950) und weibliche Befindlichkeiten und Leidenschaften im Kontext heutiger Lebenswirklichkeit (*Viaje al corazón del día*, 1986) schildert. **Autorinnen**

Die in Spanien lebende, auch aus Feuilletons bekannte Cristina PERI ROSSI hat sich wie ihre spanischen Kolleginnen des Postfrankismus von vordergründigen Emanzipationsbemühungen (nicht nur in ihrer Literatur) losgesagt. Dennoch pflegt sie durchaus einen bedächtigen, spätexistentialistischen, spezifisch weiblichen Diskurs, in dem Sinnlosigkeit, Frustration und eine melancholische Sicht auf das Individuum sprachlich gebunden und dadurch sublimiert werden (etwa in den Erzählungen von *El museo de los esfuerzos inútiles*, 1983). Mit dem Thema der Kindheit kommt gleichzeitig auch dem der Erinnerung eine zentrale Rolle zu (*La rebelión de los niños*, 1980, und *La nave de los locos*, 1984); verzweifelte Liebe wird noch einmal thematisiert in *Solitario de amor* (1988).

Zwei der bekanntesten und international anerkanntesten Literaturwissenschaftler des Subkontinents sind Uruguayer, Angel Rama und Emir Rodríguez Monegal; sie beschäftigen sich besonders mit der lateinam. Literatur der 2. Hälfte des 20. Jhs. **Literaturwissenschaftliche Esssayistik**

Bareiro Saguier (1980); Benedetti (1969); Spiller (1991); Viñas (1995); Viñas/Tabakian (1989). **Literatur**

1 Lyrik

1 Überblick

Gattung

Die komplexe Struktur von Gedichten verlangsamt die Lektüre und lenkt die Aufmerksamkeit auf die Materialität der Sprache. Die Vielgestalt lyrischer Ausdrucksformen und ihre revolutionäre Erweiterung seit den Experimenten der → Avantgarde haben poetologische Vorgaben bezogen auf Aussagesubjekt, Bildersprache, Versstruktur usw. in den Hintergrund gedrängt. Dennoch behaupten sich traditionelle ‚gebundene' Formen wie das Sonett, die Elegie oder die Ode. Die Gattung hat es auf dem „Literaturmarkt" nicht leicht: „Lyrisches hat allenfalls in der Verbindung mit Musik oder mit Protest eine Chance zum Bestseller." (Siebenmann 1993:70). Drei von insgesamt fünf lateinam. Literaturnobelpreisen werden im 20. Jh. immerhin an Autoren vergeben, die vor allem als Lyriker/innen in Erscheinung getreten sind: Gabriela MISTRAL (1945), Pablo NERUDA (1971) und Octavio PAZ (1990).

Phasen

Mit → Modernismo, Avantgarde und Postmoderne als umfassenden (aber nicht gattungsspezifischen) Konzepten kann die Lyrik im 20. Jh. in Lateinamerika grob skizziert werden. Die einzelnen Entwicklungsphasen sind regional unterschiedlich ausgeprägt. Die Modernisten stellen die ästhetisch autonome Existenz (Künstler, Kunst, Sprache) in den Mittelpunkt. Innerhalb der Avantgarde wird der Versuch einer vollkommenen Entgrenzung der Themen und des Sprachmaterials unternommen. ‚Hauptschauplatz' ist die (kühne) Metapher: die Zusammenführung von logisch unvereinbaren Bildbereichen soll die Wahrnehmung und den Alltag verändern. In nachavantgardistischer Zeit erfolgt eine Ausdifferenzierung in der lyrischen Entwicklung. Vor allem im Kontext von revolutionären Bewegungen sind verstärkte poetische Parteinahmen (*compromiso político*) zu verzeichnen. Gleichzeitig entwickeln sich dekonstruierende Tendenzen in der Poesie, wie z. B. in der sog. *Anti-Poesía* von Nicanor PARRA. Vielfältige Neoavantgarden koexistieren ab der Mitte des 20. Jhs. mit traditionellen Formen. Die Thematisierung von Körper und Kreatürlichkeit, neue Kodierungen der Sexualität, treten in den letzten Jahrzehnten verstärkt hinzu.

Neben der Einzelveröffentlichung von Gedichtbänden und kritischen Gesamtausgaben[1] stellen insbesondere Zeitschriften und Anthologien die spezifischen Medien dar. In der ersten Jh.-hälfte erringen einige Anthologien regionale bzw. kontinentale Geltung. Der *Indice de la nueva poesía americana* (1926) vereint avantgardistische Lyriker aus 8 Ländern. Die von Octavio PAZ herausgegebene *Poesía en movimiento* (1966) gilt als „maßgebliche Anthologie der ersten Jahrhunderthälfte" (Siebenmann 1993:72)[2]. Preisverleihungen (z. B. der kubanische Literaturpreis der *Casa de las Américas*) beeinflussen die Rezeption und begünstigten Publikationsmöglichkeiten auch außerhalb des eigenen Landes. Allerdings bleibt die Übersetzung von Poesie in andere Sprachen oft ein (literarisches) Wagnis.

2 Modernismo

Der spanisch-amerikanische Modernismo kann eingegrenzt werden auf die Zeit zwischen 1875–1921 und entsteht im karibischen Raum (Siebenmann 1993:38). Zu seinem Beginn existiert er zeitgleich mit romantischen, realistischen-kostumbristischen und naturalistischen Modellen, in seiner späten Phase ‚überlappt' er mit den Avantgarden. Als Initiator des Modernismo und Vermittler der neuen Ästhetik nach Europa gilt der nicaraguanische Dichter Rubén DARÍO. Zuvor schreibt María CRUZ in Guatemala vom französischen Symbolismus beeinflusste Lyrik mit modernistischen Tendenzen, weitere Vorläufer bzw. frühe Modernisten sind u. a. José MARTÍ, Julián DEL CASAL und José Asunción SILVA. Ricardo Jaimes FREYRE (begründet gemeinsam mit DARÍO die *Revista de América*, 1894) greift in *Castalia bárbara* (1899) auf nordische und germanische Mythologie zurück. Im Werk des peruanischen Avantgardisten César VALLEJO ist die Grenzlinie zwischen modernistischer (*Los heraldos negros,* 1921) und avantgardistischer Lyrik (*Trilce*) besonders deutlich. In Bolivien publiziert Franz TAMAYO noch 1945 im modernistischen Stil (*Epigramas griegos*).

Mit der Suche nach Harmonie, Schönheit, Sinnlichkeit und nach dem Zauber entlegener Welten (Antike, Märchen u. a.) in sprachlich formvollendeten Versen mit suggestivem Klang und Rhythmus wird die Lyrik des Modernismo nur unzureichend erfasst. Die

---

1 Die in Caracas publizierte Reihe der *Biblioteca Ayacucho,* widmet sich lateinam. Schriftstellern, vor allem ihren Hauptwerken und z. T. auch poetischen Gesamtausgaben. Die Editonen zeichnen sich durch die effektive literaturwissenschaftliche Begleitung des genau recherchierten literarischen Korpus aus.

2 Die übersichtliche Darstellung von G. Siebenmann verfügt auch über eine gut strukturierte Bibliographie zur Primär- und Sekundärliteratur.

Strömung konstituiert keinen homogenen literarischen Stil, sondern sucht ihren Platz in bzw. Alternativen gegenüber einer heterogenen Modernität.

Das Selbstverständnis der Modernisten wandelt sich mit den Modernisierungsschüben in den lateinam. Gesellschaften. Nach einer ersten Phase der Abkehr von der sozialen Wirklichkeit erfolgt mit zunehmender Professionalisierung der Autoren als Schriftsteller auch eine Hinwendung zur geschichtlichen und soziokulturellen Realität Lateinamerikas. Die starke (und dann kritisierte) Prägung durch französischen Dichter (HUGO, BAUDELAIRE, MALLARMÉ, VERLAINE, etc.) geht zurück und weicht einer zuweilen unvermittelten Politisierung oftmals anti-US-amerikanischer Tendenz („A Roosevelt" von DARÍO).

Wirkung von Rubén DARÍO

Nach der positiven Aufnahme von *Azul* (1888) sind es vor allem die *Prosas profanas y otros poemas* (1896), die die modernistische Bewegung stabilisieren und Autoren wie Leopoldo LUGONES, Ricardo Jaimes FREYRE oder Amado NERVO beeinflussen. Zuweilen verdeckt die Wirkung DARÍOs in der späteren Sicht auf den Modernismo die frühen bzw. in etwa zeitgleichen modernistischen Texte von José MARTÍ, Julian DEL CASAL und José Asunción SILVA. DARÍO setzt neue Maßstäbe im Sprachgebrauch, greift seltene Versmetren wieder auf und erfasst in seinen Texten zunehmend die auch kritischen Momente des Subjekts innerhalb der Modernität. Französische Einflüsse sind deutlich (GAUTIER, DE LISLE, MENDÈS, SILVESTRE) und werden bei José Santos CHOCANO (*Alma América; poemas indo-españoles*, 1906) zugunsten einer Betonung des indigenen amerikanischen Kontextes ausgeblendet. Ironische bzw. parodistische Züge sind später bei LUGONES (*Los crepúsculos del jardín*, 1905) und Julio HERRERA Y REISSIG (*La torre de las esfinges*, 1909) zu finden, der von avantgardistischen Dichtern auch als Vorläufer angesehen wird. Delmira AGUSTINI bricht mit Versmetren und erregt Aufmerksamkeit mit offensiven erotischen Texten. José María EGUREN konstruiert märchenhafte Gegenwelten zur kritisch empfundenen zeitgenössischen Gesellschaft. Mit der vielzitierten Zeile „Tuércele el cuello al cisne de engañoso plumaje" (*Los senderos ocultos*, 1911) greift Enrique GONZÁLEZ MARTÍNEZ weniger die modernistische Bewegung insgesamt als vielmehr eine mittlerweile erstarrte emphatische Bilderwelt an.

3 Avantgardistischer Aufbruch

Las vanguardias crean un nuevo tipo de lector, una nueva sensibilidad, y su predominio en las poéticas de nuestro siglo ha sido tan grande que aún ahora, en las postrimerías del siglo XX, se sigue escribiendo poesía neovanguardista. (Pérez 1995:139)

Der Durchbruch der Avantgarden in Lateinamerika ereignet sich um 1916. Aufmerksam verfolgen die lateinam. Dichter die Entwicklungen in Europa seit MARINETTIS futuristischen Manifesten. Zahlreiche Lyriker zieht es nach Europa, bes. nach Paris. Der Kolumbianer José Eustasio RIVERA und der Argentinier Ricardo GÜIRALDES machen sich vor allem als Autoren des → Regionalromans einen Namen. Mit ihren lyrischen Texten sind sie jedoch im Übergangsfeld von Modernismo und Avantgarde anzusiedeln.[3] Verschiedentlich verbinden sich Avantgarde und Tradition, so in Guatemala (A. VELÁSQUEZ und C. BRAÑAS). Der Argentinier → BORGES steht dem *Ultraísmo* nahe, von dem er sich später distanziert. Der Chilene HUIDOBRO, Begründer des *Creacionismo*, schafft mit *Altazor* (1919–31) ein lyrisches Epos, dessen sprachexperimentelle Leistung von der Reflexion über die Möglichkeiten der Dichtung und der Auflösung der ursprünglichen Sprachbedeutung bis hin zur Schöpfung einer neuen, poetischen Sprache reicht. In den 30er Jahren schwindet die Dominanz avantgardistischer Lyrik im Kontext der politischen Ereignisse sowie vor dem Hintergrund der Politisierung der historischen Avantgarden. Nach Ausbruch des Spanischen Bürgerkriegs (1936) engagieren sich NERUDA, VALLEJO u. a. für die Verteidigung der Republik.

Afroamerikanische Lyrik bringt die Identität der Schwarzen und Mulatten im gesamten Jahrhundert zur Sprache. Die akustischen wie rhythmischen Innovationen werden vor allem zur Zeit der Avantgarde geleistet. Nicolás GUILLÉN hat mit *Motivos de son* (1930) und *Sóngoro cosongo* (1931), aber auch in späteren Texten, darüber hinaus deutlich gemacht, dass seine Dichtung nicht darauf ausgerichtet ist, eine schwarze Teilidentität zu stiften, sondern kulturellem *mestizaje* verpflichtet ist. Neben weiteren kubanischen Autor/innen wie z. B. Nancy MOREJÓN, entsteht *poesía negra* überall dort, wo aufgrund geschichtlicher Entwicklungen afroam. Bevölkerungsgruppen leben (Antillen, karibische Küstenregionen, aber auch Ecuador und Peru).

---

3 Vgl. hierzu RIVERAS spätmodernistische Naturlyrik in *Tierra de promisión* (1921) und GÜIRALDES' *El cencerro de cristal* (1915) mit avantgardistischen Tendenzen. VALLEJO hat mit *Tungsteno* (1931) einen engagierten politischen Roman geschrieben, der keinen Bezug zur Avantgarde aufweist.

César **VALLEJO**	Mitten in der peruanischen Provinz, in Santiago de Chuco 1892 geboren, erlebt Vallejo in Lima die Phase des Modernismo. 1923 reist er nach Paris und bleibt bis zu seinem Tod 1938 in Europa. Vier Gedichtbände (*Los heraldos negros*, 1919; *Trilce*, 1922; *Poemas humanos*, posthum 1939; *España aparta de mi este cáliz*, 1937–38) bezeugen die Einzigartigkeit seiner Lyrik im lateinam. wie europäischen Umfeld. Existentielle Trauer, individuelle Verzweiflung und Vereinsamung verbinden sich in ungewöhnlicher, z.T. sehr hermetischer, auch zahlenmystischer Metaphorik mit den großen politischen Themen der Zeit. Die Literarisierung des physischen Hungers (nach Brot und Liebe) wie des sozialen Verlangens nach Solidarität verleihen seinen Texten eine emotionale Wucht, die auch am Ende des 20. Jhs. noch nicht an Wirkung verloren hat. Ihn nur als ,Dichter des Leidens' zu erfassen, verkürzt sein Werk vor allem um die vielen Texten innewohnende bissigironische Note.
Vicente **HUIDOBRO**	Der 1893 geborene Spross einer wohlhabenden chilenischen Großgrundbesitzerfamilie wird sich später mit Pierre REVERDY um die Erfindung des *Creacionismo*-Konzepts streiten.[4] HUIDOBRO, egozentrischer, gesellschaftserfahrener Bohemien, bewegt sich stilistisch sicher und erfinderisch zugleich innerhalb der Avantgarde(n). Er experimentiert insbesondere mit visuellen Formen, schreibt teils in Französisch (*Horizon carré*, 1917) und wird nicht müde, seine Poesie mit poetologischen Erklärungen in der Gestalt von Manifesten („Non serviam", 1914) und Vorträgen zu begleiten. Mit *Altazor o el viaje en paracaídas* (1931) schafft er einen Klassiker. Die einzelnen Abschnitte des Textes zeigen bereits Ansätze der später in der zweiten Jh.-hälfte üblichen dekonstruierenden Verfahren gegenüber der Tradition. Die 7 Gesänge werden zunehmend dissonant, sozusagen nicht mehr ,singbar'. Der freie Flug des Protagonisten verkörpert sowohl Befreiung, Macht als auch Haltlosigkeit des modernen Individuums, das seine metaphysische Reise als Entfesselung der Sprache, als Ur-Schöpfung realisiert.
Der Postmodernismo[5] Gabriela MISTRALS	Kaum beeinflusst von modernistischen wie avantgardistischen Strömungen schreibt die beruflich stark engagierte Chilenin seit den 1914 publizierten *Sonetos de la muerte* Gedichte, deren Emotionalität und Humanität weit ab von poetologischen Konzepten den Nerv einer breiten Leserschaft treffen: *Ternura* (1924), *Tala* (1938), *Lagar* (1954) erörtern in umgangssprachlichem Stil menschliche Intimität und lateinam. Wirklichkeit.

---

4 Vgl. hierzu Juan Jacobo Bajarlía (1964): *La polémica Reverdy – Huidobro y los orígenes del ultraísmo*. Buenos Aires: Devenir.

5 Vgl. Siebenmann 1993:97.

MISTRALS Landsmann und Sohn eines Lokomotivführers beginnt mit R. DARÍO verwandten modernistischen Anklängen (*Crepusculario*, 1923), die in den sehr populär gewordenen Liebesgedichten aus *Veinte poemas de amor y una canción desesperada* (1924) einer einfachen, direkten erotischen Sprache weichen. Mit den hermetisch-subjektiven Texten von *Residencia en la tierra* (1933, 1935) schreibt sich Neruda dann in die Avantgarde ein. In den nachfolgenden Werken (*Tercera residencia*, 1947; *Canto General*, 1950; *Las uvas y el viento*, 1954 u. a.) tritt nicht nur das politische Engagement NERUDAS in den Vordergrund; der Wechsel zu einer (teils sozialistisch-) realistischen Dichtung bedeutet zugleich Abkehr von innengerichteter Melancholie und Hinwendung zu optimistischer Aufgeschlossenheit gegenüber der Welt. Die „materialistische Metaphysik" (Erich ARENDT) NERUDAS reicht von der epischen Hymne auf die kontinentale Vielfalt und geschichtliche Tiefe des amerikanischen Kontinents („Alturas de Macchu Picchu") über dramatische Warnbilder angesichts des Spanischen Bürgerkrieges (*España en el corazón*, 1937) bis hin zum politisch fragwürdigen Pathos der poetischen Widmungen an STALIN und den Sowjetkommunismus. In der objektiven Dichtung (Fischer 1999:143) der *Odas Elementales* (insges. 3 Bücher: 1954, 1956, 1957) würdigt NERUDA die Welt in ihren alltäglichen Gegenständen wie z. B. Zwiebeln, Schuhen oder Wörterbüchern. Das Spätwerk ist vor allem autobiographisch. In *Memorial de Isla Negra* (1964) leben in der lyrischen Hommage an die Küste von Isla Negra Erinnerungen an die Kindheit, Jugend und die späteren Lebensjahre als gefeierter Dichter auf. Mit seinen Memoiren (*Confieso que he vivido*, posthum 1974) verfasst NERUDA ein persönlich wie historisch interessantes Zeitzeugnis.

Pablo NERUDA

4 Die Jahrhundertmitte: Vielfalt Amerikas

Angesichts der vielfältigen Entwicklungen in der lateinam. Literatur fällt es schwer, die Entwicklung der Lyrik auf wenige Modelle einzugrenzen. Die seit den 30er Jahren zunehmende Politisierung der Dichtung setzt sich ebenso fort, wie sprachexperimentelle Tendenzen. Die neobarocke, hermetische Lyrik des GÓNGORA-Verehrers José LEZAMA LIMA ist zunächst innerhalb der Avantgarde anzusiedeln (*Muerte de Narciso*, 1937); in der Jh.-mitte schreibt der Kubaner eine hochgradig ästhetisierende, intellektuell wie sinnlich dichte Lyrik (*Dador*, 1960). Mit den Konzepten der Antipoesie (PARRA) und der exterioristischen Lyrik (CARDENAL, vgl. → Mittelamerika) wird das lyrische Feld u. a. um antirhetorische Konstruktionen erweitert. Nichtliterarische Textsorten werden massiv

Überblick

für kritische Bestandsaufnahmen einer widersprüchlichen und fragwürdigen Gesellschaft genutzt, abgegriffener Pathos, Gerede, Werbeslogans u. a. m. im parodistischen Zitat ,recycelt'. Immer größer gerät der Spannungsbogen der zusammengeführten Sprachbereiche und Wirklichkeitskonstruktionen. Frustrationen, schwarzer Humor und sarkastische Sicht auf die Gesellschaft sind das Ergebnis (C. Germán BELLI, Antonio CISNEROS). Bereits in der *antipoesía* ist erkennbar, dass die innovativen Formen ausgeschöpft scheinen. Die Ermüdung des Bruchs selbst mit den ,historischen Avantgarden' und die wachsende Skepsis gegenüber den Möglichkeiten politischen Engagements gestalten die Suche nach neuen Horizonten problematisch. So hat die vollkommene ,Befreiung' der lyrischen Sprache eine gewisse Orientierungslosigkeit zur Folge, welche wiederum auch die ,Rückkehr' zu strengeren Formen und die ,Wiederentdeckung' von Traditionen bewirken kann.

Ernesto CARDENAL

Politische, religiös-mystische, historische und persönliche Komponenten vereinen die Texte CARDENALS, dessen Lyrik frei von Zukunftspessimismus und Kulturskepsis eine Synthese von Vergangenheit, Gegenwart und Beglaubigung des Lebenssinns in der Zukunft repräsentieren (*La hora cero*, 1960; *Salmos* 1964). Der Konversationsstil der von ihm (gemeinsam mit URTECHO) begründeten exterioristischen Poesie ist formal antipoetischen Konzepten ähnlich; allerdings nutzt CARDENAL Montage und Collage unterschiedlicher Sprachniveaus und Stilebenen nicht dazu, um die Fragmentarisierung der Gesellschaft und die Entfremdung des Individuums aufzuzeigen, sondern um die dispersen Bestandteile menschlichen Daseins zusammenzuführen (*Canto Cósmico*, 1989). Die lehrhafte Präsentation geschichtlicher Erfahrungen (*El estrecho dudoso*, 1966; *Homenaje a los indios americanos*, 1969) hat bei CARDENAL für den Menschen der Gegenwart noch Nutzen und dient nicht einer negativen Bestätigung der Wiederkehr des Gleichen. Betont werden sein Votum für die Theologie der Befreiung und der Einfluss, den die Evolutionstheorie des französischen Anthropologen und Philosophen TEILHARD DE CHARDIN auf ihn hat.

Der Aufenthalt im Trappistenkloster in Kentucky, die Gründung der christlich-bäuerlichen Kommune von Solentiname und die Tätigkeit als Kulturminister der Sandinistischen Regierung lenken CARDENALS Aufmerksamkeit auf alternative Lebensformen und marginalisierte Kulturbereiche. Politischer Anspruch, ästhetisches Niveau und historische Tiefe lassen sich in seinem Werk nicht trennen; dies begründet seine Einzigartigkeit innerhalb der Lyrik der zweiten Jh.-hälfte in Lateinamerika.

Poesie und Revolution

Die Popularität lateinam. Liedermacher, der *Cantautores*, (Violeta PARRA, Atahualpa YUPANQUI, Mercedes SOSA, Victor JARA, Silvio

RODRÍGUEZ, Pablo MILANÉS u. v. a.) nimmt nach der kubanischen Revolution 1959, den Studentenrevolten 1968 in Mexiko, dem Militärputsch in Chile 1973 stark zu. Politisch verfolgte Autoren verarbeiten in der Lyrik das Trauma des Exils und tragen zugleich zur Vermittlung lateinam. Lyrik außerhalb des Kontinents bei. Der literarische Protest von Guerrillero-Dichtern wie Javier HERAUD und Luis HERNÁNDEZ in Peru oder Roque DALTON in El Salvador verzichtet zumeist auf oberflächliches Revolutionspathos; sarkastische, skeptische und parodistische Untertöne tauchen in den Texten auf. Ebenso antidogmatisch erweist sich Antonio CISNEROS gegenüber der indigenistischen Tradition in Peru.

5 Neoavantgarde? Postmoderne!

Im postmodernen Kontext nähern sich infolge intensiver Kommunikation (Siebenmann 1993:71) Themenbereiche und Wahrnehmungsweisen in der Lyrik einander an, und es scheint, dass „la época llega a determinarnos más que la tierra a la que pertenecemos."[6] Zum Ende des Jhs. verstärken sich einige Tendenzen, die bereits in den 50er und 60er Jahren in Erscheinung treten. Die thematische wie stilistische Vielseitigkeit zeigt sich in den eigenwilligen Handschriften der Autoren auf dem Kontinent. Gesteigertes Körperbewusstsein und *queer*-Denken sind neue Aspekte. Lyrikerinnen thematisieren die Erfahrung eines umfassenden *desengaño*. Ästhetizismus und Umgangssprache, parodistisches Zitat anderer Texte und unmittelbare Sinnlichkeit, Dialoghaltung und traumatisierte Ich-Positionen, sowie gesellschaftskritische Haltungen, die weniger von engagiertem Protest als vielmehr von ironischer Skepsis getragen werden, prägen die Lyrik.

Überblick

Als Vertreter der *postvanguardia*, als Vaterfigur und Mentor der nachfolgenden Schriftstellergeneration (PACHECO, ARIDJIS u. v. a.), wird PAZ oft bezeichnet. Der Mexikaner verkörpert wie kaum ein anderer Dichter den Weg von der Avantgarde hin zur Postmoderne und ihrer Stimmenvielfalt. Amerikanität und Modernität konstituieren die Pole seiner Lyrik. Umfassende Lektüren der Weltliteratur, surrealistische Prägung und die Leidenschaft für die Geschichte Mexikos sowie die Frage nach der subjektiven Identität des Mexikaners (*El laberinto de la soledad*, 1950; *Sor Juana Inés de la Cruz o las trampas de la Fe*, 1982) verleihen seinen Texten eine hohe Reflexionsebene, die sich in den Gedichten vor allem im selbstreferentiellen Bezug zeigt. Charakteristisch ist die Faszination für das Wort, mit dessen magischer Kraft Welten erfunden

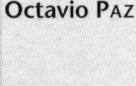

Octavio PAZ

---

6 Eugenio Montejo (1999): „Poesía venezolana: valija de fin de siglo." In: Kohut (1999), 300.

werden können (vgl. „Libertad bajo palabra" im gleichnamigen Gedichtband 1935-57, 1960). Im Langgedicht „Piedra de Sol"[7] entwirft PAZ eine Synthese von Körpererotik, Weltkosmos und autobiographischer Erinnerung. In der Struktur des Textes sind Komponenten des altamerikanischen Aztekenkalenders enthalten (Behrendt 1999:146ff.). Im Unterschied zu thematisch ähnlich weit ausholenden Texten von NERUDA oder CARDENAL dominiert bei PAZ eine sprachphilosophische Unruhe. Mit archäologischer Akribie werden die unter den Masken verborgene Subjektivität erforscht und das vergessene, verschüttete Wort freigelegt. Typographische Experimente (*Salamandra*, 1962, *Topoemas* und *Discos visuales* von 1968) machen den anhaltenden Einfluss der französischen Lyrik zwischen Symbolismus (MALLARMÉ) und Avantgarde (REVERDY, APPOLLINAIRE) deutlich. Ebenso ist PAZ nach längerem Indien-Aufenthalt im diplomatischen Dienst von fernöstlicher Religion und Philosophie beeindruckt (*Ladera este*, 1969). In *Arbol adentro* (1987) thematisiert er die Malerei (vor allem der Avantgarde) und weist der Liebe den zentralen Platz im menschlichen Dasein zu.

Weitere Werke

No pasarán! (1933); *Entre la piedra y la flor* (1941); *¿Aguila o sol?* (1951); *La estación violenta* (1958).

Subjekt und Körper

El individuo, cuyo mito ha nacido con la modernidad, se revela como el maquinario de un sistema de artificios para ocultar la melancolía y el horror al vacío, nacido de la concentración del sujeto sobre si mismo y de su encierro narcisista.[8]

Die Dekonstruktion von Subjekt, Individualität und selbstbewusstem Ich löst längst keine Krise mehr aus, eröffnet aber neue Wege. Eine offensive Erotik und die Befreiung des Körpers von metaphorischen Konstruktionen sind mögliche Folgen. Der Um- oder Beschreibung folgt das Schreiben des Körpers. Diese ‚Körper-Sprache' wirkt verwundert und ernüchtert zugleich. Sie beansprucht keine wesentlichen (längst geleisteten) Tabubrüche mehr, realisiert sie aber dennoch in manchen Gesellschaftskreisen. Carmen OLLÉ (*Noches de adrenalina*, 1981) schreibt ironisch-doppeldeutig „by saying ‚cosas sucias' (...) what must not be said because it is dirty, impure, dangerous" (Rowe 2000:341) und verfolgt damit eine Strategie des Begehrens. María Auxiliadora ALVAREZ (*Cuerpo*, 1985; *Ca(z)a*, 1990) widmet sich Themen wie Geburt oder der ‚Häuslichkeit' aus der Perspektive eines klinischen, kalten Blicks.

---

7 Eine Abbildung des 1790 unter der Plaza de Armas (Mexiko-Stadt) gefundenen, gleichnamigen Steins der Azteken befindet sich auf dem Titelbild dieser Ausgabe.

8 V. Borsò (1999): „La poesía del eco en la escritura de los años 80: Blanca Varela, Giovanna Pollarolo y Carmen Ollé." In: Kohut (1999), 215.

Auch Yolanda PANTIN (*La canción fría*, 1989) praktiziert eine *estética de la crueldad*,[9] wenn sie, unter parodistischem Vorzeichen, die Instanz des Schriftstellers als *fantasma* interpretiert (*Los poemas del escritor*, 1989) und sein Recht auf Banalität einfordert. Sie alle gehören zu jener Generation von Autor/innen, die sich vom „compromiso de escribir alta poesía" (Pantin bei Kohut 1999:314) längst befreit haben. Das fragwürdig gewordene (lyrische) Ich gewinnt nach der Entmythisierung der Liebe, des Geschlechtsakts, der Autobiographie, des Anderen etc. neue Kraft. Ironische Gleichmut konkurriert mit einem Gefühl der Fremdheit gegenüber der Wirklichkeit (und ihren Konstruktionen).

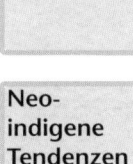

En la moderna expresión poética quechua del Perú (oral y escrita) es interesante constatar la presencia casi obsesiva de un núcleo de motivos vinculados con un difuso „mesianismo", „utopismo" o „profetismo" andino. (Lienhard 1992:221)

Neo-indigene Tendenzen

Die Erwartung eines bevorstehenden geschichtlichen Umbruchs steht im Mittelpunkt solcher Lyrik und wird in der Quechua-Tradition *pachakutiy* oder „vuelta-del-mundo-tiempo" genannt (Ebenda). Hierzu gehören Texte von → José María ARGUEDAS, Eduardo Nimango MALLQUI (*Pukutay*, 1982), Dida AGUIRRE (*Poemas quechuas*, 1983) und Isaac Huamán MANRIQUE. Da die Veröffentlichung in Sprachen wie Quechua, Aymara oder Quiché den Leserkreis erheblich einschränkt, erfolgt die Publikation der Texte meist zweisprachig. Humberto AK'ABAL aus Guatemala schreibt seine Texte in Quiché und übersetzt sie dann selbst ins Spanische. Auf diesem Gebiet der lateinam. Literatur stellt sich auch besonders das Problem der Verschriftlichung oraler Traditionen, zu deren Verständnis Martin Lienhard im Bereich der Quechua-Kultur Außerordentliches geleistet hat. Im gesamten 20. Jh. hat M. Behrendt in der lateinam. Lyrik seit dem Modernismo eine starke Präsenz altamerikanischer Motive nachgewiesen (vgl. Behrendt 1999).

Behrendt (1999); Fischer (1999); Hopfe (1996); Lienhard (1992); Pérez (1995), Rowe (2000); Siebenmann (1993).

Literatur

---

9 Javier Lasarte Valcárcel (1999): „Trayecto de la poesía venezolana de los ochenta: de la noche a la calle y vuelta a la noche." In: Kohut (1999), 285.

② Theater

1 Generelle Entwicklungslinien

**Funktions-
wandel des
Theaters**

In den meisten südam. (Groß-) Städten konstituiert sich im Laufe des 19. Jhs. eine Theaterkultur, die primär dem Bedürfnis der Menschen nach Unterhaltung entsprechen will. In jenen Epochen, die der Rundfunk- und Fernsehkultur vorausgehen, ist die Bühne vor allem ein Ort des volkstümlichen Vergnügens, insbesondere des sich allmählich herausbildenden städtischen Bürgertums. Erst in zweiter Linie thematisieren lateinam. Dramen der unmittelbaren postkolonialen Phase den Prozess der nationalen Identitätsfindung. Beliebt sind von den 30er Jahren des 19. Jhs. bis weit ins 20. Jh. hinein „kostumbristische" Stücke (das *sainete criollo*), die ihre Themen der Alltagswelt entnehmen, sowie schwankartige Genres (wie die *bufos*). Das Wachsen der Städte während der Einwanderungswellen vor dem 1. Weltkrieg, ferner die mexikanische Revolution haben die Theaterlandschaft vieler Zentren verändert. Es setzt eine ernst zu nehmende Dramenproduktion ein, die zunächst der Spätphase des Realismus entspricht. Dessen Bedeutung nimmt seit den 20er Jahren ab vor den Versuchen des Surrealismus bzw. generell der Avantgarde-Bewegungen, neue ästhetische Parameter auch für das Theater zu entwerfen.

**Experimen-
taltheater**

Während Lateinamerika zum Bereich des existentialistischen und absurden Dramas nur wenige bekannte Autoren beitragen kann, schließt sich die südam. Theaterpraxis schnell, bereitwillig und erfolgreich den seit den 60er Jahren aufblühenden experimentellen Erneuerungsversuchen an: Der auch in Europa tätige brasilianische Regisseur Augusto BOAL wird zu einer Schlüsselfigur für kollektive Regie, ‚Emanzipation vom Text‘ und Zuschauerbeteiligung.

**Politisches
Theater**

Das ernste Theater ist gleichzeitig auch ein politisches Theater; die beiden großen Revolutionen, die mexikanische und die kubanische, haben Theater als Medium des Wandels auf das Land getragen. Während der Diktaturen der 70er Jahre in Chile, Uruguay und Argentinien formieren sich Gruppen, die nach Nischen des Widerstands suchen; nach Ende des Terrors bemühen sie sich oft um dessen psychische und historische Aufarbeitung.

**Unter-
schiede**

Der Stand der Entwicklung dramatischer Literatur und theatralischer Praxis ist in einzelnen Ländern sehr unterschiedlich, was außer auf die spezifische Sozialstruktur auch auf die jeweilige kulturelle Infrastruktur zurückzuführen ist; das reichste und vielfältigste Theaterleben des vergangenen halben Jahrhunderts in Hispanoamerika ist in Buenos Aires, Havanna, Santiago de Chile und Mexiko zu finden.

Das kubanische Theater zeichnet sich schon im 19. Jh. durch seine Volkstümlichkeit aus. Die mitunter derb komischen, schwankartigen *bufos habaneros* oder die kostumbristischen *sainetes* sind Formen des sogenannten *género chico*; mit diesem Sammelbegriff werden die vergnüglichen, oft mit Lied- und Tanzeinlagen angereicherten Stücke gefasst, die auch während der ersten zwei Jahrzehnte des 20. Jhs. das Leben an den zahlreichen Bühnen Havannas bestimmen. Daneben fördert die 1913 von dem Dramatiker (und Politiker) José Antonio RAMOS gegründete „Sociedad del Teatro Cubano" das anspruchsvolle *teatro culto*.

Kuba

Der wirtschaftliche Boom der 20er Jahre mit dem legendären „Tanz der Millionen" bringt dem volkstümlichen Operettentheater und seiner Hochburg, dem Teatro Alhambra, einen neuen Aufschwung. Politisch engagierte Dramatiker wie Vicente MARTÍNEZ (mit dem Pseudonym Esmeril) treten erst seit den 30er und 40er Jahren auf. 1935 wird in Havanna das Teatro La Cueva (unter dem Direktor Luis A. BARALT) eröffnet, das sich der Pflege des poetisch-literarischen Dramas widmet.

Entscheidende Neuanstöße erhält das kubanische Theater im Vorfeld und in der Frühphase der Revolution von 1959 durch Virgilio PIÑERA, dessen dramatische Laufbahn mit einer prä-absurden kubanischen Version des Atridenthemas, *Electra Garrigó* (1948) beginnt. Später ediert er eine Anthologie des Absurden Theaters, dessen Einfluss sich – gepaart mit PIÑERAS eigenem Pessimismus – in dem makabren Familiendrama *Aire frío* (1959) niederschlägt, wenn sich dort am Ende ein alkoholkranker erblindeter Vater mit seinem tauben Sohn über das Familiengrab streitet. Schlimmer noch als bei IONESCO selbst, proben in *Los viejos pánicos* (1968, Preis der Casa de las Américas) die Protagonisten, ein altes ‚archetypisches' Ehepaar mit den signifikanten Namen Tota und Tabo, jeden Tag ihre gegenseitige Ermordung. Letztes Stück PIÑERAS: *Una caja de zapatos vacía* (1979, 1986 uraufgeführt).

Virgilio PIÑERA

Der Theaterautor und -kritiker Abelardo ESTORINO schreibt seinen Bühnenerfolg *El robo del cochino* (1964) zum Drehbuch um; Drama wie Film handeln von den Ungerechtigkeiten und Grausamkeiten der BATISTA-Diktatur. Die Thematik der vorrevolutionären Lebensumstände wird im ersten postrevolutionären Jahrzehnt häufig verarbeitet, so auch in den frühen Stücken von José TRIANA (*El mayor general hablará de teogonía*, 1960; und *La noche de los asesinos*, 1965; weitere Dramen: *Parque de la Fraternidad*, 1962; *La muerte del ñeque*, 1963). Neben PIÑERA und TRIANA trägt Antón ARRUFAT (*Los días llenos*, 1962; *Todos los domingos*, 1966; *Los siete*

Andere Autoren

contra Tebas, 1968) dazu bei, dass dem kubanischen Drama nach der Revolution internationale Aufmerksamkeit zuteil wird.

Die Neuerungen der Revolution

Die vielleicht wesentlichen Neuerungen in der Folge von 1959 allerdings schlagen sich nicht in Werken einzelner Autoren nieder. Um die Revolution, ihr verändertes Geschichtsbewusstsein und das Bild eines ‚hombre nuevo' im ganzen Land bekannt zu machen, entstehen überall auf der Insel die umherreisenden „Brigadas del Teatro" (wie Teatro La Yaya, Teatro de Acero, Teatrova), welche die gesellschaftlichen Umwälzungen der ganzen Bevölkerung „vorspielen"; oft verbinden diese Truppen ihre politische Botschaft mit jenen minimalistischen Ansätzen des *Living Theatre* oder anderer neoavantgardistischer Experimenten der 60er Jahre, (also mit einem Spiel ohne textuelle Grundlage, mit neuem Agit-Prop, mit Zuschauerpartizipation, mit kollektiver Regie usw.). In jüngster Vergangenheit wendet sich auch das kubanische Theater wieder stärker individuellen Produktionen zu.

Puerto Rico

Eine eigene anspruchsvolle Dramenproduktion beginnt in Puerto Rico erst in den 50er Jahren des 20. Jhs. mit René MARQUÉS und Francisco ARRIVÍ. MARQUÉS, der in Spanien und den USA Theaterwissenschaften studiert hat, liefert eine pessimistische, spätexistentialistische Sicht auf die entfremdeten Lebensbedingungen seiner Landsleute. *La carreta* (1953) handelt von den Desillusionierungen eines Campesino, der zuerst in die Hauptstadt, später nach New York getrieben wird.

ARRIVÍ gründet in den 40er Jahren die freie experimentelle Theatergruppe „Tinglado Puertorriqueño", die auch sein erstes Stück, *Alumbramiento* (1945), spielt. Mit einem Stipendium der Rockefeller-Foundation hält sich ARRIVÍ länger in New York auf; von dieser Erfahrung beeinflusst, sucht er den Anschluss an die internationale Dramatik und bemüht sich, die ‚Insularität' zu durchbrechen. Von den drei verschiedenen Stilregistern seines Werks spricht der Autor selbst: von einer poetisch-absurden, einer existentiellen und einer realistisch-poetischen Richtung. Zu der letzteren zählt er seine Trilogie *Máscaras puertorriqueñas* (1956–1958), welche die Geschichte und die Identität Puerto Ricos behandelt.

Auch Luis Rafael SÁNCHEZ reflektiert in seinen illusionsbrechenden, oft episch strukturierten und grotesk verzeichneten Dramen das Leben auf der Insel, so in seiner amerikanisierten Version des Antigone-Mythos, *La pasión según Antígona Pérez. Crónica americana en dos actos* (1968), einer Parabel um Diktatur und Freiheitswillen.

Dominikanische Republik

Die über 60 Stücke von Franklin DOMÍNGUEZ, dem erfolgreichsten Dramatiker der Dominikanischen Republik, haben bei Publikum und Kritik großen Erfolg. Es geht um Individuum und Familie (etwa in *El último instante*, 1958, uraufgef. 1967; *La espera*, 1959), oder um die Kritik gesellschaftlicher und politischer Verhältnisse (etwa in *Se busca un hombre honesto*, 1964; *Se busca un hombre deshonesto*, 1981; *Campaña electoral*, 1965). Es wird DOMÍNGUEZ vorgeworfen, er habe sich zu stark dem Boulevardtheater angenähert (etwa in *Qué buena es mi suegra*, 1983); doch der Autor versucht andererseits, sich durchaus mit gesellschaftlich relevanten, aktuellen Themen (*La hora del regreso*, 1981; *Drogas*, 1986) und auch mit den dunklen politischen Jahren der Diktatur TRUJILLOS in seinem Land auseinander zu setzen: *El masacre se pasa a pie* (1987) thematisiert den von TRUJILLO betriebenen Genozid an der haitianischen Bevölkerung.

3 Das Theater Mittelamerikas

In Mexiko, dem Land mit der reichsten Theaterkultur in Mittelamerika, blüht am Beginn des 20. Jhs. das *género frívolo*, ein Boulevard-Theater zur Unterhaltung der städtischen Mittelklasse. Neues bringt die (1910 begonnene) mexikanische Revolution: Vor der Landbevölkerung treten Theaterbrigaden auf, die das Repertoire der konventionellen Volksstücke assimilieren, es aber mit politischer Thematik und karikaturistischer Zeichnung anreichern (so tritt etwa der an die kreolischen Sitten angepasste ‚Indio ladino' auf); Ziel ist die Übermittlung der revolutionären Botschaft.

Möglicherweise ist die große Rolle der komischen Improvisation im mexikanischen (Volks-)Theater dieser Tradition zu verdanken. Die Bekanntheit etwa des Komikers Cantinflas hat den Kulturkritiker Carlos MONSIVÁIS gereizt, diesem Phänomen einen Essay zu widmen.[10]

> **Mexiko**

Anlässlich der Eröffnung des Teatro Ulises 1928 betont der avantgardistische Dramatiker Salvador NOVO die Absicht, das Theater Mexikos an internationale Standards heranzuführen. Diese Absicht teilt er mit anderen Bewegungen, dem *Grupo de los Siete* zu Beginn der 20er oder dem *Teatro Orientación* in den 30er Jahren. Als 1947 das Instituto Nacional de Bellas Artes (INBA) eine Theaterabteilung erhält, übernimmt NOVO dessen Leitung, bis er 1953 ein eigenes Theater gründet. In seinen Stücken (*El tercer Fausto*, 1934; *La culta dama*, 1951; *La guerra de las gordas*, 1963) entfernt er sich von der avantgardistischen Programmatik der

> **Salvador Novo und Xavier VILLAURUTIA**

---

10 Carlos MONSIVÁIS (1981): „Instituciones: Cantinflas. Ahí estuvo el detalle", in ders. (1981): *Escenas de pudor y liviandad*. México/Barcelona: ed. Grijalbo, 77–96.

Gruppe um die Zeitschrift *Contemporáneos*, der er Ende der 20er Jahre angehört hat. Gleiches gilt für Xavier VILLAURRUTIA, der ebenfalls eine Erneuerung der mexikanischen Dramatik anstrebt (und dies – wie NOVO auch – unter Rekurs auf Vorbilder der europäischen klassischen Moderne). 1934 wird VILLAURUTIAS Drama *Parece mentira* gespielt, Ende der 30er Jahre leitet er ein Gewerkschaftstheater, 1946 übernimmt er eine Professur für Theaterwissenschaft.

Rodolfo USIGLI

Zwischen europäischem Einfluss (George Bernhard SHAW) und autochthoner Tradition verortet sich das dramatische Werk USIGLIS. In *El gesticulador* (1937 verfasst, 1947 uraufgeführt) schildert er die Geschichte eines verstörten Historikers, der sich aufgrund der Namensgleichheit mit einem Revolutionsgeneral identifiziert und ironischerweise mit seinen Reformplänen so wie jener scheitert. Deutlicher noch auf die mexikanische Geschichte bezogen ist eine Trilogie, die sich um die Definition der *mexicanidad* in historischer Dimension bemüht: In *Corona de sombra* (1943, aufgeführt 1947) fungiert wieder ein Geschichtswissenschaftler als Protagonist, der sich hier der Herrschaft des Habsburgischen Kaisers Maximilian in Mexiko zuwendet. Das zweite Drama, *Corona de fuego* (1960), thematisiert die Unterwerfung und den Opfertod des letzten Aztekenfürsten Cuauhtémoc, und *Corona de luz* (1965) handelt von den religiösen Konflikten und den Hegemonialstrategien des Christentums im Mexiko des 16. Jhs.

Andere Autoren

Vom Themenkomplex der nationalen Identität wendet sich der Theaterwissenschaftler und Literaturkritiker Juan GARCÍA PONCE ab (*El canto de los grillos*, 1957; zuletzt *Catálogo razonado*, 1982). Einige mexikanische Autoren, die primär als Erzähler bekannt geworden sind, haben auch für das Theater gearbeitet, so vor allem Carlos → FUENTES und Vicente LEÑERO. FUENTES' Dramen (*El tuerto es rey*, 1970; *Todos los gatos son pardos*, 1970 und *Orquídeas a la luz de la luna*, 1982) haben eine weit geringere Resonanz als sein erzählerisches und essayistisches Werk erfahren. LEÑEROS dokumentarische Stücke setzen sich mit der Rolle der Kirche (*Pueblo rechazado*, 1969; *El juicio*, 1972) oder mit politischen Mythen auseinander (so mit dem Tod CHE GUEVARAS in *Compañero*, 1970, oder mit dem Revolutionär José María MORELOS in *Martirio de Morelos*, 1981).

LEÑERO ist – neben Luisa Josefina HERNÁNDEZ und Hugo ARGÜELLES – der bekannteste Vertreter einer ab Ende der 60er Jahre in Erscheinung tretenden neuen Dramatikergeneration, deren Aktivitäten von den Workshops Emilio CARBADILLOS inspiriert sind. Unter den Autorinnen tritt neben Elena GARRO besonders Luis Josefina HERNÁNDEZ hervor (u. a. mit *La historia de un anillo*, 1961; *La fiesta del mulato*, 1966; *Quetzalcoatl*, 1968).

Eine eigene guatemaltekische Dramenproduktion setzt erst in der **Guatemala** 2. Hälfte des 20. Jhs. mit den Werken des Politikers Manuel GALICH ein, der während seines Exils in Havanna Theaterwissenschaft lehrt. Während seine ersten Stücke (u. a. *Papá Natas*, veröff. 1946) kostumbristische Sittenbilder liefern, tritt später die soziale Anklage in den Vordergrund (*El tren amarillo*, 1955; *El pescado indigesto*, 1961). *La mugre* (1954) beschäftigt sich mit der Ausbeutung seines Landes durch die United Fruit Company, also mit einem Thema, welches Miguel Angel → ASTURIAS in einer späten Romantrilogie thematisiert. Dass ASTURIAS ebenfalls Theaterstücke geschrieben hat, ist in der Lateinamerikanistik möglicherweise deshalb wenig beachtet worden[11], weil diese fünf Dramen (darunter *Chantaje*, eine Variation einer Episode aus seinem bekannten Diktatorenroman *El Señor Presidente*, 1946) eine lediglich lokale Rezeption erfahren haben.

4 Das Theater des Cono Sur

Bereits 1817 wird in Argentinien eine „Sociedad del Buen Gusto **Argentinien** Teatral" gegründet (mit dem Ziel der Emanzipation von europäischen Vorbildern); indes bleibt das 19. Jh. beherrscht von volkstümlichen Stücken einerseits und von einem stark romantisierenden Theater andererseits. Erst zu Beginn des 20. Jhs., als sich Buenos Aires durch die Einwanderungswelle zu einer der kulturell spannendsten Städte des Subkontinents entwickelt, erfährt das Theater wesentliche Innovationen, die nicht einmal von dem großen Teatro Colón ausgehen, sondern von den kleinen neu gegründeten Sälen, in denen Familientruppen die alten Gaucho-Geschichten – nun von Musik begleitet – neu interpretieren (Martiniano LEGUIZAMÓN, *Calandria*, 1896). Diese fröhliche Besinnung auf die *argentinidad* fördert die Entstehung des *sainete criollo*, das in dem Vielschreiber Nemesio TREJO seinen Hauptvertreter findet. Volkstümliche Theaterformen, die lange aufgrund ihrer (vermeintlichen?) Trivialität von der Literatur- und Theatergeschichte unbeachtet geblieben sind, assimilieren auch den Tango (als Musik der „Melancholie der Vorstadt"[12]) und den Gestus des bonarensischen Dialekts, des *lunfardo*, der erst später durch → BORGES

---

11 Ausnahme bildet die Bonner Dissertation von U. Brands-Proharam González über das dramatische Werk ASTURIAS' im lateinam. Kontext.
12 Diesen Titel trägt eine dem Tango gewidmete Ausstellung (Berlin 1982; Ausstellungskatalog hg. vom Künstlerhaus Bethanien, Berlin: Frölich & Kaufmann 1982). Zum Tango als künstlerischem Ausdruck jetzt Michael Rössner [Hrsg.] (2001): *„¡Bailá! ¡Vení! ¡Volá!" El fenómeno tanguero y la literatura.* Frankfurt/M.: Vervuert /Madrid: Iberoamericana.

völlig „literaturwürdig" wird. Der Hauptvertreter des *lunfardo*-Theaters ist Alberto Vaccarezza, mit dessen tragikomischem Stück *Los escrushantes* (1911) ein Genre entsteht, das sich in der Folge enormer Popularität erfreut – sein Stück *El conventillo de la paloma* (1929) erlebt nicht weniger als 1500 Aufführungen.[13]

Teil der florierenden Unterhaltungsdramatik jener „goldenen Jahre" ist auch das *grotesco criollo*, das die Befindlichkeit der zahlreichen italienischen Einwanderer dramatisiert, so etwa die Stücke von Armando Discépolo (*Stefano*, 1928) oder Francisco T. Defillipis Novoa (*He visto a Dios*, 1930). Das Aufkommen des Tonfilms erst beendet dann die Konjunktur dieser Genres.

| **Roberto Arlt** | Die 30er Jahre sind geprägt von den surrealistisch anmutenden Bühnenwerken, die Roberto Arlt – bekannter als Erzähler – für das Teatro del Pueblo verfasst hat. In *Trescientos millones* (1932) treten Wirklichkeit und Illusion zusammen; ein Hausmädchen wird von ihren idealisierten Träumen so enttäuscht, dass sie sich tatsächlich das Leben nimmt. Noch massiver bestimmt solche Absurdität das Handeln der Protagonisten in *Saverio El Cruel* (1936). Die Erfahrungen seines Marokko-Aufenthalts finden Niederschlag in einer orientalisierenden Groteske, *Africa* (1938). |

| **Avantgarde der 40er-Jahre** | Gegen die das ‚ernste' Theater beherrschende Tendenz zum Realismus bildet sich in den 40er Jahren um Samuel Eichelbaum und Conrado Nalé Roxlo eine (spät-)avantgardistische Bewegung. Eichelbaums oft verfilmte Dramen (*Un guapo del 900*, 1940, mehrfach verfilmt; *Un tal Servando Gómez*, 1942, Verfilmung 1950) verbinden Psychologie (nach der Art Strindbergs) und Sexualproblematik mit spezifisch argentinischen Vorstadt-Themen. Nalé Roxlo, der auch als Lyriker und Erzähler Ansehen genießt, gestaltet in *La cola de la sirena* (1941) den aus Andersens Märchen bekannten Stoff der Nixe, die sich aus Liebe zu einem Mann operieren lässt, neu und eigenwillig. (Weitere Stücke: *Una viuda difícil*, 1944; *Judith y las rosas*, 1956) |

| **Theater seit den 50er-Jahren** | Agustín Cuzzani, der in den 50er Jahren in Buenos Aires mehrere freie Theater gründet („Fray Mocho", „Los Independientes", „La Máscara"), hat mit seinen sog. „farsátiras" groteske existentialistische Parabeln geschaffen, die ihre Intertexte (Shakespeare, Kafka, das Theater des Absurden) mit verzweifeltem Witz belegen. In *Una libra de carne* (1954) verpfändet ein kleiner Büroschreiber ein Pfund seines eigenen Fleisches; am Ende freilich bleibt ihm das Schicksal des Shylock aus Shakespeares *The Merchant of Venice* erspart, weil die „blutsaugende" Gesellschaft ihm ohnehin keinen |

---

13 So berichtet Michael Rössner in der von ihm herausgegebenen Literaturgeschichte (Rössner 1995:350).

Lebenssaft mehr in den Adern gelassen hat. (Weitere Werke: *El centroforward murió al amanecer*, 1955, 1957 vom Teatro Máscara uraufgeführt bei dem ersten Festival de Teatro Libre; *Los indios estaban cabreros*, 1958; *El leñador*, 1965; *Historia de un zurdo contrariado*, 1988)

Groteske Züge weisen auch die Dramen von Griselda GAMBARO (*El campo*, 1967) oder Roberto COSSA (*La nona*, 1977) auf. Unter dem Eindruck der Militärdiktatur thematisiert GAMBARO später die Mechanismen von Macht und Unterdrückung (*La malasangre*, 1982); Cossa, der auch Drehbücher schreibt, schließt sich mit drei Stücken dem oppositionellen Teatro Abierto an, obwohl seine Stücke kaum politisch brisante Aussagen enthalten. In *El viejo criado* (1980) formuliert er seine Zweifel an der Tangobesessenheit und der gesamten Nationalmythologie der Einwanderergeneration.

Der bekannteste Gegenwartsdramatiker Argentiniens, Eduardo PAVLOVSKY, beginnt in den 70er Jahren Dramen zu schreiben (*El señor Galíndez*, 1973; *El señor Lafargue*, 1983). Sein Theater wird politischer, und gleichzeitig nimmt die postmoderne Experimentalität seiner Bühneninszenierungen (*Cámera lenta*, 1992) zu. Nach Ende der Militärherrschaft findet er in *Potestad* (1985) stille, subtile, beeindruckende Bilder, um sich dem Problem der von den Machthabern Getöteten zuzuwenden. Für Alfonso de Toro ist PAVLOVSKY Vertreter eines postmodernen Theaters.[14]

Eduardo PAVLOVSKY

Der chilenische Nationalreformer Andrés BELLO (ein gebürtiger Venezolaner) spricht schon im 19. Jh. dem Theater eine Schlüsselrolle für den Prozess der nationalen Identitätsbildung zu. In dieser Tradition stehen auch noch die realistischen Dramen der ersten Jahrzehnte des 20. Jhs., so die meisten der rund 50 Stücke des Vollblut-Theatermenschen (und Stummfilmregisseurs) Antonio ACEVEDO HERNÁNDEZ (*Los deportados*, 1929; *Cardo negro*, 1930; *El triángulo tiene cuatro lados*, 1963) oder die Kritik kleinbürgerlicher Ideologie bei Armando MOOCK, den es in die glänzendere Theaterstadt Buenos Aires zieht.

Chile

Anders als in Buenos Aires, dominiert in Santiago de Chile ein intellektuelles, unkommerzielles Theater: Chile wird der erste Ort zahlreicher freier Theatergruppen (1955: Gründung des Teatro Popular Ictus) und eines blühenden Universitätstheaters (1941: Teatro Experimental de la Universidad de Chile, 1943: Teatro de Ensayo der Universidad Católica); in Chile spielt nach 1945 die durch ihre LORCA-Interpretationen bekannte spanische Schauspielerin Margarita XIRGU. Aus diesem Milieu erwachsen dem chi-

Freie Truppen und Universitätstheater

---

14 Siehe „El teatro postmoderno de E. Pavlovsky." In: de Toro/Pörtl (1996), 59–84.

lenischen Theater Autoren wie der sozial engagierte Sergio VODA-
NOVIC (*Viña: tres comedias en traje de baño*, 1964; *Nos tomamos la
universidad*, 1971). Regimekritik, eine zentrale Aufgabe der freien
Bühnen, üben freie Theater wie der Grupo Taller de Investigación
Teatral (*Tres Marías y una Rosa*, 1979), ferner Egon WOLFF, der in
Los invasores (1963) die Sozialutopie von einer gerechten Vertei-
lung von Arbeit und Lohn entwirft (weitere Stücke: *Discípulos del
miedo*, 1958; *El signo de Caín*, 1965; *Kindergarten*, 1969; *El sobre azul*,
1983; *La balsa de la Medusa*, 1984).

Uruguay

Die Entwicklung Uruguays weist Parallelen zu der Argentiniens
auf: Nach einer Frühphase im Zeichen von Volkstheater und
Gaucho-Romantik wird ein bürgerliches Theater mit Vorliebe für
operettenhafte *sainetes* bestimmend; Ort ihrer Inszenierung ist vor
allem Montevideos prächtiges Teatro Solís. Seit den späten 50er
und besonders während der experimentierfreudigen 60er Jahre
gehen von Montevideo einige Impulse für das lateinam. Theater
aus. Carlos MAGGI wendet sich – nach satirischen Blicken auf
Bürokratie (*La biblioteca*, 1959) oder kleinbürgerliches Gewinn-
streben (*La trastienda*, 1958) dem Metatheater bzw. der Parodie des
Theatralischen zu (*El apuntador*, 1962). Mauricio ROSENCOF ist ein
politischer Aktivist, zeitweise Mitglied der Tupamaros. Während
der Militärdiktatur in den 70ern inhaftiert, schreibt er im Gefängnis u. a. Dramen, die er auswendig lernt und nach seiner Freilassung veröffentlicht; in *El saco de Antonio* (1985 publiziert, zusammen mit *Los caballos* und *El combate en el establo*) thematisiert er
die zerstörerische Wirkung existentieller Einsamkeit.

5 Das Theater in Kolumbien und Peru

Kolumbien

Zwei große Dramatiker ragen innerhalb des kolumbianischen
Theaters der ersten Hälfte des 20. Jhs. heraus: der von IBSEN und
dem Spanier Jacinto BENAVENTE beeinflusste ,Realist' Antonio
ALVAREZ LLERAS und der sozialreformerisch orientierte Enrique
OSORIO. Neuansätze liefert Enrique BUENAVENTURA, der in den
50er Jahren in Cali das Teatro Escuela Cali (TEC) leitet und dort
einen Teil seiner Stücke auf die Bühne bringt (*En la diestra de Dios
Padre*, 1960). Gemeinsam mit Santiago GARCÍA und Carlos José
REYES gelingt es ihm, Cali zu einem Zentrum der neuen Drama-
turgie zu machen, indem sie Verbindung zu den internationalen
Erneuerungsbewegungen suchen, so zum Berliner Ensemble. Mit
Dramen wie *Papeles del infierno* (1968) von BUENAVENTURA, *Solda-
dos* (1967) von REYES und *Guadelupe, años sin cuenta* (1975) von
GARCÍA verbinden die kolumbianischen Dramatiker die theatra-
lisch neuen Ansätze mit der politischen Kritik der *violencia* in
ihrem Land.

Auch in Peru gewinnt das Theater erst nach dem 2. Weltkrieg eine größere Bedeutung. 1946 wird eine Dirección Nacional de Teatro gegründet, die in der Folge Festivals organisiert und den Autoren den Anschluss an internationale Strömungen erleichtert. Neben Percy GIBBSON PARRA (*Esa luna que empieza*, 1946) und Juan RÍOS (*Don Quijote*, 1946) tritt Sebastián SALAZAR BONDY nicht nur als Dramenautor (*Amor, gran laberinto*, 1948), sondern als Impulsgeber für eine innovative Theaterkultur in Erscheinung. In den 70er Jahren werden nationale Theaterorganisationen gegründet und Festivals eingerichtet, am Theaterwettbewerb von Ayacucho nimmt 1978 das italienisch-dänische Odin Teatret mit seinem bekannten Leiter Eugenio BARBA teil, dessen körperbetonte Spielweise Niederschlag in der Bewegung des *Teatro del Cuerpo* findet.

Auch der bekannteste gegenwärtige Schriftsteller Perus, Mario → VARGAS LLOSA, hat Dramen geschrieben (*La señorita de Tacna*, 1981; *Kathie y el hipopótamo*, 1983), denen allerdings nicht der Erfolg seiner Narrativik beschieden ist. Dafür haben verschiedene junge Autoren (Juan RIVERA SAAVEDRA, Hernando CORTÉS, Grégor DÍAZ) die Aufmerksamkeit der peruanischen Theatergänger und internationaler Festivalbesucher auf sich gezogen.

Peru

Adler (1991); Dauster (1973); Foster (1984); Leal (1980); Monleón (1978); Pellettieri (1994); Rizk (2000); de Toro/Pörtl (1996); de Toro/de Toro (1993).

Literatur

3 Essay

1 Konjunktur einer Gattung

„C'est moy que je peins" - ‚Mich selbst stelle ich dar', mit diesem bekennerischen Satz führt Michel de MONTAIGNE, der Begründer des Essays als Literaturform, in sein monumentales Werk, *Les Essais* (1580) ein. Selbstdarstellung und Selbstsuche in personaler wie nationaler Hinsicht scheinen auch das Anliegen und das Hauptthema des Essays in Lateinamerika zu sein. In keinem anderen kulturellen Großraum kommt dem Essay als literarische Gattung eine vergleichbare Schlüsselrolle zu.

Nicht von ungefähr haben wir es mit einem Genre der Ungewissheit, der Suche zu tun; „essai" heißt Versuch. Gattungsgeschichtlich bezogen auf die mittelalterliche Form des Exemplums, entsteht der Essay zu dem Zeitpunkt, als eine frühneuzeitliche Offenheit das geregelte und verbindliche Weltbild des christlichen Mittelalters ablöst. Bezeichnenderweise beginnt die enorme Konjunktur dieser Gattung in Südamerika ebenfalls in einem Augenblick des Umbruchs, nämlich der Befreiung von der kolonialen Vorherrschaft im 19. Jh.

Ein Genre des Suchens

| **Essays ohne Ende** | Widmen sich die Essays des 19. Jhs. vornehmlich dem Problemkontext der Unabhängigkeit, so tritt im folgenden zwar eine thematische Ausdifferenzierung ein, nicht aber eine Verringerung der Textproduktion in diesem Paradigma. Eine auch nur annähernd vollständige Auflistung des essayistischen Schaffens in Lateinamerika anzustreben, ist deshalb vermessen, weil gewissermaßen jeder dort Schreibende sich auch in dieser Form ‚versucht' hat. Dennoch ist die Attraktivität des Genres auch in der postmodernen und postkolonialen Gegenwart ungebrochen geblieben. |

Der argentinische Literaturwissenschaftler Enrique Anderson Imbert hat in einem Essay den Essay verteidigt („Defensa del ensayo", in *Los domingos del profesor*, 1972):

Lo que ocurre es que muchos suponen que un ensayo es un ensayarse en algo que no se conoce todavía bien. (...) Pero los ensayos no son balbuceos en una lengua no aprendida... (...) La historia del ensayo no nos muestra un limbo de indecisos o aprendices, sino una rotunda asamblea de espíritus que se sentían seguros, ingeniosos y cabales.

2 Hauptverteter des Essays im 19. Jahrhundert

| **Unabhängigkeit und soziopolitisches Bewusstsein** | In Kuba und Puerto Rico, den Staaten, die sich als letzte von Spanien lösen, wird die Unabhängigkeit vorrangiges Thema. Die beiden repräsentativsten Figuren dafür sind in diesen Ländern José MARTÍ (1853–1895) und Eugenio María DE HOSTOS (1839–1903). MARTÍ ist nicht nur Literat, sondern auch der große Organisator der Unabhängigkeit, für die er in seinen in der Presse publizierten Essays streitet (*Patria, El partido liberal*). Epochal wichtig sind *El presidio político en Cuba* (1871), *La república española ante la revolución cubana* (1873, nach Ausrufung der 1. Republik in Spanien) und sein bekanntester Essay: *Nuestra América* (1891). DE HOSTOS kommt während seines Jurastudiums in Spanien mit liberalem Ideengut in Kontakt, das er in den Freiheitskampf einbringt und in den *Lecciones de derecho constitucional* (1887) und dem *Tratado de sociología* (1901) artikuliert. |

Eine dezidierte Parteinahme gegen die Diktatur von GARCÍA MORENO in Ecuador kennzeichnet die politische Position von Juan MONTALVO (1832–1889) in *Geometría moral* (1902). Radikaler äußert sich der sehr aktive peruanische Gewerkschaftler und Intellektuelle Manuel GONZÁLEZ PRADA (1844–1918) in *Páginas libres* (1894); sein Band *Horas de lucha* (1908) enthält Invektiven gegen die Kirche als Instanz der Unterdrückung der Frau („Las eslavas de la Iglesia").

Domingo Faustino SARMIENTO gehört zu einer ganzen Gruppe von Intellektuellen, die in Argentinien das Regime ROSAS' auch im Medium des Essays bekämpfen. SARMIENTO beschäftigt sich über die nationale Lage hinaus auch mit generellen Themen des Kontinents (*Conflictos y armonías de las razas en América*, 1883). Sein Gegenspieler, der aus Venezuela stammende, doch in Chile als Regierungsberater und Universitätsrektor tätige Andrés BELLO (1781–1865) bezieht eine konservativere Position als SARMIENTO.

Der Uruguayer José Enrique RODÓ (1871–1917), dem ein realitätsferner Idealismus nachgesagt wird, gründet durch den Essay *Ariel* (1900) eine Schule („Arielismus"), die auf der Basis des griechisch-lateinischen und des christlichen Erbes die Überlegenheit der hispanischen Kultur über den nordamerikanischen Utilitarismus propagiert.

Ästhetische Theorie im Umfeld des Modernismo

3 Hauptverteter des Essays in der ersten Hälfte des 20. Jahrhunderts

Fernando ORTIZ (1881–1969) begründet in Kuba die wissenschaftliche Beschäftigung mit afrokubanischer Kultur (in den Essays *Hampa afrocubana. Los negros brujos*, 1906, oder *Los negros eslavos*, 1916). Er gründet Zeitschriften bzw. arbeitet an solchen mit (*Surco, Ultra, Estudios Afrocubanos*). Sein enorm breites Interessenspektrum schließt politische und wirtschaftliche Aspekte ein (so z. B. in *Contrapunteo cubano del tabaco y el azúcar*, 1940). Nach ihm ist die heute von dem Ethnologen und Schriftsteller Miguel BARNET geleitete staatliche Kulturstiftung „Fundación Fernando Ortiz" benannt.

Karibik

In der Dominikanischen Republik gilt Pedro HENRÍQUEZ UREÑA (1884–1946) als kulturelle Leitfigur seines Landes; von seinen zahlreichen Essays seien genannt: *Seis ensayos en busca de nuestra expresión* (1928) und *Historia de la cultura en la América Hispánica* (1947).

Der Mexikaner José VASCONCELOS (1882–1959) nimmt RODÓS Polemik gegen die USA auf und postuliert ebenfalls eine moralische Überlegenheit Iberoamerikas (*Indología*, 1926; *¿Que es la revolución?*, 1937; später wird z. B. der Chilene Ariel DORFMAN in *Patos, elefantes y héroes* noch die Vereinigten Staaten lächerlich machen). Alfonso REYES (1889–1959) beschäftigt sich mit der Rolle des Intellektuellen in Südamerika in „Notas sobre la inteligencia americana" (in dem Band *Ultima Tule*, 1942).

Mexiko und Mittelamerika

Der guatemaltekische Essayist Luis CARDOZA Y ARAGÓN (1904–1992) widmet sich zwei Schwerpunkten, der politischen und sozialen Entwicklung seines Landes (*Guatemala, las líneas de su mano*, 1955, und *La revolución guatemalteca*, 1955) und dann der Kunst Mexikos, als deren bester Kenner er gilt (*La Nube y el reloj*, 1940).

Peru

José Carlos MARIÁTEGUI (1894–1930), Vordenker und Leitfigur der Linken nicht nur in Peru, verbindet den europäischen Kulturpessimismus der 20er Jahre (O. SPENGLER, B. CROCE) mit einem dogmatischen Marxismus. Seine *Siete ensayos de interpretación de la realidad peruana* (1928) decken das Spektrum all der zeitgenössisch relevanten Themen ab: der erste Essay beschäftigt sich mit der wirtschaftlichen Entwicklung, der zweite mit der Indio-Problematik, danach folgen Landreform, Erziehungswesen, die religiösen Aspekte von Kolonialismus und Unabhängigkeit, die Spannung zwischen Regionalismus und Zentralismus, und letztlich die Rolle der nationalen Literatur.

Argentinien

→ BORGES taucht in seinen Essaybänden (*Discusión*, 1932; *Otras inquisiciones*, 1952) in die Welt der ungewöhnlichen Aspekte der (nicht nur argentinischen) Kultur- und Literaturgeschichte.

Eduardo MALLEA (1903–1982) arbeitet mit an der Literaturbeilage von *La Nación*; sein großes Thema, die „Argentinidad", behandelt er in dem autobiographischen Essay *Historia de una pasión argentina* (1937). Auch der pointiert antiperonistische Ezequiel MARTÍNEZ ESTRADA (1895–1964) wendet sich der Eigenart seines Landes (*Radiografía de la pampa*, 1933) sowie der Stadtthematik *La cabeza de Goliat* (1939) zu. Victoria OCAMPO, Gründerin und Herausgeberin der Zeitschrift *Sur*, schreibt ihre *Testimonios* (1935–1977).

4 Hauptvertreter des Essays in der zweiten Hälfte des 20. Jahrhunderts

Karibik

Die kubanische Revolution von 1959 vermittelt eine neue Identität und lädt zur (kultur-)politischen Diskussion auch im Essay ein. Roberto FERNÁNDEZ RETAMAR, langjähriger Leiter der Casa de las Américas in Havanna, revidiert mit *Calibán: apuntes sobre la cultura de nuestra América* (1971) die Konzepte des amerikanischen Menschen zwischen ‚Menschenfresser' und ‚Edlem Wilden'. Mit der Situation der Frau in der Karibik beschäftigt sich die Puertoricanerin Rosario FERRÉ (*1940) in *Sitio a Eros* (1980).

Mexiko

Das fruchtbarste Land für die Entfaltung des Essays ist Mexiko; Octavio PAZ (1914–1998), Träger des Friedenspreises des Deutschen Buchhandels, ist bis zum Chiapas-Konflikt der jüngsten Vergangenheit eine politische Idealfigur gewesen, nicht zuletzt durch mutige Parteinahmen gegen die Studentenmassaker von 1968. Seine Essays (*Laberinto de la soledad*, 1950; *Posdata*, 1970) fokussieren zwei nicht direkt tagespolitische Komplexe: a) die mexikanische Identität (in Auseinandersetzung mit der spanischen Kolonial- und der nordamerikanischen Hegemonialmacht) und b) (literar-) ästhetische Fragen (Surrealismus). PAZ bereitet den Weg für die neuen *mestizaje*-Theorien („Pepsicoatl"). Seine Behandlung der Einsamkeitsthematik weist zurück auf → Rulfo und voraus auf → García Márquez.

→ Carlos Fuentes (*1928) liefert nicht nur die wesentliche Theorie des neuen Schreibens in Lateinamerika (*La Nueva novela hispanoamericana*, 1969), er kommentiert souverän die Weltliteratur (*Geografía de la novela*, 1993) oder die Beziehung zwischen Mexiko und der hispanischen Welt (*Tiempo mexicano*, 1971). Ihre Eindrücke über das verheerende Erdbeben in der mexikanischen Hauptstadt gibt Elena Poniatowska (*1933) in *Nada, nadie* (1988) wieder.

Carlos Monsiváis (*1938) und Néstor García Canclini, Vertreter der neuen lateinam. Kulturtheorie, setzen sich (über Paz hinaus) mit der Volkskultur und der „borderline culture" (Beziehung zum nordam. Nachbarn) auseinander.

Rosario Castellanos (1925–1974), eine langjährige Mitarbeiterin an einem indigenistischen Institut der Provinz Chiapas, liefert eine fundierte, offene und auch der indigenen Bevölkerung gegenüber kritische Diskussion der Probleme der Landbevölkerung, besonders der Frauen (*Mujer que sabe latín*, 1973). Innerhalb der zapatistischen Volksbewegung von Chiapas kommt dem Subcomandante Marcos ein hoher Stellenwert zu. Seine Essays zur Politik des Landes und zur Identität der Indio-Bevölkerung erregen starkes Aufsehen.

Venezuela

Arturo Uslar Pietri (*1906), Botschaftssekretär und UNESCO-Mitarbeiter, gilt als intellektuelle Instanz und als Galionsfigur der venezolanischen Essayistik (*Letras y hombres de Venezuela*, 1948, *Godos, insurgentes y visionarios*, 1986).

Argentinien

Ernesto Sábato (*1911) gibt, vom Existentialismus geprägt, nicht nur der argentinischen Narrativik bedeutende Impulse, er hat auch neben zahlreichen Essays eine beeindruckende Dokumentation über das Schicksal der während der Militärherrschaft Verschwundenen (mit dem Titel *Nunca más*, 1987) vorgelegt, welche er im Auftrag einer staatlichen Untersuchungskommission erstellt hat.

Uruguay

Weltbekannt ist Eduardo Galeanos (*1940) Deutung der Geschichte des Subkontinents als Ausbeutung und Abfolge von Spielen der Machtinteressen. Neben *Las venas abiertas de América Latina* (1971) legt er die *Crónicas latinoamericanas* (1972) vor; er ist journalistisch tätig in der Redaktion von *Marcha* und von *Crisis* (Buenos Aires).

Zu den profiliertesten Literatur- und Kulturkritikern gehört der lange Zeit als Verlagsleiter der Zeitschrift „Escritura" tätige Angel Rama (1926–1983), der wegen angeblich kommunistischer Ideo-

logie aus den USA ausgewiesen worden ist. Werke: *Transcultura-
ción narrativa en América Latina* (1982) und postum *La ciudad let-
rada* (1984).

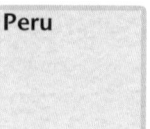

Peru

Der undogmatische Sozialist Sebastián SALAZAR BONDY
(1924–1965), Mitarbeiter von *La Nación* (Buenos Aires), legt mit
dem Essay *Lima, la horrible* (1964) nicht nur einen Beitrag zur
Stadtverarbeitung vor, sondern fängt die deprimierte Stimmung
einer ganzen Generation ein.

5 Synopse der Themenkomplexe des hispanoamerikanischen Essays

**Traditio-
nelle und
neue
Themen**

Das 19. Jh. steht im Zeichen der Unabhängigkeitsbewegungen
und der Diskussion um den Aufbau politischer und auch kultureller Autonomie bzw. Identität (MARTÍ, SARMIENTO, BELLO). Die
anfänglich beherrschende Sklavenfrage (DE HOSTOS) geht im
20. Jh. über in eine Hinwendung zur Problematik einzelner, z. T.
minoritärer Ethnien, der Indios (HENRÍQUEZ UREÑA, Rigoberta
MENCHÚ), der Afroamerikaner (ORTIZ, GUILLÉN, BUENO). Der
Begriff der Identität wird seine Konjunktur bis weit ins 20. Jh. hinein behalten und sich lokal differenzieren (MALLEA zur *argentinidad*, SALAZAR BONDY zur peruanischen Identität, PAZ zur *mexi-
candidad*, Jorge IBARRA zur *cubanidad*); politische Themen bleiben
zentral, auch Fragen des Nationalismus, des Spätkolonialismus
(RODÓ, VASCONCELOS), der Staatsformen und Ideologien (MARIÁ-
TEGUI, Subcomandante MARCOS), und immer wieder des Exils
(MARTÍ, Angel RAMA, ROA BASTOS, José DONOSO). Die Diskussion
von Kunst (CARDOZA Y ARAGÓN) und Literatur hat sich differenziert; das Verhältnis zur europäischen Literatur wird reflektiert
(BORGES, PAZ, FUENTES), sowie generell die Theorie und Praxis des
Schreibens (BORGES, Victoria OCAMPO). Natur, Umwelt und Tech-
nologie sind neue Themen. Immer stärker wird die Lage der Frau
in spezifischen Kontexten fokussiert (GONZÁLEZ PRADA, V.
OCAMPO, MENCHÚ, FERRÉ, CASTELLANOS) und die populäre Massenkultur (MONSIVÁIS).

Literatur

Earle/Mead (1973); Oviedo (1991).

Literatur

Nachschlagewerke

AUB, Max (1969): *Guía de narradores de la revolución mexicana*. México: Fondo de Cultura Económica.

DILL, Hans-Otto (1999): *Geschichte der lateinamerikanischen Literatur im Überblick*. Stuttgart: Reclam.

EITEL, Wolfgang [Hrsg.] (1978): *Lateinamerikanische Literatur der Gegenwart in Einzeldarstellungen*. Stuttgart: Kröner.

HESS, Reiner [Hrsg.] (^{3}1998): *Literaturwissenschaftliches Wörterbuch für Romanisten*. Tübingen: Francke.

HEYDENREICH, Titus/STROSETZKI, Christoph (1988): *Bibliographie der Hispanistik in der Bundesrepublik Deutschland, Österreich und der deutschsprachigen Schweiz (1987–1981)*. Frankfurt/M.: Iberoamericana.

LE RIVERAND, Ada Rosa [Hrsg.] (1984): *Diccionario de la Literatura Cubana*, 2 Bde. La Habana: Inst. de literatura y lingüística de la Academia de Ciencias de Cuba.

RÖSSNER, Michael [Hrsg.] (1995): *Lateinamerikanische Literaturgeschichte*. Stuttgart; Weimar: Metzler.

SMITH, Verity [Hrsg.] (1997): *Encyclopedia of Latin American Literature*. London; Chicago: Fitzroy Dearburn.

STROSETZKI, Christoph (1988; 1990; 1994; 1996): *Bibliographie der Hispanistik in der Bundesrepublik Deutschland, Österreich und der deutschsprachigen Schweiz (1982–1986; 1987–1989; 1990–1992; 1993–1995)*. 4 Bde. Frankfurt/M.: Iberoamericana.

STROSETZKI, Christoph (1994): *Kleine Geschichte der lateinamerikanischen Literatur im 20. Jahrhundert*. München: Beck.

Ausgewählte Forschungsliteratur zur lateinam. Literatur des 20. Jhs.

ABECIA BALDIVIESO, Valentín (2000): *Gesta bárbara: antes que el tiempo acabe*. Potosí: Casa de Moneda.

ADLER, Heidrun (1991): *Theater in Lateinamerika. Ein Handbuch*. Berlin: Reimer.

AGOSÍN, Marjorie (1993): *Las Hacedoras; Mujer, Imagen, Escritura*. Santiago de Chile: Cuarto Propio.

AGUIRRE, Erick (1998): *Juez y parte: sobre literatura y escritores nicaragüenses contemporáneos*. Managua: Instituto Nicaragüense de Cultura.

ALAZRAKI, J. (1974): *La prosa narrativa de Jorge Luis Borges*. Madrid: Gredos.

ALEGRÍA, Fernando (1962): *Las fronteras del realismo: literatura chilena del siglo XX*. Santiago de Chile: Zig-Zag.

ALONSO, Carlos J. (1989): „Civilización y barbarie." In: *Hispania* 2 (Vol.72), 256–263.

ALONSO, Carlos J. (1998): *The Burden of Modernity*. New York: Oxford Univ. Press.

AMATE, Juan José (1981): „La novela del dictador en Hispanoamerica." In: *Cuadernos Hispanoamericanos* 123, 85–102.

ARAUJO, Helena (1984): „¿Crítica literaria feminista?" In: *ECO. Revista de la cultura de occidente* 270, 598–606.

ARAUJO, Helena (1989): *La Scherezada Criolla. Ensayos sobre Escritura Femenina Latinoamericana*. Bogotá: Universidad Nacional de Colombia, Centro Editorial.

ARBEITSKREIS MEXIKO-STUDIEN (Münster; Westfalen) (1998): *Streifzüge durch die mexikanische Gegenwartsliteratur*. Berlin: Tranvía.

ARIAS, Arturo (1998): *La identidad de la palabra: narrativa guatemalteca del siglo veinte*. Guatemala: Artemis-Edinter.

ARMBRUSTER, Claudius (1982): *Das Werk Alejo Carpentiers. Chronik der Wunderbaren Wirklichkeit*. Frankfurt/M.: Vervuert.

BADENBERG, Nana (1995): „Von Chroniken und Kritiken. Zur Entwicklung einer urbanen Literaturform in Mexiko." In: PROJEKTGRUPPE NEUE WELT STADT [Hrsg.] (1995): *Grenzgänge: Großstadterfahrung in Literatur, Film und Musik Lateinamerikas und der USA seit 1960*. Bielefeld: Aisthesis, 81–111.

BALDERSTON, Daniel [Hrsg.] (1986): *Universe. The Literary Universe of Jorge Luis Borges. An Index to References and Allusions to Persons, Titles, and Places in his Writings*. New York: Greenwood Press.

BALDERSTON, Daniel (1993): *Out of Context. Hi-*

storical Reference and the Representation of Reality in Borges. Durham: Duke Univ. Press.

BAREIRO SAGUIER, Rubén (1980): Literatura guaraní del Paraguay. Caracas: Bibl. Ayacucho.

BEHRENDT, Manfred (1999): Von Teotihuacán bis Tiwanaku. Altamerikanische Motive in der spanisch-amerikanischen Lyrik des 20. Jahrhunderts. Frankfurt/M.: Peter Lang.

BENEDETTI, Mario (1969): Literatura uruguaya, siglo XX. Ensayos. Buenos Aires: Alfa; Neuaufl. (1997), Montevideo: Seix Barral.

BERENGUER, Carmen u.a. (1990): Escribir en los bordes. Congreso Internacional de Literatura Femenina Latinoamericana 1987. Santiago de Chile: Cuarto Propio.

BERG, Walter Bruno (1991): Grenz-Zeichen. Cortázar. Leben und Werk eines argentinischen Schriftstellers der Gegenwart. Frankfurt/M.: Vervuert.

BERG, Walter Bruno (1992): „Leopoldo Marechal: Adán Buenosayres." In: ROLOFF/ WENTZLAFF-EGGEBERT (1992, Bd.1), 223–232.

BERGENTHAL, Kathrin (1999): Studien zum Mini-Boom der Nueva Narrativa Chilena. Literatur im Neoliberalismus. Frankfurt/M.: Peter Lang.

BIERMANN, Karlheinrich (1993): Mexiko. München: Beck.

BLANCO AGUINAGA, Carlos (1955): „Realidad y estilo de Juan Rulfo." In: Revista Mexicana de Literatura 1, 59–86.

BONILLA, Abelardo (²1961): Historia y antología de la literatura costarricense. San José de Costa Rica: Trejo.

BORSÒ, Vittoria (1992): „Die Aktualität mexikanischer Literatur: von der Identität zur Heterogeneität." In: Iberoamericana 2=46, 84–108.

BORSÒ, Vittoria (1994): Mexiko jenseits der Einsamkeit. Versuch einer interkulturellen Analyse. Kritischer Rückblick auf die Diskurse des magischen Realismus. Frankfurt/M.: Vervuert.

BRITO, Eugenia (1994): Campos minados: literatura post-golpe en Chile. Santiago de Chile: Cuarto Propio.

BRUNNER, José Joaquín (1992): América Latina: Cultura y modernidad. México D.F.: Grijalbo; Consejo Nacional para la Cultura.

BUSTOS FERNÁNDEZ, María (1996): Vanguardia y renovación en la narrativa latinoamericana. Madrid: Pliegos.

CALVINO IGLESIAS, J. (1985): La novela del dicta-

dor en Hispanoamérica. Madrid: Ediciones Cultura Hispanica, Instituto de Cooperacion Iberoamericana.

CAMAYD-FREIXAS, Erik (1998): Realismo mágico y primitivismo. Relecturas de Carpentier, Asturias, Rulfo y García Márquez. Boston: Univ. Press of America.

CAMPUZANO, Luisa (1988): Quirón o el ensayo y otros eventos. La Habana: Letras Cubanas.

CASANOVA, Olga (1986): La novela puertorriqueña contemporánea. Los albores de un decir. San Juan de Puerto Rico: Instituto de Cultura Puertorriqueña.

CASTAÑÓN BARRIENTOS, Carlos (1998): „Orientaciones actuales de la literatura boliviana." In: Sobode/Sociedad Boliviana de Escritores La Paz, 11–24.

CASTRO KLAREN, Sara (1973): El mundo mágico de José María Arguedas. Lima: Instituto de Estudios Peruanos.

CASTRO LEAL, Antonio (1963): La novela de la Revolución Mexicana. 2 Bde. Mexico: Aguilar.

CHIAMPI, Irlemar (1993): El realismo maravilloso. Caracas: Monte Avila.

CORNEJO POLAR, Antonio (1973): Los universos narrativos de José María Arguedas. Buenos Aires: Losada.

CORNEJO POLAR, Antonio (1978): „El indigenismo y las literaturas heterogéneas: su doble estatuto socio-cultural." In Revista de Crítica Literaria Latinoamericana 7/8=1/2, 7–21.

CORNEJO POLAR, Antonio (1979): „La novela indigenista: un género contradictorio." In: Texto Crítico 14, 58–70.

DAUS, Ronald (1978): „Miguel Angel Asturias." In: EITEL (1978), 297–329.

DAUS, Ronald [Hrsg.] (1992): Großstadtliteratur. La literatura de las grandes ciudades... [Ein internationales Colloquium über lateinamerikanische, afrikanische und asiatische Metropolen in Berlin, 14.–16. Juni 1990.] Frankfurt/M.: Vervuert.

DAUSTER, Frank N. (²1973): Historia del teatro hispanoamericano: siglos 19 y 20. México: Adrea.

DESSAU, Adalbert (1967): Der mexikanische Revolutionsroman. Berlin: Rütten & Loening.

DILL, Hans-Otto (1975): Sieben Aufsätze zur lateinamerikanischen Literatur. Berlin und Weimar: Aufbau.

DILL, Hans-Otto (1993): Gabriel García Már-

quez: Die Erfindung von Macondo. Hamburg: Kovač.

DILL, Hans-Otto u.a. [Hrsg.] (1994): *Apropiaciones de realidad en la novela hispanoamericana de los siglos XIX y XX.* Frankfurt/M.: Vervuert.

DOMÍNGUEZ MICHAEL, Christopher (1997): *Tiros en el concierto: literatura mexicana del siglo XX.* Mexico D.F.: Era.

DONOSO, José (1972): *Historia personal del 'Boom'.* Barcelona: Anagrama; (1983): *Historia personal del Boom. Nueva edición con apéndice del autor, seguido del 'boom' doméstico por María Pilar Serrano.* Barcelona: Seix Barral.

EARLE, Peter G./MEAD, Robert G. (1973): *Historia del ensayo hispanoamericano.* México: Andrea.

ECHEVERRÍA, Bolívar [Hrsg.] (1994): *Modernidad, mestizaje cultural, ethos barroco.* México: UNAM (El Equilibrista).

ESCAJADILLO, Tomás Gustavo (1994): *Narradores peruanos del siglo XX.* Lima: Lumen.

ESCOBAR MESA, Augusto (1997): *Ensayos y aproximaciones a la obra literaria colombiana.* Santafé de Bogotá: Ed. Fundación Universitaria Central.

ETTE, Ottmar (1992): „Cirilo Villaverde: Cecilia Valdés o La Loma del Angel." In: ROLOFF/WENTZLAFF-EGGEBERT (1992, Bd.1), 30–43.

FERNÁNDEZ RETAMAR, Roberto (1995): *Para una teoría de la literatura hispanoamericana. Primera edición completa.* Santa Fé de Bogotá: Instituto Caro y Cuervo.

FISCHER, Thomas (1999): *Das Werk Pablo Nerudas im zeitlichen Wandel.* Frankfurt/M.: Peter Lang.

FLORES, Angel/SILVA CÁCERES, Raúl [Hrsg.] (1971): *La novela hispanoamericana actual.* New York: Las Américas.

FORGUES, Roland (1989): *José María Arguedas. Del pensamiento dialéctico al pensamiento trágico. Historia de una utopía.* Lima: Horizonte.

FOSTER, David W. (1982): *Puerto Rican Literature: a Bibliography of secondary sources.* Westport (Conn.): Greenwood Press.

FOSTER, David W. (1984): *Estudios sobre teatro mexicano contemporáneo: semiología de la competencia teatral.* New York: Peter Lang.

FRANCO, Jean (1989): *Plotting Women Gender and Representation in Mexico.* New York: Columbia Univ. Press.

FRANZBACH, Martin (1984): *Kuba – die Neue Welt der Literatur in der Karibik.* Köln: Pahl-Rugenstein.

GARCÍA, Juan Carlos (2000): *El Dictador en la literatura hispanoamericana.* Santiago de Chile: Mosquito.

GARCÍA CANCLINI, Néstor (1992): *Culturas híbridas. Estrategias para entrar y salir de la modernidad.* Buenos Aires: Sudamericana.

GARCÍA NÚÑEZ, Luis Fernando [Hrsg.] (1995): *Repertorio crítico sobre Gabriel García Márquez.* Santa Fé de Bogotá: Instituto Caro y Cuervo.

GARSCHA, Karsten (1994): „El apogeo de la Nueva Novela Hispanoamericana." In DILL (1994), 281–306.

GIACOMAN, Helmy [Hrsg.] (1971a): *Homenaje a Carlos Fuentes. Variaciones interpretativas en torno a su obra.* New York: Las Américas.

GIACOMAN, Helmy/OVIEDO, José M. [Hrsg.] (1971b): *Homenaje a Mario Vargas Llosa.* New York: Las Américas.

GIARDINELLI, Mempo (1998): „Variaciones sobre la posmodernidad, o ¿qué es eso del posboom latinoamericano?" In: *Escritos* 13/14.

GNUTZMANN, Rita (1992): *Cómo leer a Mario Vargas Llosa.* Madrid: Júcar.

GONZÁLEZ BOIXO, José Carlos (1992): „Introducción" In: RULFO, Juan ([8]1992): *Pedro Páramo.* Madrid: Cátedra, 9–60.

GRÜNDLER, Carola (1994): „La Novela de la Revolución Mexicana." In: DILL (1994), 201–213.

GUILLÉN, Orlando (1985): *Hombres como madrugadas: la poesía de El Salvador.* Barcelona: Anthropos.

HARMUTH, Sabine (1994): „La novela indigenista hispanoamericana." In DILL (1994), 184–200.

HARTMANN, Roswith (1989): „Indianisches Erzählgut im andinen Bereich." In: WENTZLAFF-EGGEBERT (1989), 133-155.

HELFT, Nicolás/JITRIK, Noé/LOIS, Elida (1997): *Jorge Luis Borges: bibliografía completa. [Una herramienta fundamental para investigadores, profesores, estudiantes, bibliotecarios y libreros; más de 2700 entradas].* Buenos Aires: Fondo de Cultura Económica.

HELMUTH, Chalene (1997): *The Postmodern Fuentes.* Lewisburg: Bucknell Univ. Press.

HERLINGHAUS, Hermann/WALTER, Monika [Hrsg.] (1994): *Postmodernidad en la periferia. Enfoques latinoamericanos de la nueva teoría cultural.* Berlin: Langer.

HIDALGO DE JESÚS, Amarilis (1992): *Surgimiento, desarrollo y consolidación de la novela moderna en Venezuela (1920–80).* Ann Arbor, Mich.: Univ. Microfilms International.

HÖLZ, Karl (1988): *Literarische Vermittlungen: Geschichte und Identität in der mexikanischen Literatur; Akten des Kolloquiums Trier, 5.–7. Juni.* Tübingen: Niemeyer.

HÖLZ, Karl (1993): „Erzählte Philosophie: Martín Luis Guzmán und der mexikanische Revolutionsroman." In: *Ibero-Amerikanisches Archiv* 19, 63–86.

HOPFE, Karin (1996): *Vicente Huidobro, der creacionismo und das Problem der Mimesis.* Tübingen: Narr.

HOPFE, Karin (1994): „Diamela Eltit: Lumpérica." In DILL (1994), 484–496.

INGENSCHAY, Dieter (1997): „Am Ende von Paris." In: SCHULZ-BUSCHHAUS/STIERLE [Hrsg.] (1997): *Projekte des Romans nach der Moderne.* München: Fink, 149–172.

INGENSCHAY, Dieter (1999): „Diesseits der «wunderbaren Wirklichkeit»: Postmodernität, Neobarock, Kitschkultur und eine neue Lektüre des lateinamerikanischen Gegenwartsromans." In SCHÖNBERGER, Axel/GROSSE, Sybille [Hrsg.] (1999): *Dulce et decorum est philologiam colere. Festschrift für Dietrich Briesemeister zu seinem 65. Geburtstag.* Berlin: Domus Europea, 239–349.

INGWERSEN, Sonya A. (1986): *Light and Longing: Silva and Darío. Modernism and Religious Heterodoxy.* New York: Peter Lang.

JANIK, Dieter (1976): *Magische Wirklichkeitsauffassung im hispanoamerikanischen Roman des 20. Jahrhunderts.* Tübingen: Niemeyer.

JANIK, Dieter (1978): „Gabriel García Márquez." In: EITEL (1978), 330–360.

JANIK, Dieter (1982): „Vicente Huidobro und César Vallejo. Zwei Außenseiter der europäischen Avantgarde aus Spanischamerika." In: WARNING/WEHLE (1982), 193–210.

JANIK, Dieter (1992a): „Civilización y Barbarie. Die Entwicklungsproblematik in der kulturkritischen Literatur Spanischamerikas im 19. und 20. Jahrhundert." In: JANIK (1992d), 69–84.

JANIK, Dieter (1992b): „Gabriel García Márquez: Cien años de soledad." In: WENTZLAFF-EGGEBERT/ROLOFF (1992 Bd.2), 132–145.

JANIK, Dieter (1992c): „Das Kains-Motiv in spanischamerikanischen Romanen des 20. Jahrhunderts." In: JANIK (1992d), 131–144.

JANIK, Dieter (1992d): *Stationen der spanischamerikanischen Literatur- und Kulturgeschichte.* Frankfurt/M.: Vervuert.

JARAMILLO LEVI, Enrique (1999): *Ser escritor en Pánama.* Panama: Fundación Cultural Signos.

JIMÉNEZ, Juan Ramón (1962): *El modernismo. Notas de un curso.* Mexico: Aguilar (zuerst 1953).

JRADE, Cathy Login (1998): *Modernismo, Modernity, and the Development of Spanish American Literature.* Austin, Tex.: Univ. of Texas.

KEMPER COLUMBUS, Claudette (1986): *Mythological Consciousness and the Future: José María Arguedas.* New York, Bern, Frankfurt/M.: Lang.

KLENGEL, Susanne (1994): *Amerika-Diskurse der Surrealisten.* Stuttgart; Weimar: Metzler.

KOENIGS, Tom [Hrsg.] (1985): *Mythos und Wirklichkeit. Materialien zum Werk von Gabriel García Márquez.* Köln: Kiepenheuer/Witsch.

KOHUT, Karl [Hrsg.] (1991): *Literatura mexicana hoy. Del 68 al ocaso de la revolución.* Frankfurt/Main.: Vervuert; Madrid: Iberoamericana.

KOHUT, Karl [Hrsg.] (1993): *Literatura mexicana hoy II. Los de fin de siglo.* Frankfurt/Main.: Vervuert; Madrid: Iberoamericana.

KOHUT, Karl [Hrsg.] (1994): *Literatura colombiana hoy. Imaginación y barbarie.* Frankfurt/M.: Vervuert; Madrid: Iberoamericana.

KOHUT, Karl [Hrsg.] (1998): *Literatura peruana hoy. Crisis y creación.* Frankfurt/M.: Vervuert; Madrid: Iberoamericana.

KOHUT, Karl [Hrsg.] (1999): *Literatura venezolana hoy. Historia nacional y presente urbano.* Frankfurt/M.: Vervuert; Madrid: Iberoamericana.

LAFFORGUE, Jorge [Hrsg.] (1969): *La nueva novela latinoamericana.* Buenos Aires: Paidós.

LAGMANOVICH, David [Hrsg.] (1975): *Estudio sobre los cuentos de Julio Cortázar.* Barcelona: Hispanoamericana.

LEAL, Rine (1980): *Breve historia del teatro cubano.* La Habana: Letras Cubanas.

LIENHARD, Martin (1982): *Cultura popular andina y forma novelesca – zorros y danzantes en la última novela de Arguedas.* Lima: Latinoamericana.

LIENHARD, Martin (1992): *La voz y su huella.* Lima: Horizonte.

LINK-HEER, Ursula (1992): „Juan Rulfo: Pedro Páramo". In: ROLOFF/WENTZLAFF-EGGEBERT (1992, Bd.1), 266–278.

LISCANO, Juan (²1995): *Panorama de la literatura venezolana actual.* Caracas: Alfadil.

LITVAK, Lily (1975): *El modernismo.* Madrid: Taurus.

LORENZ, Günter (1970): *Dialog mit Lateinamerika. Panorama einer Literatur der Zukunft.* Tübingen; Basel: Erdmann.

LUDMER, Josefina (1972): *Cien años de soledad: una interpretación,* Buenos Aires: Tiempo Contemporáneo.

LUDMER, Josefina (1988): *El género gauchesco. Un tratado sobre la patria.* Buenos Aires: Sudamericana.

MADRIGAL, Luis Iñigo (1987): „Poesía modernista. Modernismo/modernidad: teoría y poesia." In: GOIC, Cedomil [Hrsg.] (1987): *Historia y crítica de la literatura hispanoamericana. T. 2: Del neoclasicismo al modernismo.* Madrid: Cátedra, 523–536.

MAHLENDORFF, Andrea (2000): „Die große Stadt als *locus terribilis* – Lima aus der ex-zentrischen Perspektive Enrique Congrains." In: BUSCHMANN, Albrecht/INGENSCHAY, Dieter [Hrsg.] (2000): *Die andere Stadt. Großstadtbilder in der Perspektive des peripheren Blicks.* Würzburg: Königshausen & Neumann, 157–164.

MARCOS, Juan Manuel (1985): *De García Márquez al postboom.* Madrid: Orígenes.

MÁRQUEZ RODRÍGUEZ, Alexis (1982): *Lo barroco y lo real-maravilloso en la obra de Alejo Carpentier.* México: Siglo 21.

MÁRQUEZ RODRÍGUEZ, Alexis (1991): *El Barroco literario en Hispanoamérica. Ensayos de teoría y crítica.* Bogotá: Tercer Mundo.

MARTÍN-BARBERO, Jesús/MUÑOZ, Sonia [Hrsg.] (1992): *Televisión y melodrama. Géneros y lecturas de la telenovela en Colombia.* Bogotá: Tercer Mundo.

MATURO, Graciela (²1977): *Claves simbólicas de García Márquez.* Buenos Aires: Cambeiro.

MCGUIRK, Bernard/CARDWELL, Richard [Hrsg.] (1987): *Gabriel García Márquez. New Readings.* Cambridge: Univ. Press.

MENTON, Seymour (1975): *Prose Fiction of the Cuban Revolution.* Austin: Univ. of Texas Press.

MENTON, Seymour (1998): *Historia verdadera del realismo mágico.* México: Fondo de Cultura Económica.

MESA GANCEDO, Daniel (1999): „Los ecos seculares y la voz de Altazor." In: *Iberoamericana* 73 (1/1999), 5–20.

MEYER-MINNEMANN, Klaus (1979): *Der spanisch-amerikanische Roman des fin de siècle.* Tübingen: Niemeyer.

MEYER-MINNEMANN, Klaus (1978): „Tiempo cíclico e historia en *La muerte de Artemio Cruz* de Carlos Fuentes." In: *Iberoromania* 7, 88–105.

MONLEÓN, José (1978): *América Latina: teatro y revolución.* Caracas: Ateneo de Caracas.

MONSIVÁIS, Carlos (1989): *Escenas de pudor y livianidad.* México: Grijalbo.

MONSIVÁIS, Carlos (1994): „La cultura popular en el ámbito urbano: el caso de México." In: HERLINGHAUS/WALTER (1994), 134-158.

MONSIVÁIS, Carlos (1995): *Los rituales del caos.* México: Ed. Era.

MONSIVÁIS, Carlos (2000): *Aires de familia. Cultura y sociedad en América Latina.* Barcelona: Anagrama.

MORALES SARAVIA, José [Hrsg.] (2000): *Das literarische Werk von Mario Vargas Llosa.* Frankfurt/M.: Vervuert.

MUÑOZ, Silverio (1987): *José María Arguedas y el mito de la salvación por la cultura.* Lima: Horizonte.

NIEPOLT, Olaf (1994): „Julio Cortázar: Rayuela." In: DILL (1994), 338-355.

NIÑO, Hugo (1998) „El Etnotexto: Voz y actuación la oralidad." In: *Revista de crítica literaria latinoamericana* 47, año XXIV, 109–121.

NUÑO, Juan (1986): *La filosofía de Borges.* México: Fondo de Cultura Económica.

ONÍS, Federico de (1955): „Sobre el concepto del modernismo." In ders.: *España en América.* Puerto Rico: Univ. de Puerto Rico.

ORDÓÑEZ, Montserrat [Hrsg.] (1987): *La Vorágine: Textos críticos.* Bogotá: Alianza Ed. Colombiana.

ORTEGA, Julio (1969): *La contemplación y la fiesta.* Caracas: Monte Avila.

ORTEGA, Julio (1991): „Discurso crítico y formación nacional." In: *Revista de crítica literaria latinoamericana* 33, 95–102.

ORTIZ, Lucía (1997): *La novela colombiana hacia finales del siglo veinte.* New York; Frankfurt/M. u. a.: Peter Lang.

OSORIO T., Nelson (1981): „Para una caracterización histórica del vanguardismo literario hispanoamericano." In: *Revista Iberoamericana* 114-11, 227-254.

OSORIO T., Nelson (1983): „Doña Bárbara y el fantasma de Sarmiento." In: *Escritura VIII.* 15, 19–35.

OSORIO T., Nelson (1985): *La formación de la vanguardia literaria en Venezuela: anteceden-*

tes y documentos. Caracas: Academia Nacional de la Historia.

OVIEDO, José Miguel (1991): *Breve historia del ensayo hispanoamericano.* Madrid: Alianza.

PACHECO, Carlos (1987): *Narrativa de la Dictadura y Crítica literaria.* Caracas: Celarg.

PACHECO, José Emilio (1979): „Notas sobre la otra vanguardia." In: *Revista Iberoamericana* 106–7, 327–334.

PALENCIA-ROTH, Michael (1983): *Gabriel García Márquez. La línea, el círculo y las metamorfosis del mito.* Madrid: Gredos.

PARDO, Isaac J./SAMBRANO URDANETA, Oscar [Hrsg.] (1986): *Rómulo Gallegos.* Multivisión. Caracas: Ed. de la Presidencia de la República; Comisión Ejecutiva Nacional para la Celebración del Centenario del Natalicio de Rómulo Gallegos.

PASCHEN, Hans (1994): „La novela de la violencia colombiana." In: DILL (1994), 369–381.

PELLETTIERI, Osvaldo (²1994): *Cien años de teatro argentino (1886–1990).* Buenos Aires: Galerna.

PENZKOFER, Gerhard (1995): „Mimesis und Intertextualität: Überlegungen zur Entwicklung des Romanwerks von Mario Vargas Llosa." In: *Revista Iberoamericana* 19, 64–83.

PEÑA GUTIÉRREZ, Isaias (1989): *José Eustasio Rivera.* Bogotá: Procultura.

PÉREZ, Alberto Julián (1995): *Modernidad, vanguardias, posmodernidad. Ensayos de literatura hispanoamericana.* Buenos Aires: Corregidor.

PÉREZ, Trinidad [Hrsg.] (1971): *Recopilación de textos sobre tres novelas ejemplares.* La Habana: Casa de las Américas.

PETERS, Michaela (1999): *Weibsbilder. Weiblichkeitskonzepte in der mexikanischen Erzählliteratur von Rulfo bis Boullosa.* Frankfurt/M.: Vervuert.

PFEIFFER, Erna (1984): *Literarische Struktur und Realitätsbezug im kolumbianischen Violencia-Roman.* Frankfurt/M.: Peter Lang.

PFEIFFER, Erna [Hrsg.] (1991): *AMORica Latina. Mein Kontinent – mein Körper. Erotische Texte lateinamerikanischer Autorinnen.* Wien: Wiener Frauenverlag.

PHAF, Ineke (1990a): „Carlos Fuentes' *Modern Times,* sprachliche Selbstverwirklichung als Befreiungsakt." In: *Ibero-Amerikanisches Archiv* 1, 103-116.

PHAF, Ineke (1990b): *Novelando La Habana.*

Ubicación histórica y perspectiva urbana en la novela cubana de 1959 a 1980. Madrid: Orígenes.

PIETSCHMANN, Horst (1989): „Der Indigenismus in Mexiko." In: WENTZLAFF-EGGEBERT (1989), 189–206.

PÖPPEL, Hubert (1999): *Las vanguardias literarias en Bolivia, Colombia, Ecuador, Perú. (Bibliografía y antología crítica).* Frankfurt/M.: Vervuert; Madrid: Iberoamericana.

PRATS SARIOL, José (1980): *Estudios sobre poesía cubana.* La Habana: UNEAC.

Primer Encuentro de Narradores Peruanos, Arequipa 1965. (1969). Lima: Casa de la Cultura del Perú.

QUESADA SOTO, Alvaro (1995): *La formación de la narrativa nacional costarricense.* San José de Costa Rica: Ed. de la Univ. de Costa Rica.

RAMA, Angel (1984): „La literatura en su marco antropológico." In: *Cuadernos hispanoamericanos* 407, 95–101.

RAMA, Angel (1970): *Rubén Darío y el modernismo.* Caracas: Ed. de la Biblioteca (de la) Univ. Central de Venezuela.

REINSTÄDLER, Janett/ETTE, Ottmar [Hrsg.] (2000): *Todas las islas la isla. Nuevas y novísimas tendencias en la literatura y cultura de Cuba.* Frankfurt/M.: Vervuert; Madrid: Iberoamericana.

REVISTA IBEROAMERICANA (1985): *Número especial dedicado a las escritoras de la América Hispana,* Nr.132–133.

RIZK, Beatriz J. (2000): *Posmodernismo y teatro en América Latina. Teorías y prácticas en el umbral del siglo XXI.* Frankfurt/M.: Vervuert/ Madrid: Iberoamericana.

RODRÍGUEZ CORONEL, Rogelio (1986): *La novela de la revolución cubana.* La Habana: Letras Cubanas.

RODRÍGUEZ MONEGAL, Emir (1972): *El Boom de la Novela Latinoamericana.* Caracas: Tiempo Nuevo.

ROGMANN, Horst (1992): „Rómulo Gallegos: Doña Bárbara." In: ROLOFF/WENTZLAFF-EGGEBERT (1992, Bd.1), 145–154.

ROLOFF, Volker/WENTZLAFF-EGGEBERT, Harald [Hrsg.] (1992): *Der hispanoamerikanische Roman.* Bd.1 und 2. Darmstadt: Wissenschaftliche Buchgesellschaft.

ROLOFF, Volker (1995): „Traumdiskurs und Körper. Beispiele der lateinamerikanischen Literatur." In: BEHRENS, Rudolf/GALLE, Roland [Hrsg.] (1995): *Menschengestalten. Zur Kodie-*

rung des Kreatürlichen im modernen Roman. Würzburg: Königshausen & Neumann, 269–283.

Rowe, William (1979): Mito e ideología en la obra de Arguedas. Lima: Instituto Nacional de Cultura.

Rowe, William (2000): Poets of Contemporary Latin America. History and the inner life. Oxford: University Press.

Running, Torpe (1996): The Critical Poem: Borges, Paz and Other Language-centered Poets in Latin America. Lewisburg, Pa.: Bucknell Univ. Press; London: Associated Univ. Presses.

Sacoto Salamea, Antonio (2000): La novela ecuatoriana 1970–2000. Quito: Ministerio de Educación y Cultura.

Salinas Paguada, Manuel (1991): Cultura hondureña contemporánea: diálogos y notas. Tegucigalpa: Ed. Universitaria.

Santí, Enrico Mario (1987): Escritura y tradición: texto, crítica y poética en la literatura hispanoamericana. Barcelona: Laia.

Scheerer, Thomas M. (1991): Mario Vargas Llosa. Leben und Werk. Eine Einführung. Frankfurt/M.: Suhrkamp.

Schlickers, Sabine (2000): „Rastacueros, degenerados y suicidas – o la difícil modernidad en la novela hispanoamericana del fin de siècle." In: Gunia, Inke/Niemeyer, Katharina/Schlickers, Sabine/Paschen, Hans [Hrsg.] (2000): La modernidad revis(it)ada. Literatura y cultura latinoamericanas de los siglos XIX y XX. Berlin: Tranvía, 119–131.

Schmidt, Friedhelm (1996): Stimmen ferner Welten: Realismus und Heterogeneität in der Prosa Juan Rulfos und Manuel Scorzas. Bielefeld: Aisthesis.

Schrader, Ludwig (1970): „Conejos amarillos en el cielo. Zu einigen Konstanten im Romanwerk von Miguel Angel Asturias." In: Iberoromania 2, H. 3, 231-246.

Schwartz, Jorge (1991): Las vanguardias latinoamericanas. Textos programáticos y críticos. Madrid: Cátedra.

Siebenmann, Gustav (1973): „Die wiedergewonnene Allmacht des Erzählers." In: Körner, Karl-Hermann/Rühl, Klaus [Hrsg.] (1973): Studia Ibérica. Festschrift für Hans Flasche. Bern; München: Francke, 602–623.

Siebenmann, Gustav (1992): „Ricardo Güiraldes: Don Segundo Sombra." In: Roloff/Wentzlaff-Eggebert (1992, Bd.1), 132–144.

Siebenmann, Gustav (1993): Die lateinamerikanische Lyrik 1892–1992. Berlin: Schmidt.

Sommer, Doris (1983): One Master for Another. Populism as Patriarchal Rhetoric in Dominican Novels. Lanham/Maryland: Univ. Press of America.

Spiller, Roland [Hrsg.] (1991): La novela argentina de los años 80. Frankfurt/M.: Vervuert.

Straussfeld, Michi (1976): Lateinamerikanische Literatur. Frankfurt/M.: Suhrkamp.

Strosetzki, Christoph (1986): „‚Magischer Realismus' oder die Archäologie des Mythos. Zu Asturias' Mythenverständnis in den Leyendas de Guatemala und in theoretischen Schriften." In: Literaturwissenschaftl. Jahrbuch 27. Berlin: Duncker & Humblot, 175–196.

Strosetzki, Christoph (1992): „Gabriel García Márquez: El general en su laberinto." In: Roloff/Wentzlaff-Eggebert (1992, Bd.2), 249–260.

Tola de Habich, Fernando/Grieve Patricia [Hrsg.] (1972): Los españoles y el Boom. Caracas: Tiempo Nuevo.

Teuber, Bernhard (1984): „Erzählstruktur und Provokation in 'Cien años de soledad'." In: Stefanovics, Tomás [Hrsg.] (1984): Symposium über García Márquez: Didaktischer Brief 113, Nürnberg: Pädagogisches Institut der Stadt Nürnberg, 8–13.

Toro, Alfonso de (1986): Die Zeitstruktur im Gegenwartsroman. Tübingen: Niemeyer.

Toro, Alfonso de (1991): „Postmodernidad y Latinoamérica (con un modelo para la narrativa postmoderna." In: Revista Iberoamericana 57, 441-467.

Toro, A. de/Blüher, Alfred [Hrsg.] (1992): Jorge Luis Borges. Variaciones interpretativas sobre sus procedimientos literarios y bases epistemológicas. Frankfurt/M.: Vervuert; Madrid: Iberoamericana.

Toro, Alfonso de [Hrsg.] (1992): Los laberintos del tiempo. Temporalidad y narración como estrategia textual y lectoral en la novela contemporánea. Frankfurt/M.: Vervuert.

Toro, Alfonso de/Fernando de [Hrsg.] (1993): Hacia una nueva crítica y un nuevo teatro latinoamericano. Frankfurt/M.: Vervuert.

Toro, Alfonso de/Fernando de [Hrsg.] (1999):

Jorge Luis Borges. Pensamiento y saber en el siglo XX. Frankfurt/M.: Vervuert.

TORO, Alfonso de/PÖRTL, Klaus [Hrsg.] (1996): *Variaciones sobre el teatro latinoamericano. Tendencias y perspectivas*. Frankfurt/M.: Vervuert/Madrid: Iberoamericana.

TRABA, Marta (1981): „Hipótesis sobre una escritura diferente." In: *Quimera* 13, 9-11.

TRANS, *Internetzeitschrift für Kulturwissenschaften* 6, September 1998: http://www.adis.at/arlt/institut/trans/6Nr/scholl.htm.

UMAÑA, Helen (1986): *Literatura hondureña contemporánea*. Tegucigalpa: Guaymuras.

UMAÑA, Helen (1990): *Narradoras hondureñas*. Tegucigalpa: Guaymuras.

UMAÑA, Helen (1992): *Ensayos sobre literatura hondureña*. Tegucigalpa: Guaymuras.

VARGAS LLOSA, Mario (1971): *Gabriel García Márquez: historia de un deicidio*. Barcelona: Seix Barral.

VARIOS (1998): *Cien años de soledad, treinta años después, XX congreso nacional de Literatura, Lingüística y Semiótica*. Santa Fé de Bogotá, del 29 al 31 de octubre de 1997.

VÁZQUEZ DÍAZ, René [Hrsg.] (1994): *Bipolaridad de la cultura cubana*. Stockholm: Olof Palme Center.

VERANI, Hugo (1986): *Las vanguardias literarias en Hispanoamérica (Manifiestos, proclamas y otros escritos)*. Rom: Bulzoni.

VIÑAS, David/TABAKIAN, Eva [Hrsg.] (1989): *Historia social de la literatura argentina*. 14 vol. Buenos Aires: Contrapunto.

VIÑAS, David (1995): *Literatura argentina y política*. Buenos Aires: Sudamericana.

VOLKENING, Ernesto (1998): *Gabriel García Márquez: un triunfo sobre el olvido*. Bogotá: Arango.

WARNING, Rainer/WEHLE, Winfried [Hrsg.] (1982): *Lyrik und Malerei der Avantgarde*. München: Fink.

WEHLE, Winfried (1982): „Avantgarde: Ein historisch-systematisches Paradigma 'moderner' Literatur und Kunst." In: WARNING/WEHLE (1982), 9–40.

WENTZLAFF-EGGEBERT, Christian (1989): *Realität und Mythos in der lateinamerikanischen Literatur*. Köln: Wien: Böhlau.

WENTZLAFF-EGGEBERT, Harald (1992): „José Eustasio Rivera: La vorágine". In: ROLOFF/WENTZLAFF-EGGEBERT (1992, Bd. 1), 118–131.

WENTZLAFF-EGGEBERT, Harald [Hrsg.] (1999): *Naciendo el hombre nuevo... Fundir literatura,*

artes y vida como práctica de las vanguardias en el Mundo Ibérico. Madrid: Iberoamericana; Frankfurt/M.: Vervuert.

WISHNIA, Kenneth J. A. (1999): *Twentieth-century Ecuadorian narrative: new readings in the context of the Americas*. Cranbury, NJ: Bucknell Univ. Press, London: Associated Univ. Press.

WOLFF, Reinhold (1978): „Juan Rulfo". In: EITEL (1978), 361–383.

YATES, Donald [Hrsg.] (1975): *Otros mundos – otros fuegos. Fantasía y realismo mágico en Iberoamérica*. East Lansing: Michigan State Univ.; Latin American Studies Center.

YÚDICE, George (1986): „El asalto a la marginalidad." In: *Hispamérica. Revista de literatura* 45, 45-52.

YURKIEVICH, Saúl (^{2}1973): *Fundadores de la nueva poesía latinoamericana: Vallejo, Huidobro, Borges, Neruda, Paz*. Barcelona: Seix Barral.

ZAVALA, Magda /ARAYA, Seidy (1995): *La historiografía literaria en América Central*. Heredia, Costa Rica: EFUNA.

ZAYAS DE LIMA, Perla (1985): *La novela indigenista boliviana 1910–1960*. Buenos Aires: Carra.

Personenregister

Rivera, Diego 13, 29, 102
Rivera, José Eustasio 18, 19,
  49, 133, 159
Rivera, Pedro 124
Rivera Saavedra 175
Roa Bastos 27, 34, 37, 48,
  69, 153, 180
Rodas 121
Rodó 148, 177, 180
Rodríguez, Silvio 163
Rodríguez de Tío 127
Rodríguez Juliá 128
Roffé 55
Rokha, de 144
Rojas 145
Rojas González 31
Rojas Pinilla 107
Rojas Sucre 124
Romero, Denzil 137
Romero, José Rubén 31
Rosales y Rosales 121
Rosa, Marco Antonio 122
Rosas, Juan Manuel 33, 35,
  146f.
Rosencof 174
Rosenrauch 37
Rossini 124
Rousseau 27
Rulfo 32, 48f., 57, 59f., 92,
  97, 118f., 179

S
Saavedra Santis 145
Sábato 72, 179
Sabines 119
Saínz 119
Salarrué 121
Salazar 120
Salazar Bondy 44, 175, 180
Samperio 120
Sánchez, José María 124
Sánchez, Néstor 42
Sánchez, Luis R. 128, 168
Santos Chocano 139, 158
Sarduy 66, 131, 152
Sarlo 148
Sarmiento 17, 22, 113, 147,
  149, 176f., 180
Sartre 87, 154
Schiele 116
Schopenhauer 74
Scorza 27, 141
Sención 129

Serpa 128
Shakespeare 73, 172
Shaw 170
Shimose 143
Silva, José Asunción 7ff., 9,
  135, 157f.
Silva, Lincoln 153
Silvestre 158
Sinán 124
Siqueiros 29
Skármeta 123, 145
Sobral 120
Soler Puig 131
Somers 155
Somoza 33, 37, 53, 123
Sontag 65
Sosa, Roberto 122
Sosa, Mercedes 54, 162
Sosa Blanco 103
Soto Hall 120
Soupault 67
Spengler 178
Spinoza 74
Stalin 161
Storni 51
Strindberg 172
Stroessner 146
Suárez, Anselmo 127
Suárez, Clementina 122
Subercaseaux 53, 55, 145

T
Tablada 16
Taboada 142
Taines 143
Tamayo 142, 157
Tapia y Rivera 127
Teilhard de Chardin 162
Teitelboim 145
Thatcher 110
Tomás 124
Torres 137
Traba 51, 55
Trejo 171
Trevi 64
Triana 41, 167
Triguero 19
Trujillo 33, 35, 38, 126, 129,
  169
Tzara 78

U
Ubico 36, 67, 121

Unamuno 144
Urquidi 113
Usigli 170
Uslar Pietri 37, 46, 48, 67,
  70, 136f., 179

V
Vaccarezza 172
Valcárcel 140
Valdelomar 139
Valdés, Hernán 145
Valdés, Zoé 132
Valenzuela 50, 52, 55
Valéry 68
Valle-Inclán 33f., 36
Vallejo 12, 15f., 49, 67, 139,
  140, 157, 159, 160
Vargas Llosa 27, 38f., 44,
  49, 57, 59, 66, 98, 110,
  111, 113ff., 134, 140f.,
  152, 175
Vargas Vicuña 140f.
Vasconcelos 24, 31, 118,
  177, 180
Vega 129
Vela 16, 121
Velasco 107
Velásquez 159
Veloz Maggiolo 129
Verlaine 158
Viana 22
Vicens 120
Vidales 135
Viezzer 53
Villa 28, 29, 31
Villarrutia 15, 118, 169, 170
Villaverde 40, 127
Villoro 43, 119, 120
Viñas 149, 152
Viteri 139
Vitier 130
Vodanovic 174

W
Whitman 74
Wild 144
Wolff 174
Woolf 134
Wyld Ospina 22, 121

X
Xirgu 173

Sachregister